Alfred Grosser

Wie anders ist Frankreich?

Alfred Grosser

Wie anders ist Frankreich?

Verlag C. H. Beck

Zweite Auflage. 2005

Satz: Gesetzt aus der Sabon im Verlag C. H. Beck
Druck und Bindung: GGP Media GmbH, Pößneck
Gedruckt auf säurefreiem, alterungsbeständigem Papier
(hergestellt aus chlorfrei gebleichtem Zellstoff)
Printed in Germany
ISBN 3 406 52879 1

www.beck.de

Inhalt

Vorwort

2002 erschien in diesem Verlag mein Buch *Wie anders sind die Deutschen?* Es war die Übersetzung von *L'Allemagne de Berlin. Différente et semblable*, kurz zuvor in Paris veröffentlicht. Nun schreibe ich über Frankreich auf deutsch und bereite dann selber die französische Fassung vor, die etwa gleichzeitig erscheinen wird, und zwar beim selben Verleger wie das Deutschland-Buch. Es gilt nun wieder im anderen Land zu zeigen, daß es beim Nachbarn nicht nur Negatives gibt, daß Klischees und Vorurteile verbannt werden sollten, daß viele Tatsachen und Grundeinstellungen überraschenderweise denen des anderen sehr ähnlich sind, während die Eigenheiten und Unterschiede oft eben nicht da liegen, wo man sie, vom Nachbarland betrachtet, zu kennen glaubte oder doch wenigstens vermutete. Mit demselben Risiko. Die milde Kritik an deutschen Zuständen konnte dem deutschen Leser ein etwas zu schmeichelhaftes Bild seines Landes vor Augen führen. Der französische Leser des Frankreich-Buches wird vielleicht bemängeln, daß ich an manchen Stellen nicht hart genug geurteilt oder sogar Negatives unterschlagen habe, um im Ausland keine Abneigung gegen unser Land hervorzurufen.

Das «unser» verweist auf eine erste Begrenzung der Parallelität. Über Deutschland denke, rede und schreibe ich gewissermaßen als Begleiter von draußen, der zwar seit 1947 versucht, im Land dabei zu sein und teilnehmend mitzuwirken, aber doch ohne dazu zu gehören. In Frankreich gehöre ich dazu. Nicht nur, weil ich, nach acht Jahren deutscher Kindheit, seit 1933 in Frankreich lebe und seit 1937 die französische Nationalität habe, sondern weil meine persönliche Identität von Frankreich tief geprägt wurde, so daß ich meine Memoiren 1997 *Une vie de Français* betitelt habe. So muß ich mir selbst gegenüber wachsamer sein, wenn ich über Frankreich schreibe, als in dem Moment, wo ich über Deutschland schreibe, und mir ständig die Frage stellen: «Denke ich so, schreibe ich das, weil meine französische Prägung mir dieses oder jenes als gut oder sogar als selbstverständlich erscheinen läßt?»

Die beste Methode, um sich selbst bei der distanzierten Befragung die richtige Antwort zu geben, ist der Vergleich. Ist es in diesem oder jenem Land ähnlich oder anders? Stelle ich die gleichen logischen und moralischen Forderungen an die französische Realität wie an die deutsche oder die britische? Mit anderen Worten, denke ich richtig, d. h. zugleich mit Genauigkeit und mit Gerechtigkeit? Ein solches Anliegen betrifft natürlich nicht nur die nationale Identität. Mit Absicht habe ich ein Kapitel meines Buches *Verbrechen und Erinnerung* «Auschwitz im Vergleich» überschrieben. Das Wort «unvergleichlich» ist genau so dumm wie «undenkbar». Letzteres sagt man von etwas, was man gerade gedacht hat. «Unvergleichlich» bedeutet, daß man bereits verglichen hat, und das Besagte als einmalig, als radikal anders betrachtet, was einen vorherigen Vergleich voraussetzt.

«Auschwitz im Vergleich» beinhaltet eine weitere Begrenzung der deutsch-französischen Parallelität. Lange hat man sich in der Bundesrepublik nicht getraut, Vergleiche zu ziehen, aus Angst, man würde sofort der Verniedlichung der Hitler-Verbrechen beschuldigt. Als sei jeder Vergleich eine Gleichstellung! Für mich war es selbstverständlich gewesen, in meinem im Januar 1953 erschienenen ersten Deutschland-Buch *L'Allemagne de l'Occident (1945–1952)* den Horror der Bombennächte in Hamburg oder Dresden und die Schrecken der Vertreibungen zu beschreiben, u. a. aus Gebieten, die sogar der harte Vertrag von Versailles als deutsch bezeichnet hatte. In Frankreich ist der Vergleich lange abgelehnt worden, weil man nicht über die negativen Seiten der französischen Vergangenheit reden wollte. Manche Stellen im ersten Kapitel dieses Buches werden von manchem französischen Leser als Provokation betrachtet werden. Aber daran haben sich meine Studenten ebenso gewöhnt wie die Leser meiner früheren Frankreich-Bücher. Im ersten, 1961 erschienen, über die Außen- und Innenpolitik der 1958 untergegangenen IV. Republik, war viel von furchtbaren Massakern in Algerien 1945 und auf Madagaskar 1948 die Rede.

Vergleichen heißt auch, sich zu fragen, ob man nicht zu sehr vom Zeitgeist beeinflußt ist, d. h. von der herrschenden Stimmung – im eigenen Land und anderswo. Wird heute nicht alles, in Frankreich wie in Deutschland, durch eine dunkle Brille gesehen? Ist in beiden Ländern das Klagelied nicht zur einzigen Musik geworden? Zugleich besteht ein großer Unterschied. Das Selbstmitleid ist in der Bundesrepublik seit Kriegsende stets massiv hervorgetreten. In Frankreich fand man eher die Selbstüberschätzung. Die heutige Mißstimmung entstammt weitgehend einer Ernüchterung, die Illusionen zerstört. Um den Rückblick auf die ferne und jüngere Vergangenheit nicht verändern zu müssen, spricht man von Dekadenz. Kaum ein anderer Begriff hat in den letzten Jahren so viele Artikel, Bücher, Reden hervorgerufen. Wobei übersehen wird, daß das Thema der Dekadenz Frankreichs mindestens seit dem 18. Jahrhundert immer wieder aufgetaucht ist. Immer wieder trauert man den Zeiten nach, in denen es noch *la grandeur* und *le prestige* gegeben habe. In Deutschland wagt man es noch heute kaum, vergangene Größe heraufzubeschwören. «Vergangenheitsbewältigung» hieß und heißt in der Bundesrepublik, mit den Jahren 1933 bis 1945 demokratiefördernd umzugehen. In Frankreich sollte der Sinn der Sache sein, die ständige Bezogenheit auf die Geschichte einigermaßen abzuschwächen.

Erstes Kapitel
Gegenwart der Vergangenheit

Die Vergangenheit spielt in Frankreich eine andere, vielleicht noch größere Rolle als in Deutschland. Diese Behauptung mag überraschen. «Last der Vergangenheit», «Vergangenheitsbewältigung» – solche immer wieder verwendeten deutschen Begriffe fehlen ja in Frankreich. Dort wird man auch nicht ständig von draußen mit dem mahnenden, anklagenden Finger aufgefordert, sich doch als Deutsche mit der Hitler-Vergangenheit zu identifizieren oder wenigstens für das Dritte Reich und seine Verbrechen Haftung zu übernehmen. Nicht zu Unrecht hat Martin Walser in seiner Friedenspreisrede von der Keule gesprochen, die immer drohend geschwungen wird. Auch viele innere Entwicklungen weisen darauf hin, daß die Bundesrepublik nicht im Namen der Nation entstanden ist, sondern als geistig-ethisches Gegenstück zum Nationalsozialismus.

Aber es ist, als reduziere sich die Vergangenheit auf die zwölf Jahre 1933 bis 1945. Die dumme Behauptung, Hitler sei gewissermaßen die Krone des Baums der deutschen Geschichte gewesen und nicht nur ein dicker Ast unter anderen, hat die deutsche Öffentlichkeit dazu geführt, den ganzen Stamm samt den Wurzeln zu fällen. In den letzten Jahren haben sich die Dinge etwas geändert, und andere Jahrhunderte scheinen wieder zu interessieren, spielen jedoch keine nennenswerte politische Rolle.

In Frankreich ist die Geschichte allgegenwärtig. Es wird sogar vorausgesetzt, daß man Daten kennt. Darauf hat schon im 19. Jahrhundert der amerikanische Humorist Mark Twain hingewiesen, in einer erfundenen Predigt eines französischen

Pastors, der die biblischen wie die historischen Geschehnisse nur mit Daten erwähnt. Wenn heute jemand an der Place de l'Opéra die Avenue du Quatre Septembre einschlägt, so weiß er im allgemeinen nicht, daß es sich um den 4. September 1870 handelt und um die Verkündung der Republik nach dem Sturz Napoleons III. Aber wenn vom 18. Juni gesprochen wird, so wissen doch die meisten, daß hier von jenem Tag im Jahr 1940 die Rede ist und von dem Londoner Aufruf des Generals de Gaulle, die Niederlage nicht hinzunehmen, oder dem 18. Juni 1815, nämlich der entscheidenden Niederlage Napoleons bei Waterloo. In den deutschen Schulen befaßt man sich später und weniger mit Geschichte als in den französischen, und in Frankreich könnte man sich kaum vorstellen, daß ein Gymnasiast *bachelier* würde, d.h. die Reifeprüfung bestehen könnte, ohne in Geschichte als einem der Hauptfächer schriftlich und mündlich geprüft worden zu sein. Für die Parlamentswahl von 1956 standen sich zwei Politiker gegenüber, die Frankreich erneuern wollten. Pierre Poujade, auf der extremen Rechten, forderte neue *États Généraux,* die Versammlung, die 1788 von Ludwig XVI. zusammengerufen worden war, während Pierre Mendès France mahnend verkündete: «Wir sind bei 1788 angelangt», d.h. wir stehen vor einer Revolution, die noch durch Reformen vermieden werden kann. Der Bezug auf die ferne Vergangenheit bewies allen, daß sie zukunftsbedachte Erneuerer waren!

Die Geschichte ist vielfältig prägend. Gewiß war 1945 in Deutschland kein Jahr Null, denn die Kontinuitäten waren vielseitiger und tiefer, als man es geglaubt hatte. Aber in Frankreich gibt es mehr Strukturen und Einrichtungen, die die Gegenwart mitbestimmen: Schöpfungen der Revolution oder des Ersten Konsuls Napoleon Bonaparte, wie die Einteilung in *Départements* oder das *Conseil d'État* in seiner dreifachen Funktion als Regierungsberater, Regierungskontrolleur und Oberstes Verwaltungsgericht oder auch der heißbegehrte Orden der *Légion d'Honneur*. Noch wichtiger sind die Folgen der Feststellung, die jüngst zum Titel eines Buches über die nationalen Stereotypen wurde: «Eine falsche Vorstellung ist eine wahre Tatsache.» 1939 brauchte die deutsche Wirtschaft keineswegs neuen Raum in Osteuropa. Aber Hitler glaubte es, und der Irrglaube, nicht die wirtschaftlichen Tatsachen, hatte Abermillionen Tote zur Folge. Falsche Vorstellungen von der Vergangenheit sind mindestens ebenso wichtig, um heutige Auffassungen und Einstellungen zu erklären, wie die von den Historikern aufgearbeitete Realität. Besonders, wenn die Vorstellung Teil der sogenannten kollektiven Erinnerung geworden ist.

Der Begriff der *mémoire collective* spielt in Frankreich eine große Rolle. Trotzdem darf behauptet werden, daß es die kollektive Erinnerung als Erinnerung gar nicht gibt. Jacques Chirac kann sich nicht an Verdun erinnern: Er war 1916 noch nicht geboren, ebensowenig wie Gerhard Schröder bei der «Machtergreifung» vom 30. Januar 1933. Kein Serbe erinnert sich an die Schlacht, die 1389 am Feld der Amseln stattgefunden hat und in deren Namen das Kosovo serbisch sein soll. Kein Jude erinnert sich an die Schlachten, dank derer das «Land, wo Milch und Honig fließen» als Geschenk Gottes erobert wurde, und doch gehören sie zum «kollektiven Gedächtnis» Israels, obwohl ja kein heutiger Historiker diesen Schlachten dieselbe Realität zuschreibt wie dem Massensterben um Verdun. Die «kollektive Erinnerung» ist etwas Übermitteltes, Überliefertes (durch die Schule, die Familie, die Bücher, die Medien), das zum Angeeigneten wird – und das auch anders hätte vermittelt werden können.

Gleich am Eingang der schönen Franken-Ausstellung in Mannheim standen sich zwei Figuren gegenüber. König Clovis (Chlodwig) und Arminius/Herrmann waren umgeben von Blättern, auf denen besonders prahlerische französische und deutsche Zitate aus Schulbüchern oder feierlichen Reden standen, die beiden Helden gewidmet worden waren. Heute noch gilt Chlodwig, neben dem noch berühmteren und legendenumwobenen Gallier Vercingetorix als einer der Schöpfer Frankreichs. Vor einem Papstbesuch in Reims konnten die französischen Bischöfe Johannes Paul II. nur schwer davon abbringen, Clovis als den Herrscher zu würdigen, dessen Taufe um 496 Frankreich katholisch gemacht habe. Der Sinn der Taufe entsprach in Wirklichkeit dem Willen des Königs, der katholischen Orthodoxie beizutreten, um mehr Unterstützung für seinen Kampf gegen die die Ketzerei des Arius vertretenden feindlichen Stämme zu erlangen. Die Erkenntnisse des grundlegenden Buchs von Carlrichard Brühl *Deutschland-Frankreich. Die Geburt zweier Völker* sind seit seinem Erscheinen 1990 in Köln und 1994 in Paris noch nicht in die meisten Geister eingedrungen.

Das soll nicht heißen, daß die «kollektive Erinnerung» an dieselben wahren oder geglaubten Gegebenheiten stets dieselbe bleibt. Es gibt einen Geist der Zeit, der Erinnerungsinhalte bestimmt. Sich für das Leiden des Volkes mehr zu interessieren als für den Ruhm des Königs war die persönliche Entscheidung des Historikers Pierre Goubert. Aber der Erfolg seines Buches *Ludwig XIV. und zwanzig Millionen Franzosen* war weitgehend dem Zeitgeist zuzuschreiben, der 1966 von links blies. Zwanzig Jahre später war François Bluches *Ludwig XIV.* ebenso erfolgreich. Dieser andere Sorbonne-Professor interessierte sich für den Ruhm und die Leistungen des Sonnenkönigs – und 1986 blies der Zeitgeist von rechts. Drei Jahre später gab es große Feiern zum 200. Jahrestag der Französischen Revolution. Aber wer wurde verherrlicht? Nicht Robespierre und Saint Just, die Helden der sehr linken Historiker der ersten Hälfte des Jahrhunderts, sondern die Männer der unblutigen Vernunft, der Bürgerrechte und der Gesetzmäßigkeit. Der Wandel kam nicht vom nationalen Zeitgeist, sondern vom allgemeinen Niedergang (bald Untergang) der «völkerbefreienden» Sowjetunion. Vorher war nicht klar gewesen, ob Robespierre als Vorgänger von Lenin zu rühmen war oder Lenin als Nachfolger von Robespierre. Nun forderte jedenfalls die Entmythologisierung Lenins den Verzicht darauf, Robespierre und seinen im Namen der tugendhaften Zukunft verherrlichten Terror zu feiern.

Trotzdem behält das Wort Revolution eine ganz andere Bedeutung in Frankreich als in Deutschland. 1848 und die Paulskirche: Ja, das war eine gute deutsche Revolution, aber seht doch, wie sie gescheitert ist, was beweist, daß solche Revolutionen gewissermaßen undeutsch sind! (Wobei ständig übersehen wird, daß das Scheitern 1848 in Frankreich noch viel blutiger gewesen ist als in Deutschland und daß Napoleon III. gewiß nicht demokratischer war als Bismarck.) Die deutsche Revolution, die das Wort in Deutschland auch bei der SPD verhaßt gemacht hat, das war die «rote Woche» von Berlin im Januar 1919. In Frankreich hat das Wort seinen guten Ruf bewahrt, wenn auch nun fast alle in der konkreten Politik nur den Begriff Reform verwenden. Es heißt oft, die Franzosen machten Revolutionen, um Reformen durchzusetzen, aber die Revolution nicht als allzerstörende, sondern als völlige Wende war nicht zum letzten Mal 1944/45 in Schrift und Rede gegenwärtig. Die Zeitung *Combat*, die im Untergrund als Organ der größten gleichnamigen Résistance-Bewegung entstanden war, trug nach Kriegsende, mit Albert Camus als Leitartikler, weiterhin den Untertitel *De la Résistance à la Révolution (Von der Résistance zur Revolution)*. Als sie später konservativer wurde, erlaubte die französische Sprache, diesen Untertitel verächtlich als «Vom Widerstand gegen die Revolution» zu deuten.

Der Bezug zur nationalen Geschichte Frankreichs ist merkwürdig widersprüchlich. Einerseits gibt es eine starke Akzeptanz der gesamten Entwicklung durch die Jahrhunderte hindurch. Kaum jemand war erstaunt, daß derselbe Präsident François Mitterrand beinahe zur gleichen Zeit in zwei schönen Reden den König Hugues Capet (987/996) gerühmt hat, den Gründer der Dynastie, die Frankreich direkt, dann durch die Zweige der Valois, der Bourbons und der Orléans, bis

1792 und dann von 1815 bis 1848 regiert hat – und auch die Große Revolution, die doch Ludwig XVI. und seiner Frau Marie-Antoinette nicht unter diesen Namen, sondern als «Louis Capet» und «Witwe Capet» den Kopf abgehauen hatte.

Andererseits bleiben alte Konflikte offen, die seit Jahrzehnten oder Jahrhunderten überholt sein sollten und gleichwohl immer noch in der geistig-politischen Debatte vorhanden sind. Es ist, als würde ein neuer Konflikt nicht den vorigen verschwinden lassen, sondern ihn nur überdecken, so daß sich die Konflikte gewissermaßen wie geologische Schichten in der «kollektiven Erinnerung» anhäufen. Die Politik des 21. Jahrhunderts wird mitbestimmt durch die gegensätzlichen Auffassungen vom Vichy des Marschalls Pétain und vom Algerien-Krieg. In der Vendée, im Südwesten Frankreichs, gilt Philippe de Villiers, der anti-europäischste aller französischen Politiker, als Erbe der «Weißen», der Royalisten, die gegen die Revolution rebelliert haben und dann von den «blauen» republikanischen Soldaten zusammen mit einem beträchtlichen Teil der Bevölkerung niedergemetzelt wurden.

Geschichtliche Ereignisse können auch Wörter zeitigen, die in die Umgangssprache eingehen. Lange bedeutete die Bezeichnung *Saxon* «Verräter», weil 1813, bei der Leipziger Völkerschlacht, sächsische Einheiten Napoleon verlassen und zu seinen Feinden übergelaufen waren. Heute ist es immer noch schlimm, als *Munichois* bezeichnet zu werden, denn 1938 haben Daladier und Chamberlain in München ein Abkommen unterzeichnet, das den tschechoslowakischen Verbündeten verriet und zerstückelte. Damals wurde der Regierungschef bei seiner Rückkehr begeistert und dankbar begrüßt. Seit Jahrzehnten ist man sich darüber einig, daß diese Kapitulation den Krieg aber nicht verhindert, sondern im Gegenteil beschleunigt hat. Die Generation der damaligen jungen Erwachsenen hat mit dieser tief eingewurzelten Erinnerung gelebt. Die Suez-Expedition von 1956 gegen Nasser wurde gemeinsam von Anthony Eden und Guy Mollet beschlossen, weil man Diktatoren nicht nachgeben darf, wie das Beispiel von München es ja bewiesen hatte. Die Anklage oder die Beschimpfung *Munichois* hatte bei ihnen überlebt.

Manche Konflikte verschwinden doch. Andere verändern sich so, daß es zu einem Konsens kommt. Die Entwicklung der katholischen Kirche und der Einstellungen ihr gegenüber haben den Graben fast zugeschüttet, den es zwischen den Schulgeschichtsbüchern gab. «Jeanne d'Arc hörte Stimmen – wähnte, Stimmen gehört zu haben – glaubte es – sagte es» – der Streit um solche Ausdrücke ist vorüber. Und wer würde noch das Sacré Cœur, die weiße Kirche auf dem Montmartre, als das betrachten, was das Gesetz von 1873, mit dem der Bau beschlossen wurde, als Zeichen setzen wollte, nämlich die Reue von Paris für den Mord an Priestern durch die aufständische Kommune, die zwei Jahre zuvor grausam niedergeschlagen worden war. Die von Karl Marx so gerühmte Kommune selbst ist in der Erinnerung verblaßt. Es gibt noch die jährliche Feier am *Mur des Fédérés*, der Mauer, an der viele erschossen worden waren. In Wirklichkeit ist die gesamte spezifische Geschichte der Arbeiterbewegung nach und nach in Vergessenheit geraten, nicht nur wegen der zeitlichen Distanz, mehr noch durch die gesellschaftliche Entwicklung und, teilweise verbunden mit dieser, durch den Niedergang der kommunistischen Partei.

Die stärkste Veränderung und Beschwichtigung ist wohl erst langsam eingetreten. Es geht um den Ersten Weltkrieg, seine Ursachen, seinen Verlauf, seine Nachwirkungen. Das Jahr 2003 hat eine Art doppelten Schlußpunkt gesetzt. Bei der gemeinsamen Sitzung beider Parlamente in Versailles anläßlich des 40. Jahrestags des Elysée-Vertrags sagte Staatspräsident Jacques Chirac, was alle Historiker seit Jahrzehnten wußten und die Schulbücher auch vemittelten, was aber keiner seiner Vorgänger zum Ausdruck gebracht hatte. Der Vertrag von Versailles sei ein aufgezwungener gewesen. Das war im Januar. Am 11. November wurde wie jedes Jahr seit 1918 der Waffenstillstand von Compiègne als nationaler Feiertag begangen. Weniger als je zuvor wurde das Wort Sieg verwendet. Es ging fast ausschließlich um das große Leiden der Soldaten, um das monströse Sterben. Eine Trennung zwischen französischen und deutschen Toten und Verstümmelten gab es kaum. Spätestens seit den achtziger Jahren lassen die Bücher über den Krieg, die von einem breiten Publikum gelesen werden, Feindbilder beiseite. So ist es auch in dem großen Denkmal von Douaumont, wo der immer wieder dorthin strömenden französischen und deutschen Menschenmenge eine tragische, nicht siegesbewußte Dokumentation vorgeführt wird. 2003 zeigten Fernsehfilme und -dokumente das furchtbare Kriegsgeschehen als eine Art europäischer Selbstzerfleischung. Eine Sendung befaßte sich mit einem Weihnachtsabend der Verbrüderung zwischen den feindlichen Schützengrabeninsassen. Erich Maria Remarque und Henri Barbusse haben geistig gesiegt. Die Erwähnung eines frischfröhlichen Heldentums ist verschwunden. Die Trauer sollte bleiben. In Frankreich mehr als es in Deutschland der Fall ist. Die Periode 1919–1939 läßt sich nämlich für einen Ausländer nur dann verstehen, wenn er schon einmal einen Friedhof in irgendeinem französischen Dorf besucht hat. Wie lang sind doch die Listen der Gefallenen des Ersten Weltkriegs, häufig mit mehreren Toten in derselben Familie! Vor allem in ländlichen Gegenden, denn die Arbeiter in Industriekreisen stellten in Fabriken die Waffen her. An der Front starben in erster Linie Bauern. Der ungeheuere Blutzoll hat den ständigen Ruf nach Sicherheit gezeitigt. Die Maginot-Linie als undurchdringlicher (aber, wie es im Mai 1940 klar wurde, nicht unumgehbarer) Schutzwall, die von Oberst de Gaulle zu Recht kritisierte Strategie, alles auf Verteidigung zu setzen und die Panzer nur als Schutz der Infanterie zu betrachten – *la sécurité* war das Grundanliegen. Auch entstand aus dem großen Sterben die Illusion, daß doch niemand eine Wiederholung des

Leidens wollen könnte. In einer Rundfunkansprache beschwor Regierungschef Edouard Daladier Adolf Hitler, doch als ehemaliger Schützengrabensoldat jeglichen Kriegsgedanken zu verdrängen – wobei er sich aus der eigenen Erfahrung heraus völlig über den kriegslüsternen Diktator täuschte.

Daladier erinnerte sich an ein echtes persönliches Erlebnis. Oft aber erschafft der Teilnehmer des heutigen Geschehens eine Vergangenheit, die keiner Realität entspricht, oder er vergißt sein eigenes Handeln in der Vergangenheit. Es mag reiner Opportunismus sein oder auch Selbsttäuschung. Der persönliche Meinungswechsel beruht auf Vertuschung – vor den anderen oder vor sich selbst –, zuweilen auch auf einer echten neuen Überzeugung, die die Erinnerung verändert. Das galt nach 1945 und nach 1990 in Deutschland. In Frankreich wurde bereits 1815 ein *Dictionnaire des Girouettes,* ein «Lexikon der Wetterfahnen» veröffentlicht. 1948 erschien unter dem Decknamen Orion ein *Nouveau dictionnaire des Girouettes,* dessen Einleitung einsichtig das Thema «Das Vergessen in der Politik» behandelte. Sein größter Vorwurf an die Politiker war nicht das Vergessen an sich, sondern die Tatsache, daß sie heute Menschen dafür verurteilten, Haltungen gehabt zu haben, die damals auch die ihren gewesen waren. Zum Beispiel zitiert das Buch den großen Schriftsteller und späteren Nobelpreisträger François Mauriac, der 1944 General de Gaulle mit denselben Worten huldigte, die er 1940 für Marschall Pétain verwendet hatte. Er hatte wahrscheinlich die älteren Texte vergessen. Jedenfalls wurden sie ihm um so weniger vorgeworfen, als kaum jemand sich daran erinnern wollte, selbst einmal auf der heute als falsch betrachteten Seite gestanden zu haben. Denn die «kollektive Erinnerung» kann einem Vergessen gleichkommen. In einem humorvollen Roman wurde nach dem Ersten Weltkrieg erzählt, ein Historiker habe einem Städtchen zweitausend Einwohner zugeschrieben, denn 1815 hätten dort tausend Menschen Napoleon bejubelt und wenige Wochen später ebenso viele König Ludwig XVIII.: Es konnten doch nicht dieselben sein! Ähnliches hätte man zu anderen Zeitpunkten sagen können, vor allem 1940 und 1944.

Zu diesem Vergessen tragen Politiker oder Parteien mit Absicht bei. Bei seiner ersten Rede auf dem befreiten französischen Boden sprach General de Gaulle zu den Einwohnern von Bayeux, in der Normandie, als seien sie alle Widerständler gewesen. Das bedeutete für manche mehr als ein Verzeihen, nämlich ein Vergessen, eher eine Verwandlung ihrer persönlichen Vergangenheit. Zur gleichen Zeit verkündeten die Kommunisten, sie seien «die Partei der 75 000 Erschossenen», eine frei erfundene Zahl, die bei weitem die Zahl aller Franzosen zusammen übertraf, die von den deutschen Besetzern hingerichtet worden waren. Aber Abertausende sind der Partei auch aufgrund dieses Beweises kollektiven Heldentums beigetreten.

Verschleierung der negativen Tatsachen gibt es auch in der Darstellung großer historischer Figuren – mit Absicht oder durch Blindheit des Verehrers. Zu Beginn des 21. Jahrhunderts floriert in Frankreich wieder der Napoleonkult. Bücher, Filme, Ausstellungen häufen sich. An Siege und an Niederlagen wird episch erinnert, allerdings mit nüchternen Feststellungen über die Zahl der Toten und das Ausmaß des Leidens, das dabei zum Epos beiträgt. Das Schöpferische wird zu Recht hervorgehoben, auch wenn es manchmal klingt wie ein berühmter Ausspruch von Joseph Prudhomme, einer Witzfigur aus dem 19. Jahrhundert: «Wenn er einfacher Leutnant geblieben wäre, so säße er noch auf seinem Thron!» Als Beispiel seiner Vielseitigkeit – die jeden deutschen Vergleich mit Hitler skandalös macht – sollte man nicht nur den *Code civil* nennen, der ja auch in großen Teilen Deutschlands das Zivilrecht grundlegend verändert hat, sondern einen Beschluß am Rande des Rußland-Feldzugs. In Moskau unterzeichnete Napoleon ein Dekret, das bis heute die Grundlage des Statuts der *Comédie Française,* des Pariser Staatstheaters, geblieben ist. Ist die

Verklärung im Fall des Kaisers wirklich völlig anders als diejenige, die in der «kollektiven Erinnerung» nun Charles de Gaulle erfährt, besonders, wenn es um die Außenpolitik und um den «Rang» Frankreichs geht?

Was übermittelt wird und wie, das ist für die heutige Politik und die öffentliche Meinung von Bedeutung. Aber in Frankreich ist das Interesse für Geschichte überhaupt größer als in Deutschland. Zum Erstaunen des Verlags wurde 1974 das dicke Buch des Engländers Kendal über Ludwig XI., König von Frankreich von 1461 bis 1483, zu einem solchen Erfolg, daß immer wieder nachgedruckt werden mußte und die Auflage schließlich die der erfolgreichen Romane übertraf. Seitdem umfaßt die Geschichtsreihe bei Fayard Dutzende umfangreiche, nicht gerade billige Werke, die sich gut verkaufen. Im Unterschied zu Deutschland gibt es in Frankreich keine Kluft zwischen den Berufshistorikern und dem kultivierten Publikum. Jeden Monat vertreibt die Zeitschrift *L'Histoire* durch Abonnement oder Kioskverkauf eine Auflage von 85 000 Exemplaren. Es handelt sich um schön aufgemachte Hefte mit vielen Bildern und Karten. Die Artikel über die verschiedensten Perioden (mit einer Bevorzugung der strittigen Fragen des 20. Jahrhunderts) werden im allgemeinen von Historikern geschrieben, seien es Professoren oder junge Doktoranden, die aufgefordert wurden, die neuen Erkenntnisse ihrer Magisterarbeiten in einen kürzeren Artikel zu verwandeln. Für das allgemeine Publikum gibt es die Monatshefte von *Historia,* mit einer Auflage von über 100 000, die weniger anspruchsvolle, aber doch meist gut recherchierte und von Experten verfaßte Beiträge enthalten. Der Hang zur Geschichte geht so weit, daß Minister und andere Politiker ihr Prestige dadurch zu erhöhen versuchen, daß sie Geschichtsbücher schreiben (oder unter ihrem Namen schreiben lassen ...) – im allgemeinen Biographien von historischen Figuren, mit denen sie verglichen werden möchten.

Alle haben in der Schule und im Gymnasium nicht nur Geschichtsunterricht erhalten, sie sind auch weitgehend durch diesen Unterricht sozialisiert worden. Oft ist belächelt worden, daß afrikanische Schulbücher die gleichen Inhalte gehabt hätten wie die des Mutterlands (was nur sehr begrenzt stimmte) und daß also die kleinen Afrikaner lernen sollten: «Unsere Vorfahren, die Gallier, hatten blondes Haar und blaue Augen». Aber der kleine jüdische Deutsche, der in der Grundschule in *Histoire de France* unterrichtet wurde, erhielt dadurch gewissermaßen neue Wurzeln. Als Erwachsener war seine Vergangenheit Ludwig XIV. und Napoleon. Wenn er sagte «Wir haben 1914...», so meinte er die französischen Soldaten, wenn auch sein Vater damals deutscher Offizier gewesen war. Ab der Sexta hat es von jeher anders ausgesehen. Man lernt Weltgeschichte, allerdings mit Frankreich und Europa als Mittelpunkt. Ägypten, Griechenland und Rom stehen am Beginn. In der Abiturklasse fängt man seit kurzem nicht mehr 1939 an, sondern 1945, um der zweiten Hälfte des 20. Jahrhunderts mehr Platz zu lassen. Die Richtlinien werden vom Ministerium bestimmt. Aber die Wahl des Handbuchs ist für die Lehrer frei. Vor 1939 und lange danach dominierte die hervorragende Reihe von Malet und Isaac (letzterer auch Vorkämpfer jüdisch-christlicher Verständigung, d. h. unter anderem Kritiker des christlichen Antisemitismus). Die Aufgeschlossenheit war groß. Vor dem Krieg standen am Ende der Kapitel über 1870/71 und 1914/18 breite Auszüge eines deutschen Schulbuchs zu denselben Themen. Natürlich kann es auch Auseinandersetzungen um Schulbücher geben, besonders wenn es um ohnehin strittige Themen geht. Das gilt besonders für die beiden Probleme, die immer noch und immer wieder Gegenstand der öffentlichen Debatte sind, Vichy und die Résistance, also die Geschichte Frankreichs von 1940 bis 1944, und wenn der Algerien-Krieg behandelt wird, der 1954 begann und 1962 ein Ende fand.

Den meisten Franzosen ist es nicht bewußt. In Deutschland weiß man es nicht. Von 1939 bis 1962 war Frankreich fast ständig im Krieg. Zwischen dem Frieden mit Japan im September 1945 und dem Beginn des Indochina-Kriegs im Dezember 1946 lag etwas mehr als ein Jahr. Zwischen dem Genfer Friedensabkommen für Indochina im Juni 1954 und dem Beginn des Algerien-Kriegs im November sind nur vier Monate verstrichen. Es wird noch zu erörtern sein, wie wichtig diese Feststellung für das Verständnis der französischen Außen- und Europapolitik ist. Jetzt schon soll betont werden, daß das «kollektive Gedächtnis» es mit drei Niederlagen zu tun hat. Darunter nimmt natürlich die Katastrophe von 1940 den ersten Platz ein.

Polen sollte nicht verraten werden wie die Tschechoslowakei verraten worden war. Also wurde Hitler-Deutschland sofort nach dem Überfall auf den Verbündeten der Krieg erklärt. Aber eine echte Westfront aufmachen durch einen Angriff, das wollte und konnte man nicht. Man harrte der Dinge hinter der Maginot-Linie. Im Mai 1940 brachen die deutschen Panzer durch den Ardennenwald und rollten die Maginot-Linie von hinten auf. Schuld daran waren einerseits König Leopold und auch die belgischen Regierungen, insbesondere Paul-Henri Spaak, die sich im Namen der Neutralität geweigert hatten, den französischen Schutzwall bis zum Meer, d.h. an der belgischen Grenze entlang, verlängern zu lassen – noch mehr aber die französischen Strategen, die den Ardennenwald für undurchdringbar gehalten hatten. Überhaupt hat das Kommando der Armee völlig versagt. Also mußte, wie 1919 in Deutschland, verkündet werden, daß die Schuld bei den Politikern lag und bei den Eliten, die die militärischen Tugenden mißachtet hatten. «Wenn Militärs den Krieg gewinnen, werden sie geehrt. Wenn sie ihn verlieren, werden sie Staatsoberhäupter.» Der böse Witz traf jedenfalls für Hindenburg und Pétain weitgehend zu, obwohl der deutsche Marschall erst 1925 Reichspräsident wurde und Marschall Pétain nicht direkt mit der Kriegsführung zu tun gehabt hatte, nur mit der Definition der reinen Verteidigungstheorie.

Die deutsche Offensive wurde zum unerwarteten Triumphzug. Einen Monat nach ihrem Beginn marschierten die deutschen Einheiten auf den Champs Elysées. Es war nicht die Vichy-Regierung, sondern die der III. Republik, allerdings mit Marschall Pétain an der Spitze, die den Waffenstillstand aushandeln und unterschreiben ließ. Ein Waffenstillstand ist ein politischer Akt, der einen Krieg beendet. In der damaligen und noch heute zu Unrecht verbreiteten Auffassung hatte König Leopold von Belgien einen Verrat begangen, indem er kapituliert hatte. Die Kapitulation entspricht jedoch nur dem Ende einer Armee. Die legitime belgische Regierung verlegte ihren Sitz nach London, so wie auch die norwegische. Durch den Waffenstillstand hat Frankreich als Staat die Niederlage anerkannt. Wenige Tage vor der Unterschrift rief aus London der Unterstaatssekretär für Verteidigung, der vorläufig zum Brigadegeneral beförderte Oberst Charles de Gaulle, seine Landsleute am 18. Juni auf, den Krieg fortzusetzen.

Ein Passus des Waffenstillstandsabkommens ist immer noch nicht in das französische kollektive Bewußtsein eingedrungen, obwohl der Artikel 19 bei weitem der entehrendste gewesen ist. Frankreich willigte darin ein, alle Deutschen auszuliefern, die aus Hitler-Deutschland geflohen waren. Da die meisten von ihnen bereits bei Kriegsbeginn von der Republik als Feinde in Lager gesteckt worden waren, war die Auslieferung ein leichtes. Aufgrund dieses Artikels 19 sind unter anderen die großen Sozialdemokraten Rudolf Breitscheid und Rudolf Hilferding ums Leben gekommen.

Die sichtbare Katastrophe für Frankreich war natürlich größer. Das Land wurde aufgeteilt. Nicht nur in eine besetzte und eine «freie», unbesetzte Zone, mit einer Demarkationslinie, die von der Schweizer Grenze durch das Loire-Tal ging und dann zur spanischen Grenze abbog, um einen breiten Streifen der Küste entlang unter Kontrolle zu behalten. Ganz im Norden wurde ein Gebiet dem Wehrmachtskommando in Brüssel unterstellt. Etwas südlich von diesem und im Osten gab es eine «verbotene Zone», die noch direkter unter deutscher Verwaltung stand.

Ganz im Osten wurde «Elsaß-Lothringen» abgetrennt und annektiert. Bald wurden die jungen Elsässer in die Wehrmacht zwangseingegliedert. Noch heute ist die Frage nach dem Schicksal der *malgré nous* umstritten. Wer die besondere Vergangenheit des Elsaß und ihre Auswirkungen verstehen will, der sollte sich die Kassetten einer Sendereihe von ARTE besorgen. «Die beiden Mathilde oder Die Elsässer» ist das Beste, was der deutsch-französische Sender je geleistet hat, und zeigt in der Form einer Familiengeschichte, welche Tragödien das Elsaß von der Annexion 1871 bis zu den Prozessen gegen die *malgré nous* zu Beginn der fünfziger Jahre erlebt hat. Der Film spricht jedoch nicht vom Prozeß von Bordeaux, wo die Einheit der Waffen-SS, die das Dorf Oradour samt seinen Einwohnern vernichtet hatte, vor Gericht stand. Frankreich entdeckte damals, daß ein guter Teil der Einheit Elsässer waren, die dann zwar verurteilt, aber bald begnadigt wurden. Die Auseinandersetzungen um diesen Prozeß und um diese Begnadigung gehen heute noch weiter.

Ein kleiner Teil der Parlamentarier versuchte vergeblich, nach Nordafrika zu gelangen, um von dort den Krieg weiterzuführen. Die große Mehrzahl versammelte sich in Vichy, wo auch die neu gebildete Regierung eintraf, deren Oberhaupt Marschall Pétain war. Die Abgeordnetenkammer und der Senat tagten zunächst getrennt, um dann zusammen als *Assemblée nationale* am 10. Juli 1940, aufgrund ihrer verfassunggebenden Zuständigkeit, mit 569 gegen 80 Stimmen und 17 Enthaltungen einen einzigen Artikel zu verabschieden. Dieser gab der «Regierung der Republik, unter der Autorität und der Unterschrift von Marschall Pétain» alle Macht, um eine neue Verfassung «des französischen Staats» zu verkünden. Damit war die Republik abgeschafft und durch den *État français* ersetzt. Zwei Auflagen gab es. «Diese Verfassung soll die Rechte der Arbeit, der Familie und des Vaterlands garantieren». *Travail, Famille, Patrie* trat also an Stelle von *Liberté, Egalité, Fraternité.* Auch sollte die Verfassung durch die Nation ratifiziert und von den von ihr geschaffenen parlamentarischen Versammlungen angewandt werden. Aber es ist zu gar keiner Verfassung gekommen, sondern nur zu vereinzelten autoritären «Verfassungsakten».

Damals hätte sich ein Vergleich aufdrängen sollen. 1958 wurde ein weiterer gezogen. Das Ermächtigungsgesetz vom 24. März 1933 hatte ähnliche Züge. Es gab der Hitler-Regierung alle Macht, die Weimarer Verfassung beiseite zu schieben, Grundrechte inbegriffen. Als de Gaulle im Juni 1958 letzter Regierungschef der IV. Republik wurde, erhielt er auch die Macht, eine neue Verfassung vorzulegen, aber gerade in Hinblick auf 1940 mußte sie demokratische Prinzipien respektieren. Auch wurde sie in der Tat mit großer Mehrheit durch eine Volksabstimmung am 28. September ratifiziert. Aber es gab doch eine Gemeinsamkeit, die auch auf 1917 und 1954 hinweist. Im Gegensatz zu dem *House of Commons,* das 1940 kollektiven Mut bewiesen und dann, trotz Churchills Eigensinn, nie auf seine Rolle als Volksvertretung verzichtet hat, darf man von einem Hang des französischen Parlaments sprechen, in dramatischen Situationen gewissermaßen zu kneifen und einem Mann die Überwindung der Krise anzuvertrauen. 1917 überließ man gerne Georges Clemenceau die äußerst schwierige Kriegsführung. 1954 stimmten auch viele seiner Gegner für Pierre Mendès France, damit er einen ehrbaren Abschluß des Indochina-Kriegs nach der Niederlage von Dien Bien Phu finde. 1940 war die Last der totalen Niederlage auf den greisen Philippe Pétain abgeschoben worden. 1958 übertrug man General de Gaulle die Aufgabe, den Algerienkrieg zu beenden. Keines dieser Ereignisse hat das Prestige des Parlaments bei den Bürgern Frankreichs gefördert.

Am 14. August 1941 wurde der *Acte constitutionnel N°8*

verkündet, der große Ähnlichkeit hatte mit dem Wehrmachtschwur, den Hitler nach Hindenburgs Tod 1934 den Offizieren und Soldaten auferlegt hatte. Niemand durfte in der Armee dienen, ohne ein Gelübde für das Staatsoberhaupt abzugeben. Er schwor diesem persönliche Treue und versprach, jedem seiner Befehle zu gehorchen. Gesetze wurden schon seit dem vorangegangenen Sommer verkündet, durch einfachen Beschluß des Ministerrats unter Vorsitz Pétains.

Bereits am 3. Oktober wurde ein «den Status der Juden beinhaltendes» Gesetz verabschiedet, das die öffentlichen Ämter und die Berufe auflistete, die nun für Juden nicht mehr zugänglich waren und aus denen sie entfernt werden sollten. Das antisemitische Gesetz war entstanden ohne jegliche deutsche Forderung. Bis Dezember 1942 sollte es noch neun weitere die Juden betreffende Gesetze geben. Der erste Text definierte als Juden «jede Person, die von drei Großeltern jüdischer Rasse abstammt oder von zwei Großeltern dieser Rasse, wenn ihr Ehegatte oder -gattin selber jüdisch ist». Wie die Angehörigkeit zur jüdischen Rasse festgestellt werden konnte, das wurde dann durch das Gesetz vom 2. Juni 1941 festgelegt. Für die Großeltern hatte die Religion als Beweis der Rassenzugehörigkeit zu gelten!

Heute noch geht die Debatte weiter über die Quellen und das Ausmaß des französischen Antisemitismus und die Ursachen und Gründe seiner beinahe sofortigen gesetzlichen Verankerung in Vichy. Viele Anwälte, Richter, Professoren, Unternehmer, Geschäftsleute waren betroffen, obwohl es anfänglich Ausnahmen für mit Orden ausgezeichnete Kriegsveteranen gab. Alle Juden wurden bald auf einen Nenner gebracht. Im Frankfurter Westend hatten die gutbürgerlichen Juden 1933 geglaubt, nur die «Polacken», die aus Osteuropa zugewanderten deutschen Juden, würden Opfer von Ausschlußmaßnahmen sein. Im Frankreich von 1940 hat es eine noch stärkere diskriminierende Einstellung gegeben. Nach der

Veröffentlichung des ersten Gesetzes schrieb der Vorsitzende des israelitischen Konsistoriums, hauptamtlich Vorsitzender des Conseil d'État, an Marschall Pétain. Er sprach von der «Invasion» der Flüchtlinge aus den vom Nationalsozialismus eroberten europäischen Ländern. «Trotz der Mahnungen des französischen Judentums haben die französischen Regierungen nichts getan, um dieser Gefahr zu begegnen. Die Reaktion auf die Invasion der Ausländer hat einen normalen Antisemitismus gezeitigt, dem heute die alten israelitischen französischen Familien zum Opfer fallen.» Sein Vorschlag: Ein Gesetz, das keine Beamten, Anwälte u. a. m. zulassen sollte, die nicht mindestens drei französische Großeltern hätten. Also organisierte Fremdenfeindlichkeit statt Antisemitismus!

Die «Entjudaisierung» des Beamtentums, der freien Berufe, dann die Beschlagnahme jüdischer Geschäfte und Unternehmen gingen weiter, ohne dabei nennenswerte Proteste bei den nichtjüdischen Kollegen hevorzurufen. Wie in Deutschland 1933 ließen sich insbesondere die juristischen Berufe das Ausscheiden der als Juden Bezeichneten schweigend gefallen. Nur ein Conseiller d'État protestierte, was ein halbes Jahrhundert später den Direktor des Pariser Instituts für politische Wissenschaften, selber Conseiller d'État, veranlaßte, in einem Rundschreiben die Studenten aufzurufen, nicht nur Kenntnisse zu erwerben, sondern auch die Zivilcourage, die 1940 nicht vorhanden gewesen war. Bei den Rechtsprofessoren kommentierte man die Gesetze als «positives Recht», so ungefähr wie es Hans Globke im Berliner Innenministerium für die Nürnberger Gesetze getan hatte. Im *Recueil Dalloz,* der Sammlung der Gesetzkommentare, konnte man im Sachindex als normale Rubrik «Juden» zwischen *jugement sur requête* (Urteil auf Antrag) und *jument de course* (Rennstute) finden. Ein nach dem Krieg berühmt gewordener Professor für öffentliches Recht und Politische Wissenschaft kommentierte die antijüdischen Gesetze nicht nur ganz sachlich-neutral. «Wenn man nach der Religionszugehörigkeit verfährt, ist zu fürchten, daß die meisten Juden eine Bekehrung vortäuschen ... (Durch den Gesetzestext) wird dieses Kalkül vereitelt.»

Auch bei der Polizei gab es kaum Befehlsverweigerungen, wenn es später galt, Juden zu verhaften. In seinem trotz erlittenem Familienschicksal nüchternen, aber mutig-grundlegenden Buch *Vichy-Auschwitz* hat Serge Klarsfeld schreiben können, daß die französischen Polizisten an der Mittelmeerküste den italienischen Behörden gehorcht hatten, als diese verboten, Juden zu verhaften, und dann den deutschen, die ihnen befahlen, ebendies zu tun. Dank Klarsfeld ist es in Frankreich bekannt geworden, daß bis zur italienischen Kapitulation 1943, als die Italiener durch deutsche Einheiten und Gestapo ersetzt wurden, Mussolinis Armee die Juden gegen den deutschen Druck in Schutz genommen hat.

Aber im selben Buch stellt Klarsfeld fest, daß drei Viertel der Juden Frankreichs die Vernichtungspolitik überlebt haben, wobei prozentual der Anteil der vernichteten Ausländer viel größer war als der der französischen Juden. Im Vergleich mit den meisten anderen Ländern ist also der Horror geringer gewesen. Die Erklärung liegt einerseits darin, daß es bis November 1942 die unbesetzte Zone gab, andererseits und vor allem aber in der Hilfsbereitschaft der nicht-jüdischen Bevölkerung. Gewiß beweist die jüngste Forschung, daß mehr «arische» Deutsche Juden versteckt haben, als man es bisher geglaubt hatte. Auch war das Verstecken leichter in einem Land, dessen Bürger in ihrer großen Mehrzahl die Deutschen als Besetzer und Feinde betrachteten, als in Deutschland, wo jeder unter der Aufsicht der Partei, der Blockwarte, der Gestapo stand. Es bleibt, daß sich in Frankreich viel mehr Menschen, unter ihnen vor allem katholische und protestantische Christen, gefunden haben, die jüdische Männer, Frauen und besonders Kinder in Obhut genommen und trotz der Gefahr, selbst deportiert zu werden, versteckt haben. Die Beurteilung der französischen Kirche zwischen 1940 und 1944 fällt deswegen schwer. Manche Kirchenfürsten haben Lobeshymnen auf Marschall Pétain gesungen, und sei es nur, weil er den katholischen Schulen und Einrichtungen Vorteile zukommen ließ, die ihnen von der Republik versagt worden waren. Die flammenden Proteste gegen die Deportation der Juden vom Toulouser Erzbischof und vom Bichof von Lourdes aber sind Ausnahmen geblieben. Zugleich hat Kardinal Gerlier, Erzbischof von Lyon, der verkündet hatte «Pétain ist Frankreich und Frankreich ist Pétain», es standhaft abgelehnt, den deutschen Behörden zu offenbaren, wo die Gruppe *Témoignage Chrétien* die Hunderte von Kindern versteckt hielt, die sie «entführt» hatte, um sie vor der Gestapo zu bewahren. «Christliches Zeugnis» – so nannte sich eine von Jesuiten gegründete und geführte Widerstandsorganisation, auch ihre Zeitung, die heute noch, unter ständiger Berufung auf diese Vergangenheit und mit demselben Untertitel «Wahrheit und Gerechtigkeit – was es auch kosten mag» wöchentlich erscheint. Einige Jahrzehnte später hat sie versucht, dieselben Prinzipien im Kampf gegen den Indochina-, dann den Algerienkrieg anzuwenden. Auf evangelischer Seite bleibt die Erinnerung an das große Versteck der Kinder mit dem Dorf Chambon sur Lignon verbunden.

Als der Krieg zu Ende war und die Überlebenden aus der Deportation, auch aus den Vernichtungslagern, zurückkamen, wurde überraschend wenig von der Judenverfolgung und von dem tragischen Schicksal so vieler jüdischer Familien gesprochen. Der zukünftigen Ministerin und Präsidentin des Europaparlaments, Simone Veil, die aus dem Lager Ravensbrück zurückkam, wurde gesagt, sie solle doch als Widerstandsmitglied sprechen, nicht als Jüdin. Der 2003 als angesehener ehemaliger kommunistischer Gewerkschaftsführer verstorbene Henri Krasucki war als junger jüdischer Kommunist polnischer Herkunft in eine Widerstandsorganisation immigrierter Juden eingetreten und als solcher deportiert worden. Auch er sollte bei seiner Rückkehr sein Judentum verschweigen. Seit den achtziger Jahren ist allzuoft fast nur vom Schicksal der Juden die Rede. Im Januar 2002 hat der bretonische Verband der Waisenkinder, deren Eltern in Deportation oder durch Erschießung umgekommen waren, eine Kundgebung veranstaltet, um gegen eine Verordnung vom Juli 2000 zu protestieren, die den Kindern der jüdischen Opfer der NS-Barbarei finanzielle Entschädigungen zugestand. Dies sei gerecht. Ungerecht sei aber die Diskriminierung, die die Waisen nichtjüdischer Widerstandskämpfer ohne Entschädigung ließ. Eine Verordnung vom 27. Juli 2004 hat nun auch die nichtjüdischen Waisenkinder (die bereits im Großelternalter stehen ...) miteinbezogen. Bis dahin hatte der Verband nichts gefordert.

Die Umgestaltung der «kollektiven Erinnerung» hat sich auch bei der Bestrafung von Verbrechen gezeigt. Bei dem groß angelegten Prozeß gegen Klaus Barbie, der in der Tat persönliche Schuld auf sich geladen hatte, wurde 1987 übersehen, daß er nur ein kleiner Mann gewesen war, der Befehle ausführte. Seine höheren Vorgesetzten, Carl-Albrecht Oberg, Chef der SS und der Polizei in Frankreich, der später polnische Juden gejagt hat, und Helmut Knochen, Chef der SIPO (Sicherheitspolizei)-SD (Sicherheitsdienst), waren zwar zum Tode verurteilt worden, aber nach mehrmaligen Strafkürzungen war der eine 1965, der andere bereits 1962 auf Anweisung oder mit Genehmigung de Gaulles nach Deutschland zurückgeschickt worden, was zu dieser Zeit kein Aufsehen erregt hatte.

Weitere Prozesse haben immer wieder dieselben Fragen in die Debatte gebracht. Wie unterscheidet man die persönliche Schuld von der Durchführung von Befehlen, d. h. wie ahndet man die Ablehnung der Verweigerung? Wer ist für was schuldig? Wer haftet, ohne schuldig zu sein? Vor allem: Wie definiert man die Verbrechen, die zu sühnen sind? 1990 wurde ein neues Gesetz verabschiedet, das die Verleugnung der Verbrechen unter Strafe stellte, die als Grundlage für die Nürnberger Prozesse als *crimes contre l'humanité* (die deutsche Formulierung «gegen die Menschlichkeit» ist sprachlich zumindest merkwürdig) definiert worden waren. Das Vorhaben war löblich, aber der Text zeigte zwei große Schwächen. Er betraf nur die Barbarei des Nationalsozialismus. Viele französische Bürger sind Armenier oder Kinder oder Enkel von armenischen Überlebenden des Massenmords von 1915. Dieser Genozid war vom Gesetz nicht erfaßt und darf weiterhin ungestraft geleugnet werden. Gewissermaßen als Gegenleistung kam es zum erstaunlichen Gesetz vom 29. Januar 2001, dessen einziger Artikel nur einen kurzen Satz enthält: «Frankreich anerkennt öffentlich *(reconnaît publiquement)* den armenischen Genozid von 1915. Dieses Gesetz wird als Staatsgesetz vollzogen.» Was das konkret bedeuten sollte, war unklar. Klar war, daß die Parlamentarier lieber die Türkei provozieren als armenische Wählerstimmen verlieren wollten.

Die andere Schwäche lag in der sehr umfassenden Nürnberger Definition und auch in der dort getroffenen Unterscheidung zwischen Kriegsverbrechen und Verbrechen gegen die Menschlichkeit, wobei nur letztere im Rückblick und rückwirkend als unverjährbar erklärt worden waren. Wollte man z.B. Geiselerschießungen nach Jahrzehnten bestrafen, mußte man sie als Verbrechen gegen die Menschlichkeit behandeln. Aber wie verhielt es sich dann mit französischen Straftaten in Algerien? Die deutsche Lösung, nämlich keine Mordtat mehr verjähren zu lassen, wurde nicht ins Auge gefaßt. Die *Cour de Cassation* (höchste Instanz, um wie der Bundesgerichtshof über die Rechtmäßigkeit der Urteile anderer Gerichte zu entscheiden) hat vorübergehend durch eine juristische Spitzfindigkeit das Problem beiseite geschoben. Die Definition des Verbrechens hinge von der Natur des Regimes ab, in dessen Namen es begangen wurde. Also wäre eine französische Strafaktion gegen ein algerisches Dorf anders zu bezeichnen als eine ähnliche Tat deutscher Besatzungstruppen in Frankreich, da ja in Paris die Republik geherrscht hatte und in Berlin der NS-Staat. Später entschied der Gerichtshof anders, aber klare Darstellungen der Unterschiede und der Ähnlichkeiten lassen immer noch auf sich warten.

Das gilt auch für die Rückerstattung des beschlagnahmten und enteigneten jüdischen Besitztums. Erst in den neunziger Jahren wurde klar, daß diese Rückerstattung nur sehr begrenzt stattgefunden hatte, handle es sich um «arisierte» Geschäfte und Unternehmen oder um Gold und Kunstobjekte. In den neunziger Jahren wurde öffentlich, daß die Regierungen der IV. Republik 1947 und 1949 klar entschieden hatten, keine Rückerstattung zuzulassen. 1997 wurde eine Kommission zur Untersuchung der Beraubung der Juden Frankreichs geschaffen, die sehr effizient gearbeitet hat. Die deutsche Besatzungsmacht hat nur wenig mit den Enteignungen zu tun gehabt. Französische Instanzen haben beschlossen, genehmigt oder walten lassen. Also Vichy? Aber was war das eigentlich, was seit über sechzig Jahren als Vichy bezeichnet wird?

Es ist «eine Vergangenheit, die nicht vergeht» – mit intensiver wissenschaftlicher, selten unvoreingenommener Forschung, aber auch mit manchen sehr unterschiedlichen Löchern im «kollektiven Bewußtsein». Die Popularität des greisen Marschalls nach der katastrophalen Niederlage wird im Rückblick unterschätzt. Die Proteste gegen seine Verherrlichung blieben gering. Auch die Parlamentarier, die ihm die Vollmacht verweigerten, verehrten den Sieger von Verdun, den menschenfreundlichen Befehlshaber, der 1917 Verständnis selbst für die meuternden Soldaten gezeigt und somit die Krise der Armee überwunden hatte. Bald wurden alle Lehrer angehalten, die Schulkinder *Maréchal, nous voilà,* singen zu lassen, ein Lied, in dem er Retter Frankreichs genannt wurde. Heute noch bleibt die Frage offen, was geschehen wäre, wenn er sich nicht im November 1942, als die Deutschen ganz Frankreich besetzten, geweigert hätte, Vichy zu verlassen und nach Nordafrika zu fliehen, wo die Alliierten gelandet waren. Hätte man nicht vergessen, wie weit er schon unter deutscher Kontrolle stand? Hätte sich da nicht die Legende «de Gaulle das Schwert, Pétain der Schild» endgültig durchgesetzt, so daß der General gezwungen gewesen wäre, dem Marschall den Vorrang zu überlassen? Inwieweit hatte vor diesem Datum die Existenz der unbesetzten Zone deren Bewohnern vieles erspart ? Dieser Fragenkomplex besteht weiterhin, neben einem anderen, der mit viel Unwissen verbunden ist. Vichy sei nie bestraft worden. Philippe Pétain ist 1945 zum Tod verurteilt worden. General de Gaulle hat den 89jährigen begnadigt. Er blieb dann bis zu seinem Tod 1951 auf der Insel Yeu an der Südwestküste Frankreichs gefangen. Der verhaßte Premierminister Pierre Laval wurde nach einem unwürdigen Prozeß unwürdig hingerichtet: Er hatte im Gefängnis Gift geschluckt, und man hat ihn behandelt, um ihn doch noch erschießen zu können.

Wer sollte wegen seiner Vichy-Vergangenheit bestraft werden oder später verachtet, wenigstens mißachtet werden? Als François Mitterrand schon lange Präsident war, tauchte plötzlich seine sogenannte Vichy-Vergangenheit auf. Er hatte nach seiner Rückkehr aus dem deutschen Gefangenenlager, aus dem er nach zwei gescheiterten Versuchen ausgebrochen war, in Vichy für die in Gefangenschaft Gebliebenen gearbeitet. Da er darüber hinaus noch als Präsident mit René Bousquet, dem ehemaligen Chef der Vichy-Polizei, der nach dem Krieg in der Industrie Karriere machte, befreundet blieb, entstand eine ziemlich wütende Kampagne. Es wurde übersehen, daß François Mitterrand ab 1942 unter Lebensgefahr im Widerstand aktiv gewesen war, während niemand je Maurice Couve de Murville Vorwürfe gemacht hat. Der langjährige Außenminister von General de Gaulle (von 1958 bis 1968) war als hoher Beamter Leiter der Verwaltung der Außenfinanzen der Vichy-Regierung gewesen, bis er nach der Landung der Alliierten nach Algier reiste, um dort bereits 1943 Generalsekretär des Amts des französischen Oberbefehlshabers, dann Mitglied des *Comité français de la Libération nationale* zu werden.

De Gaulle ist 1966 heftig kritisiert worden, als er in einer großen Rede in Verdun General Pétain lobend erwähnte. Er lehnte aber das Gesuch ab, die Gebeine des Marschalls von Yeu zum Denkmal von Douaumont überführen zu lassen. Präsident Mitterrand wurde zum Vorwurf gemacht, daß er Blumen auf das Grab Pétains hatte legen lassen. Aber gerade François Mitterrand war es, der sich ganz im Sinne de Gaulles geweigert hat, das Vichy-Regime als legitime Regierung Frankreichs anzuerkennen. Die These war, daß das Vichy-Regime eine Art Klammer in der Kontinuität der Republik, d.h. Frankreichs gewesen sei, daß also die Republik nicht für die Taten von Vichy haftbar war. Noch im Oktober 1997 erklärte der sozialistische Premier Lionel Jospin vor der Nationalversammlung: «Es gibt keine Schuld Fankreichs, weil für mich Frankreich in London oder im Vercors war ..., weil Vichy die Verneinung Frankreichs oder jedenfalls der Republik gewesen ist.» Die Rede sollte eine Antwort an Staatspräsident Chirac sein, der im Juli 1995 die Verantwortung Frankreichs an der Deportation der Juden anerkannt hatte. Durch das Nichtvorhandensein des Wortes *Haftung* (auf englisch *liability)* in der französischen Sprache entstehen ständig Mißverständnisse, da das Wort *responsabilité* auf Schuld oder auf schuldlose Haftung hinweisen kann. Erst 2003 schien die Frage endgültig gelöst. Das Verwaltungsgericht von Paris hat sich klar gegen die «Klammer» und für die Kontinuität der Geschichte Frankreichs entschieden. Der ehemalige Generalsekretär der Präfektur von Bordeaux, Maurice Papon, war wegen Beteiligung an der Deportation von Juden verurteilt worden. Das Verwaltungsgericht erklärte, er hätte in seiner Eigenschaft als Staatsbeamter gehandelt, so daß der heutige französische Staat für die Entschädigung der Familien der Opfer zu haften hatte.

Die *Résistance* ist immer ein umstrittenes Thema geblieben, das sehr unterschiedliche Einschätzungen erfahren hat. In der unmittelbaren Nachkriegszeit gab es eine Verherrlichung, mit Überschätzung der Realität, so als hätte die große Mehrheit der Franzosen im Widerstand gewirkt. In den sechziger und siebziger Jahren kam es zur entgegengesetzten Übertreibung. Die Résistance, das seien nur sehr wenige Männer und Frauen gewesen. Die Mehrzahl habe nur versucht, so ruhig wie möglich zu überleben. Der Schwarzmarkt wäre für den Einzelnen wichtiger gewesen als der Einsatz für den Sieg über die Besatzungsmacht. Dann gedachte man wieder mehr der Opfer und des Heldentums derer, die sich für diese eingesetzt hatten. Als Beispiel des Umschwungs darf man den Regisseur Louis Malle nehmen. In *Lacombe Lucien* zeigt er 1974, wie ein junger Bauer rein zufällig an der Repression gegen die Juden teilnimmt und daß er ebenso bei der Résistance hätte sein können. 1987, mit dem bewegenden und zu Recht erfolgreichen *Au revoir, les enfants* rühmt er den Priester, der zusammen mit dem jüdischen Jungen deportiert wird, den seine Schule versteckt hatte.

De Gaulles Nein betraf die Niederlage selbst. Die Todsünde war der Waffenstillstand an sich. Man mußte auf Seiten der Alliierten weiterkämpfen, und nur dieser Kampf verlieh Legitimität. In Vichy saß in seinen Augen keine echte Regierung, und alle ihre Gesetze und Entscheidungen waren null und nichtig. Für andere ging es um den Kampf gegen die Besatzungsmacht. Die verschiedenen Formen der *collaboration*, der Zusammenarbeit mit den Deutschen, waren zu verwerfen. Nach und nach war aber die Motivation eine moralische. Der Feind war die nationalsozialistische Barbarei. Das Wo war auch wichtig. Einen besonderen Mut bewies die Bewegung *Résistance Nord*, die in der «verbotenen Zone» operierte, in der die Militär- und Polizeipräsenz der Besatzungsmacht am dichtesten war. Paris stellte eine Art Sonderfall dar. Dort gab es die härteste «Kollaboration», die schlimmsten «Kollabos», mit ihren Organisationen, ihren Intellektuellen, ihren zum Töten aufrufenden Journalisten. Zugleich lief das kulturelle Leben zum Teil weiter, als gebe es keine Tragödie, als seien die Theatersäle, in denen Sartre und Claudel gespielt wurden, nicht voller deutscher Offiziere. Die komplizierte Problematik hat François Truffaut in seinem preisgekrönten Film *Le dernier métro* gezeigt.

Wer sollte nun in den Augen der Franzosen und auch der Anglo-Amerikaner das Frankreich des Widerstands verkörpern? Die «innere Résistance» war gespalten, geographisch und politisch. Ab Sommer 1941, d. h. nach dem deutschen Überfall auf die Sowjetunion, spielten die Kommunisten eine ständig wachsende Rolle. Sozialistischer oder christdemokratischer Einfluß bestimmte andere größere und kleinere Gruppen, von denen manche im Untergrund ihre eigene Zeitung hatten, während alle Strömungen Kameraden verloren, die verhaftet, gefoltert, erschossen oder deportiert worden waren. Diese Gruppen zu vereinen war eine Notwendigkeit, aber mit vielen Schwierigkeiten verbunden. Dies zu erreichen und zugleich das neue *Conseil national de la Résistance* dem in London, dann in Algier wirkenden General de Gaulle zu unterstellen, das war die große Leistung des ehemaligen Präfekten Jean Moulin. Als er von der Gestapo gefaßt worden war und, um nicht unter der Folter zu sprechen, Selbstmord begangen hatte, folgte ihm an der Spitze des CNR der Christdemokrat Georges Bidault nach.

Das Wie war anfänglich sehr umstritten. De Gaulle lehnte Attentate gegen das deutsche Militär ab. Das erste fand in der Pariser Untergrundbahn statt, weil die Kommunisten einer Strategie vertrauten, die später die des FLN, der algerischen «Befreiungsfront» sein sollte: Die Attentate zeitigen Repressalien mit Geiselerschießungen, und dadurch wird der Haß auf die Besatzungsmacht geschürt, der dem Widerstand neue Kämpfer zuführt. Dann wurde der Kampf von allen als Krieg geführt – oder als Unterwanderung der Herrschaftsstrukturen. Letzteres führte nach der Befreiung zu einer schwer lösbaren Frage. Wenn jemand in Vichy oder in Paris der Widerstandsbewegung NAP (*Noyautage des administrations publiques* – Unterwanderung der öffentlichen Verwaltung) angehörte, ließ er sich nicht die Möglichkeit offen, im Falle eines Siegs der Deutschen zu zeigen, daß er ein braver Beamter gewesen war?

Jedenfalls war die Mehrzahl dieser «Unterwanderer» von größtem Nutzen, als es 1944 nach Abzug der Deutschen galt, eine neue Verwaltung aufzubauen. Man entdeckte nun, daß eine Widerstandsgruppe im Namen de Gaulles, unter der Leitung des jungen Staatsrats Michel Debré, diese Nachfolge sorgfältig geplant hatte. Das entsprach dem Willen des Generals, nicht nur den Deutschen gegenüber Widerstand zu leisten, sondern sich auch gegenüber den Alliierten zu behaupten. Die konfliktreiche Unterstützung Churchills war gesichert. Das Mißtrauen Roosevelts schien unüberwindbar. Doch dessen Plan, Frankreich zu verwalten, bis neue Wahlen eine legitime Regierung hervorgebracht hätten, scheiterte völlig. Die vorgesehene AMGOT (*Allied administration in occupied territories* – als sei Frankreich mit dem zu besetzenden Deutschland gleichzustellen!) konnte nicht eingesetzt werden, weil das befreite Frankreich bereits von Franzosen verwaltet wurde, die der provisorischen Regierung von General de Gaulle umstandslos Gehorsam leisteten.

Bis heute ist diese Episode, die vieles an der späteren Außenpolitik des Generals erklärt, nur wenigen Franzosen vertraut. Das Jahr der *Libération,* der Befreiung, ist eher das der militärischen Leistungen der später mit der Marschall-Würde bekleideten Generäle Leclerc und De Lattre de Tassigny. Daß die Hauptleistung die der britischen und der amerikanischen Armeen gewesen war, wurde und wird noch im Rückblick eher übersehen. Anderes kommt doch wieder stärker in Erinnerung. 2004 wurde – in Gegenwart von Bundeskanzler Schröder – die Landung der Alliierten am 6. Juni 1944 gefeiert. 1964 hatte sich de Gaulle (der 1954 und 1974 nicht an der Macht gewesen war) geweigert, in die Normandie zu fahren, weil ihn die Alliierten am «D-Day» nicht über Zeitpunkt und Ort der Offensive informiert hatten. Und mindestens seit 1997, mit dem erfolgreichen Film von Alain Resnais *On connaît la chanson*, weiß man besser, daß Paris vom deutschen General von Choltitz gerettet wurde, der den Befehl zur Zerstörung der Stadt verweigerte. Aus seinem Mund ertönt die Stimme der schwarzen Sängerin und Tänzerin Joséphine Baker mit dem Lied *J'ai deux amours, mon pays et Paris* (Ich habe zwei Lieben, meine Heimat und Paris).

Das Erbe der Résistance ist vielfältig. Für die späteren deutsch-französischen Beziehungen sollte von Bedeutung werden, daß bald nach Kriegsende große Persönlichkeiten des Widerstands, vor allem aus der Bewegung *Combat*, wie Henri Frenay und Claude Bourdet, sich für Verständnis und Verständigung mit den Nachkriegsdeutschen einsetzten. In der französischen Politik kam 1945 eine neue Generation an die Macht, die nicht die traditionelle Parteienkarriere gemacht hatte. Das beste Beispiel ist hier Jacques Chaban-Delmas, junger General der Résistance, dann jahrzehntelang Bürgermeister von Bordeaux, Premierminister, Präsident der Nationalversammlung. Die Résistance wird in Erinnerung gehalten. Teilweise überschwenglich, so mit der etwas schwülstigen Rede von André Malraux bei der feierlichen Überführung der Asche von Jean Moulin in das Panthéon, das Pariser Monument, das die Grabmäler der Großen (auch mancher heute vergessenen) enthält. Teilweise mit einer gesunden Aufforderung an die Jugend von heute, sich ein Beispiel an Männern und Frauen zu nehmen, die im Namen der Freiheit ihr Leben aufs Spiel gesetzt haben. Jedes Jahr wird in den Schulen ein Wettbewerb zur Erinnerung an die Résistance organisiert. Und daß seit 1954 der letzte April-Sonntag als Tag der Erinnerung an die Opfer der Deportation gefeiert wird, ist umso legitimer, als fast nie mehr die Deutschen schlechthin als Täter erwähnt werden. In klar entgegengesetzter Richtung haben die Ausstellungen, die zur Erinnerung an den deutschen Widerstand in Paris organisiert werden, 2003 zum zweiten Mal in den Räumlichkeiten des *Mémorial du Maréchal Leclerc de*

Hautecloque et de la Libération de Paris/Musée Jean Moulin stattgefunden.

Die andere «Vergangenheit, die nicht vergehen will» ist die des Algerien-Kriegs. Warum ist es nicht der vorige? Warum flammt nur selten und dann nur spärlich die Auseinandersetzung mit dem Indochina-Krieg wieder auf? Zwei Unterschiede zur algerischen Problematik sind klar. Algerien gehörte – juristisch und gefühlsmäßig – zu Frankreich, während Indochina mit seiner komplizierten Struktur (zum Teil Kolonie, zum Teil Protektorat) ein fernes Besitztum war. Und gewiß ist die Niederlage von Dien Bien Phu im Mai 1954 ein prägendes Ereignis gewesen, aber nicht zu Unrecht hatte die Armee jahrelang beklagt, einen «vergessenen Krieg» zu führen. Es waren ja nur Berufsoffiziere und Berufssoldaten, die im fernen Asien kämpften, litten, starben! Von 1956 bis 1962 sind die Wehrdienstleistenden in Algerien eingesetzt worden. Die Familien im Mutterland waren betroffen. Der Protest der Studentenverbände gegen den Krieg wurde erst stark, als *le contingent* (der Jahrgang) über das Mittelmeer geschickt wurde.

Wahrscheinlich spielen auch unbewältigte Widersprüche eine Rolle. Im Rückblick müßte man eine Politik besser verstehen können, die darin bestand, unter Druck nach und nach alles zuzugestehen, was anfänglich verweigert wurde, obwohl die Forderung zunächst friedlich-freundlich gewesen war. Mehr Gleichheit und mehr Autonomie als erste Etappen auf dem Weg zur Unabhängigkeit: für das bald Vietnam genannte Indochina, später für Tunesien, Marokko, Algerien und auch für das besetzte Deutschland – erst der – blutige oder unblutige – Druck erzeugte die Einsicht, die, wäre sie früher entstanden, mehr Verbundenheit als Feindschaft gezeitigt hätte. Auch war es nicht ganz klar, was eigentlich die Natur des Feindes war. Ho Chi Minh ist ein Sonderfall. Von Anfang an war er ein Nationalist, der im Namen der kollektiven Freiheit die Kolonialmacht bekämpfte, und zugleich ein treues Mitglied der kommunistischen Internationale. Als solcher hatte er bereits 1920 am Gründungskongreß der französischen KP teilgenommen. Zwischen Paris und Washington hat es zwischen 1945 und 1954 einen damals zu wenig bemerkten Umschwung gegeben. Roosevelt hatte klar zum Ausdruck gebracht, daß Frankreich im Namen der Entkolonisierung Indochina verlassen sollte. Die Kritik an den französischen Militäraktionen war harsch – bis Ende 1949, als die Soldaten von Mao Tse Tung die nördliche Grenze Indochinas erreichten. Nicht nur, daß Frankreich in seinem Kampf gegen den Kommunismus unterstützt werden mußte, es sollte ihm auch untersagt sein, diesen Kampf aufzugeben. Die französischen Regierungen haben sich auch auf die kommunistische Zugehörigkeit des Viet Minh berufen, um immer mehr amerikanische Finanz- und Ausrüstungshilfe zu beanspruchen. Nach dem Friedensabkommen von Genf im Juli 1954, das die Unabhängigkeit von Kambodscha und von Laos sichern sollte und Vietnam in Nord- und Südvietnam teilte, kam es zu einer Übergabe der Verantwortung für den Schutz von Saigon von Frankreich an die USA. 1956 zogen die letzten französischen Soldaten ab. Im weiteren Verlauf des immer schrecklicher werdenden «amerikanischen» Vietnamkriegs konnte nun behauptet werden – was Präsident de Gaulle 1966 in einer berühmten Rede in Pnom Penh tun sollte –, daß das böse Amerika den Zusammenschluß beider Landesteile zu einem unabhängigen Vietnam blutig verhindere. Erst nach der Eroberung des Südens durch den Norden wurde eingesehen, daß der härteste Kommunismus und nicht die Freiheit gesiegt hatte.

Eine doppelte Kontinuität wird doch im Algerien-Krieg auftreten. Nicht wenige französische Offiziere haben die Niederlage in Vietnam nicht nur als tiefe Kränkung erlebt, sondern auch als tragischen Verrat an den vietnamesischen Katholiken, denen man Schutz gegen die Kommunisten versprochen hatte und die nun nördlich des 38. Breitengrades einer oft blutigen Verfolgung ausgesetzt waren. Der Aufstand dieser Offiziere in Algerien gegen die Pariser Regierung wird weitgehend aus dem Entschluß entstehen, nicht noch einmal die Menschen, die man in den Augen der Aufständischen kompromittiert hatte und denen man gewissermaßen Treue geschworen hatte, im Stich zu lassen. Andererseits bestand die französische Truppe in Indochina zum großen Teil aus den Ausländern der Fremdenlegion, mehr noch aus nordafrikanischen und schwarzafrikanischen Soldaten. Diese sahen, wie man die Kolonialmacht bekämpfen konnte. Daß der Kampf ihnen doch nicht die Gleichberechtigung brachte, hatten sie schon im Italien-Feldzug 1943/44 erlebt. Als sie im Frühling 1945 in ihre algerische Heimat zurückverschifft wurden, war unter ihnen ein Feldwebel, der die *médaille militaire* tragen durfte, die höchste Auszeichnung, die einem Unteroffizier zustehen konnte. Die Landung wurde verschoben, bis die blutige Repression gegen Sétif beendet war. Der Feldwebel hieß Ahmed Ben Bella und sollte 1954 einer der Anführer der Rebellion werden.

Am 8. Mai wird der Sieg gefeiert. Es wird wenig an Sétif erinnert, obwohl die grausame Rache für den Mord an mehreren «Algerienfranzosen» Abertausende Tote in Sétif und der Umgebung der Stadt gekostet hatte. Es gab zwar eine Enquête-Kommission, aber kaum jemand wollte wissen, welche Untaten im Namen Frankreichs von der Armee, unter vollem Wissen der politischen Autorität, vollbracht worden waren. Albert Camus war eine Ausnahme. Er schrieb in *Combat*: «In Nordafrika wie anderswo auch werden wir nichts Französisches retten, ohne die Gerechtigkeit zu retten.» Es ist kein Zufall, daß ein anderer «Algerienfranzose», Jean Pélégri, einen weitgehend autobiographischen Roman, aus dem ein schöner Film entstanden ist, *Les Oliviers de la Justice,* «Die Olivenbäume der Gerechtigkeit» genannt hat. 1989, genau dreißig Jahre nach Erscheinen des Romans, betitelte er das Büchlein, das er nach einem Besuch in seiner algerischen Heimat schrieb

Ma mère l'Algérie – «Meine Mutter Algerien», eine Mutter, die auch einen brüderlichen Islam gezeugt hatte.

Warum die Anführungszeichen für «Algerienfranzosen»? Weil es eigentlich kein zutreffendes Wort gibt für die Minderheit der algerischen Bevölkerung, die nicht dem Islam angehörte. Franzosen waren theoretisch die Moslems auch, denn Algerien gehörte zu Frankreich und war in *Départements* eingeteilt. Französischen Ursprungs waren viele der Nicht-Moslems nicht, denn sie oder ihre Eltern kamen aus Spanien oder aus Malta. Die anderen waren Landbesitzer – mit kleinen oder großen Gütern, die sie selbst betrieben oder von Moslems betreiben ließen. Nur denen hätte die Bezeichnung *Les colons* zustehen sollen, die oft für alle verwendet wurde, also auch für die Beamten, die Stadtbewohner mit ihren Großbürgern und ihren kleinen Leuten, die mehr als die Reichen die politische Gleichheit für die moslemischen Nachbarn fürchteten, die ja potentielle Konkurrenten waren. Viele der Beamten, darunter vor allem die Lehrer, waren auch auf dem Land, in den rein islamischen Dörfern tätig, denen sie Wissen brachten und Wege zum Wohlstand wiesen. Es gab den Rassismus. Es gab ein schönes, fruchtbares Zusammenleben zwischen *les Arabes* (von denen ein guter Teil Berber, also keine Araber waren) und den *Pieds-Noirs,* den «Schwarzfüßlern» (ein Spitzname, dessen Ursprung ungewiß bleibt).

Der Ausdruck *les Français d'Algérie* hätte alle Einwohner bezeichnen sollen, aber Frankreich hat hartnäckig die Gleichheit verweigert. Die einzige volle Gleichberechtigung nach der Eroberung von 1830 ist 1870 den algerischen Juden durch das *Décret Crémieux* zugestanden worden, das von der Vichy-Regierung abgeschafft werden sollte und nach ihrem Verschwinden wieder in Kraft trat. Kleine Schritte wurden vollbracht – oder vom Parlament, nach starker Lobby-Arbeit der wohlhabenden Pieds-Noirs, verhindert. So der Versuch von Regierungschef Léon Blum, 1937 den Gesetzentwurf des Gouverneurs Maurice Viollette durchzubringen. 1943 machte sich de Gaulle bei den Pieds-Noirs zumindest unbeliebt, indem er für einige Tausend Moslems mehr die volle Staatsbürgerschaft zuließ. 1947 wurde ein neues Gesetz von der sozialistischen Regierung durchgebracht. Es sah eine Gleichheit zwischen der Gruppe der neun Millionen Moslems und der der einen Million anderer vor, mit einer gewissen Autonomie für das gesamte Algerien. De Gaulle bekämpfte diesen Verrat an Frankreich vehement. Ob das System gewirkt hätte, ob es nach und nach die gemäßigten algerischen Nationalisten befriedigt hätte, bleibt eine rein theoretische Frage: Die gesetzlich vorgeschriebenen Wahlen, die 1948 stattfanden, wurden von der Verwaltung so gefälscht, daß ihr Resultat jeglicher Legitimität entbehrte. Der Aufstand vom 1. November 1954, der den Beginn von dem darstellte, was bis zu einem Gesetzestext vom April 1999 nie offiziell als Krieg bezeichnet wurde, war seit den Wahlen zur Wahrscheinlichkeit geworden.

Von Anfang an gab es grausame Attentate und noch grausamere Repressalien. Bereits im November 1954 begann der Erzbischof von Algier, Léon Duval, gegen die Methoden der französischen Armee zu protestieren. Es ging um Folterungen, um die Zerstörung ganzer Dörfer, um Geiselerschießungen. In Briefen an die verschiedenen Regierungen schrieb der Bischof stets, daß jedes dieser Vergehen den FLN, die «Nationale Befreiungsfront» stärke und neue Attentäter hervorbringe. Ein Regierungschef verkündete dagegen: «Die Repressalien werden aufhören, sobald die Attentate aufgehört haben.» Wäre es heute nicht wünschenswert, wenn die israelische Regierung den Standpunkt des Bischofs zur Kenntnis nehmen und verstehen würde?

Die politische Antwort kam zunächst von Pierre Mendès France und seinem Innenminister François Mitterrand. Es sollte ihnen später vorgeworfen werden, auch verkündet zu haben, Algerien sei Frankreich. Aber die Formulierung des Ministers lautete, daß das gleiche Gesetz, dieselbe Rechtlichkeit von Dunkerque in Nordfrankreich bis zum Ende der

Sahara, in Tamanrasset, gelten sollte. Deshalb wollte er, daß die parteiische Polizei von Algerien durch Polizisten aus dem Mutterland ersetzt werden sollte. Es war eine Politik der *Intégration*. Ihretwegen wurde Mendès France im Februar 1955 gestürzt: Würde die Gleichheit nicht die Pieds-Noirs durch die enorme Mehrzahl der Araber erdrücken – oder würde diese Gleichheit nicht wenigstens das Verschwinden mancher Privilegien bewirken? Bis 1958 wurde der Krieg immer bitterer, und jeder Versuch, durch ein neues Statut mehr Autonomie zu geben, im Namen der *Français d'Algérie* vereitelt. Als die Regierung im Frühling 1958 dem internationalen Druck, vor allem dem der Anglo-Amerikaner, nachzugeben schien, kam es in Algier zum Militäraufstand gegen Paris. Der Aufstand brachte General de Gaulle zur Macht zurück. Seine Politik blieb unklar. Seine anfängliche Erklärung in Algier «Ich habe Euch verstanden» wurde von den Algerienfranzosen als «ich bin mit Euch» aufgefaßt, so daß sie sich nach und nach verraten fühlten, als de Gaulle stufenweise die Errichtung eines algerischen Staats ansteuerte. Im Rückblick wird er sagen, Algerien sei ja nur eine Kolonie gewesen. Ob er bereits 1958 sicher war, daß die Politik der Integration, auf die er sich berief, nicht durchführbar war und der Unabhängigkeit entgegenstrebte, bleibt ungewiß. Jedenfalls dauerte der Krieg mit ihm an der Spitze des Staats ebenso lange wie unter der verachteten IV. Republik, nämlich bis März 1962. Militärischen Aufstand gegen ihn hat es 1960 und 1961 gegeben, Attentatversuche ebenfalls. In den letzten Monaten und Jahren mehrten sich die Grausamkeiten, die Attentate, die Repression und auch der mörderische Kampf der O.A.S., der «Bewaffneten Geheimorganisation», die von verbitterten französischen Offizieren gegründet worden war und alle Gemäßigten niederschoß oder bedrohte. Blut wurde auch vergossen, als die Armee auf die demonstrierende Zivilbevölkerung der Pieds-Noirs das Feuer eröffnete. Die Demonstration entsprang einer Verzweiflung, die später gerechtfertigt schien, als fast alle

Pieds-Noirs sich gezwungen sahen, Algerien fluchtartig, unter Preisgabe ihres Besitzes, mit dem Schiff zu verlassen. Hunderttausende flüchteten nach Korsika und nach Südfrankreich. Entschädigung für ihre Verluste erhielten sie immer nur spärlich. So etwas wie einen Lastenausgleich im deutschen Sinn der Umverteilung zugunsten der Vertriebenen hat es nie gegeben. Die Pieds-Noirs und ihre Nachkommen sind deshalb oft verbitterte rechtsextreme Wähler geworden.

Andere Opfer sind lange Zeit vergessen oder übersehen worden. Die französische Armee hatte Tausende von moslemischen Algeriern in Sondereinheiten als kämpfende Hilfskräfte zusammengefaßt. Alle Versprechen vergessend, überführte man sie nicht nach Frankreich, sondern vertraute auf das Wort der Führung des neuen algerischen Staats, es würde ihnen nichts geschehen. In Wirklichkeit wurden Zehntausende von ihnen Opfer von Mißhandlungen, Folterungen, Verstümmelungen, Massenmord. Die vielen Tausend, die doch nach Frankreich entkommen konnten, wurden nicht als gleichberechtigte Soldaten behandelt, sondern in Lagern untergebracht, mit geringfügigen Pensionen. Erst in den neunziger Jahren ist das Problem der *Harkis* und ihrer schlimmen Behandlung ins Bewußtsein der französischen Bevölkerung gebracht worden, vor allem, weil klar wurde, daß viele jüngere Wähler in solchen Lagern eine elende Kindheit verbracht hatten. Die algerische Regierung hat jedoch stets jegliche Erwähnung des Schicksals der in Algerien verbliebenen «Verräter» abgelehnt.

In Frankreich ist hingegen die Erinnerung an den Algerien-Krieg heute eher lebendiger als vor zwei oder drei Jahrzehnten. Die Literatur zu all dem, was lange lediglich als «die Ereignisse» bezeichnet worden war, nimmt quantitativ eher zu als ab und ist von immer höherer Qualität. Die öffentliche Diskussion wird durch neue Erkenntnisse oder Ereignisse intensiviert. Es schien zunächst, daß die Amnestie alles überdecken würde. Nach 1945 waren alle Taten – auch die Verbrechen –, die im Namen der Befreiung vollbracht worden waren, amnestiert worden. Nach dem Algerien-Krieg gab es mehrere Amnestie-Gesetze, die beide Seiten betrafen. Amnestie heißt nicht nur Vergebung, sondern Auslöschung der Taten. Die amnestierten Taten sind nun zu verschweigende Vergangenheit, da diese nicht mehr erwähnt werden darf. Zum Beispiel hat Jean-Marie Le Pen ständig seine Ankläger verklagt, die ihn beschuldigten, in Algerien gefoltert zu haben. Sie waren Verleumder, da sie ja amnestierte Fakten nicht als Beweise vorbringen konnten. Die Berufung auf die Amnestie ist immer seltener geworden, sei es nur, weil nun die geleugnete Folter von zwei Verantwortlichen zugegeben wurde. In entgegengesetzter Richtung: Der alte, de Gaulle immer treu gebliebene General Massu wollte doch vor dem nahen Tod zugeben, daß bei der sogenannten «Schlacht von Algier» 1957 schlimme Methoden angewandt worden waren. Der auch sehr alt gewordene General Paul Aussaresse war im Jahre 2003 nicht nur geständig – er verherrlichte die begangenen Taten als legitime Bekämpfung des Terrorismus, mit einer Begründung, die auch heute der Diskussion wert ist. Wenn nur die Folter zur Aussage über die bald explodierenden Bomben führt und also viele Leben rettet, ist sie da nicht gerechtfertigt? Die verwerflichen Methoden waren aber nicht nur da, um Attentaten vorzubeugen. Aussaresse und andere französische Offiziere haben in den siebziger Jahren unter anderem in Argentinien die Spezialisten der politischen Repression ausgebildet, ungefähr so, wie sich 1915 deutsche Offiziere an den Verbrechen gegen die Armenier beratend beteiligt hatten.

Auch der Widerstand gegen den Krieg und die Art der Kriegsführung wird in Erinnerung gebracht oder gehalten, obwohl der Name des Generals de Bollardière noch nicht in die Schulbücher aufgenommen worden ist. Im Namen der Prinzipien, die ihn zum Widerstandskämpfer gegen Hitler gemacht hatten, hatte er die Methoden gebrandmarkt und sich geweigert, sie anzuwenden. Er war deswegen von der sozialistischen Regierung abgesetzt und bestraft worden. Die vertriebenen Pieds-Noirs und ihre Nachkommen dürften auch zu Recht darauf hinweisen, daß die Verbrechen des FLN nun kleingeschrieben werden, daß die verstümmelten Leichen von Männern, Frauen, Kindern nicht mehr erwähnt werden und daß der Ruf von Jean-Paul Sartre kaum dadurch geschmälert wird, daß er den Mord an den «Kolonisatoren» empfohlen und verherrlicht hatte.

In den Protektoraten Marokko und Tunesien ist die Unabhängigkeit 1956 verwirklicht worden, nach vielem Hin und Her, Umwegen und Wendungen. Südlich von der Sahara wurde der entscheidende Schritt im selben Jahr gemacht, dank eines Gesetzes von dem Sozialisten Gaston Defferre, Oberbürgermeister von Marseille und Minister, der bereits gleich nach dem Krieg ein erfolgreiches Pressegesetz durchgebracht hatte und als Innenminister unter Mitterrand die Dezentralisation Frankreichs auf den Weg bringen sollte. In Schwarzafrika ist das Blut erst nach der Entkolonisierung geflossen. Der Weg zur Unabhängigkeit ging über das Scheitern der von de Gaulle 1958 geschaffenen *Communauté*.

Der Algerien-Krieg nimmt nicht allzuviel Platz in den Schulbüchern ein. Für die Geschichte und für das Ende der Kolonien hat es Moden gegeben. Lange waren die Eroberungen als Leistungen des französischen, Zivilisation und Kultur verbreitenden Genies dargestellt worden. In der zweiten Hälfte des 20. Jahrhunderts entstand nach und nach die entgegengesetzte Übertreibung: Diese Kolonisation habe nur Unterwerfung, Kulturzerstörung, Ausbeutung gebracht. Noch 1931 hatte die Exposition coloniale, die Kolonialausstellung in Paris, die Werke Frankreichs in Afrika verherrlicht und die Afrikaner als Minderwertige dargestellt. Bei Kriegsbeginn schien der Sieg auch deshalb sicher, weil ja die Landkarten zeigten, daß die rosa Fläche in Afrika viel größer war als das Mutterland in Europa. Dann hat sich General de Gaulle nur durchsetzen können, weil er sich im Empire hat etablieren können. 1945 wird die Fondation nationale des Sciences politiques gegründet, mit dem Ziel, die politischen Wissenschaften in Frankreich, im Ausland und *dans l'Empire* zu verbreiten. Erst 1946 wird die Zwangsarbeit im französischen Schwarzafrika abgeschafft. Und erst ein halbes Jahrhundert später wird der Öffentlichkeit klar dargestellt, wie ungerecht die ehemaligen Soldaten, die nicht im Mutterland geboren wurden, behandelt wurden und noch behandelt werden. Die Entscheidung des Conseil d'État vom November 2000, die ihnen große Pensions-Zuzahlungen zuerkennt, wird immer noch von der Regierung als zu kostspielig betrachtet, also nicht durchgeführt, wenigstens nicht im vorgeschriebenen Ausmaß. Aber als im August 2004 der 60. Jahrestag der Landung der Alliierten in Südfrankreich gefeiert wurde, brachten die Medien lange Beiträge über die Zahl der Soldaten aus Nord- und Schwarzafrika, die in der französischen Armee bereits im Italien- und nun im Frankreichfeldzug mitgekämpft hatten. Die Undankbarkeit der Nation wurde ständig hervorgehoben.

Die wirtschaftliche Bilanz der Kolonisation bleibt umstritten. 1956, in den letzten Jahren der IV. Republik, hat der Journalist Raymond Cartier den sich schnell als *cartiérisme* verbreitetenden Gedanken verteidigt, die Kolonien hätten immer nur gekostet, so daß Frankreich sie so schnell wie möglich aufgeben sollte. Heute wird wieder eher von Ausbeutung gesprochen, sei es nur, weil eine neue Diskussion über die heutige Stellung Frankreichs in seinen ehemaligen Kolonien zum wichtigen Politikum, auch in Korruptionsaffären, geworden ist. Die Behandlung der fernen Vergangenheit kann sehr unterschiedlich sein. Vom 17. bis zum 19. Jahrhundert hatte der Sklavenhandel mit den in französischem Besitz befindlichen Inseln wie San Domingo Händler und Städte bereichert. Heute will Nantes den Ursprung seines Wohlstands anerkennen und bekanntmachen, während Bordeaux diese «Vergangenheitsbewältigung» ablehnt. Und jüngere Verbrechen bleiben doch unerwähnt. Als im selben August 2004 Pierre de Chévigné gestorben war, wurde zu Recht daran erinnert, daß er als Offizier heldenhaft gekämpft hatte, 1940 in Lothringen, 1941 in Syrien, 1944 in der Normandie. Auch seine politische Laufbahn, die ihn zum Verteidigungsminister gemacht hatte, wurde beschrieben. Aber nur kurz fand Erwähnung, daß er 1948/49 Hochkommissar der Republik auf Madagaskar gewesen war. Daß gerade zu dieser Zeit eine grausame französische Repression mehrere Zehntausende Opfer verursacht hatte, das wurde nirgends erwähnt. Das Töten lag zeitlich nicht so weit weg, und es hatte keinen Vernichtungsbefehl gegeben wie bei den deutschen Massakern an den Herreros in Namibia von 1904 bis 1908, aber ein Wort der Einsicht und der Entschuldigung könnte einmal in Tananarive ausgesprochen werden, so wie es die Entwicklungsministerin Heidemarie Wieczorek-Zeul zur gleichen Zeit, am 14. August 2004, bei der Gedenkfeier in Okakarara getan hat.

Die menschliche Bilanz sollte nicht unterschätzt werden. Im Gegensatz zu Belgien, dessen Regierungen stets darauf bedacht waren, im Kongo die Ausbidlung von Eliten zu vermeiden, damit es nicht zu einem gut geführten Aufstand käme, hat Frankreich immer, und sei es nur durch die Einrichtungen der katholischen Missionare, den Willen gehabt, junge Afrikaner zu unterrichten. Auch die härtesten Widersacher Frankreichs zur Zeit der Entkolonisierung waren von französischer Schulung und Kultur. Sie rebellierten im Namen von Werten, die sie sich in französischen Schulen oder Universitäten angeeignet hatten. Als Habib Bourguiba, der charismatische tunesische Führer im Kampf für die Unabhängigkeit, Staatsoberhaupt geworden war, hatte er einmal einen heftigen Streit mit dem französischen Botschafter, der schließlich sagte: «Wenn ich Sie recht verstehe, so hat Frankreich nie etwas Positives in Tunesien geschaffen.» Kurze Antwort: «Doch – Bourguiba!»

Gewiß bleibt der französische Blick auf die negativen Seiten der nationalen Vergangenheit getrübt, mehr als in

Deutschland, wo die Auseinandersetzung mit den vergangenen, allerdings immensen, Verbrechen oft masochistische Züge annimmt. Aber weniger als in Japan oder in Belgien, in den USA oder in Australien. Vor allem ist die Überzeugung geblieben, daß die Bürger, daß die Schulkinder einen Anspruch darauf haben, stolz auf die Vergangenheit ihres Landes zu sein, ein Stolz, der in Deutschland als illegitim betrachtet wird. Nur, daß die Leitfiguren andere sein mögen als zuvor. Als François Mitterrand zum Präsidenten gewählt wurde, ging er zum Panthéon, trat alleine ein und legte eine Rose auf das Grabmal der Toten, die er politisch als Vorbild betrachten wollte. Unter ihnen Victor Schoelcher, der in der Mitte des 19. Jahrhunderts den letzten, entscheidenden politischen Kampf zur Abschaffung der Sklaverei geführt hatte und dessen Gebeine 1949 ins Panthéon überführt worden waren. Ehemals wurden eher die Helden der Kolonisation verehrt.

Zweites Kapitel
Machtverteilung in der Politik

Frankreich hat eine Verfassung. Was aber ist eine Verfassung? Man kann auch ohne leben. So geschehen von 1875 bis 1940. Zuerst mußte entschieden werden, ob überhaupt die Republik weiterleben sollte oder ob die Monarchie wiederkommen würde. Am 30. Januar 1875 kam es zur Abstimmung über den Änderungsantrag des Abgeordneten Wallon: «Der Präsident der Republik wird mit absoluter Stimmenmehrheit von dem Senat und der Abgeordnetenkammer gewählt, die als Nationalversammlung zusammentreten.» Es gab 353 Stimmen dafür, 352 dagegen. Der Sieg der Republik war knapp. Daraufhin wurden im Februar und im Juli drei Gesetze verabschiedet, die zusammen als Verfassung gelten konnten. Im Oktober 1945 wurde durch Volksabstimmung beschlossen, das am 10. Juli abgedankte – und damit abgeschaffte – System nicht wieder einzuführen. Die zugleich gewählte Versammlung sollte eine verfassungsgebende sein. Die erste Fassung wurde durch ein neues Referendum am 5. Mai 1946 knapp zurückgewiesen. Am 13. Oktober stimmten nun etwas mehr als ein Drittel der Wahlberechtigten dem veränderten Verfassungstext zu. Beinahe ein Drittel hatte dagegen gestimmt, während die anderen sich der Stimme enthalten hatten. Einer der schärfsten Kritiker der Verfassung der IV. Republik war General de Gaulle, der am 20. Januar als Regierungschef zurückgetreten war.

Keine Opposition war laut geworden gegen die Tatsache, daß das Wahlvolk nicht mehr nur aus Männern bestand. Das Stimmrecht der Frauen, das in Deutschland seit 1919 galt, war am 27. April 1944 durch Verordnung des in Algier tagenden CFLN (Französisches Komitee der nationalen Befreiung) unter Vorsitz von General de Gaulle eingeführt worden. Sie durften davon zum ersten Mal bei den Gemeindewahlen im April 1945 Gebrauch machen.

Nicht deswegen wurde die Legitimität der neuen Verfassung angefochten. Der Rücktritt de Gaulles war ein Protest gegen die Herrschaft der Parteien. Bereits 1947 begann er den Kampf gegen «das System», dem er sich gleichwohl fügte, indem er die durch ihn gegründete Partei an den Wahlen teilnehmen ließ. Aber als er am 29. Januar 1960 in einer Rundfunkansprache die Revolte von Offizieren und Pieds-Noirs in Algier zum Scheitern brachte, verwendete er die Formel «Im Namen der Legitimität, die ich seit zwanzig Jahren verkörpere» – nämlich seit dem 18. Juni 1940. Aber die Legitimität seiner Verfassung war 1958 angefochten worden, vor allem von Pierre Mendès France und François Mitterrand, weil er durch den Mai-Putsch in Algier an die Macht gebracht worden war. 1960 und 1962 haben Generäle in Algerien de Gaulles Legitimität bestritten, weil er dabei war, französisches Gebiet in Nordafrika aufzugeben. Nach dem Algerienkrieg wurde die heutige V. Republik endgültig legitimiert, als 1965 François Mitterrand bei der ersten Direktwahl des Präsidenten kandidierte und somit die Verfassungsordnung anerkannte. Daß seit beinahe vier Jahrzehnten die Frage der Legitimität des Regimes nicht aufgeworfen wird, erstaunt niemand mehr, ist aber, wenn man die Geschichte Frankreichs seit 1789 betrachtet, ein beruhigendes Novum.

Die Verfassung von 1958 hat eine Institution geschaffen, deren Bedeutung erst langsam klar wurde und die sich immer noch nicht voll durchgesetzt hat. Der *Conseil constitutionnel*, der Verfassungsrat, hat eine Revolution in der französischen Auffassung von Demokratie gezeitigt. Die Mehrheit darf nicht mehr alles. In der Verfassung der IV. Republik war zwar von einem *Comité constitutionnel* die Rede. Es hatte aber lediglich zur Aufgabe, festzustellen, ob ein neues Gesetz mit der

Verfassung übereinstimmte. War das nicht der Fall (dieser Fall trat aber niemals ein), dann hätte eine Verfassungsänderung vorgenommen werden müssen! Daß im Namen von Rechtsgütern, von Grundwerten Gesetze illegitim sein könnten, war noch nie verkündet worden. Als ein Abgeordneter der (sozialistischen) Regierungspartei unter Mitterrand der Oppposition zurief «*Vous avez juridiquement tort parce que vous êtes politiquement minoritaires*» – «Ihr seid rechtlich im Unrecht, weil Ihr politisch in der Minderheit seid» –, so skandalisierte er nicht nur die Angegriffenen, denn er hatte doch sagen wollen, daß die politische Mehrheit befugt sei, Gesetze frei zu verändern oder sogar abzuschaffen. Aber noch 1982 sagte der Generalsekretär der Sozialistischen Partei (es war Lionel Jospin) nach einer Entscheidung, die ihm mißfallen hatte: «Der Verfassungsrat entspricht nicht der französischen Tradition» – was eine zutreffende Feststellung war, denn eine neue Tradition hat sich eingelebt.

Doch nicht ganz, denn ein Teil der anfänglichen Schwächen besteht weiterhin. Die neun Mitglieder des Rats werden nicht gewählt, sondern für neun Jahre vom Präsidenten der Republik, den Präsidenten der Nationalversammlung und des Senats, d. h. der beiden Kammern des Parlaments, ernannt. Jeder der drei Präsidenten ernennt also drei Mitglieder, die keine besonderen Kompetenzen haben müssen, auch keine juristischen. Das Staatsoberhaupt bestimmt allein, wer Präsident des Rats wird. Natürlich gibt es hinter der Kulisse Absprachen und ein Einvernehmen über die Namen, aber ein gewisses Unbehagen entsteht, wenn die drei Präsidenten, wie seit 2002 wieder, aus derselben politischen Richtung kommen. Wird dann nicht der Rat einseitig besetzt? Glücklicherweise verlieren die Erwählten im allgemeinen bald ihre politische Färbung. Ein besonders kämpferischer Politiker wurde bereits in den sechziger Jahren zum nüchternen, auf Ausgleich bedachten Vorsitzenden. Aber neue Befürchtungen, besonders auf dem Gebiet der Grundrechte, sind seit 2002 nicht ohne Grund wieder aufgekommen. Seit März 2004 ist Präsident der Jura-Professor Pierre Mazeaud; er ist 74 (es gibt keine Altersgrenze für die Ratsmitglieder). Er ist Minister gewesen und auch Vorsitzender des Rechtsauschusses der Nationalversammlung. Sein Gaullismus war vor seiner Ratsmitgliedschaft sehr antieuropäisch. Nun hat sich aber herausgestellt, daß wie stets gewissermaßen das Amt die Unabhängigkeit schafft. Mindestens zwei Entscheidungen haben 2004 das Europarecht grundsätzlich verteidigt und der Regierung – dieser wie den vorigen – wieder einmal untersagt, Bestimmungen als Anhänger (*cavaliers*) in Gesetzestexte einzufügen und vom Parlament absegnen zu lassen, die mit dem eigentlichen Zweck des Gesetzes nichts zu tun haben.

Da es, im Gegensatz zu Washington und Karlsruhe, kein Minderheitsvotum gibt, kann man auch nicht wissen, wie die Abstimmungen ausgefallen sind. Bis 1974 durfte der Rat ein ziemlich ruhiges Leben führen. Er konnte nur von einem der drei Präsidenten oder vom Premierminister angerufen werden, was durchschnittlich zehnmal pro Jahr geschah. Im Oktober 1974 erreichte der im Frühling gewählte Präsident Valéry Giscard d'Estaing eine entscheidende Verfassungsrevision. Nun konnten sechzig Parlamentarier den Rat anrufen. Die natürliche Konsequenz war, daß wie in Deutschland die Verfassungskontrolle immer mehr als eine Art Berufungsinstanz der parlamentarischen Minderheit betrachtet wird. In dem zweiten Halbjahr 2003, nach der Wiederwahl von Jacques Chirac und mit der erdrückenden Mehrheit seiner Partei in der Nationalversammlung, sind von 25 neuen Gesetzen 15 von der Opposition eingeklagt worden. Acht darunter mit Teilerfolg.

So schnell kommt die Antwort des Rats? Er kann nicht anders, denn er darf nicht anders. Er hat nur einen Monat Zeit. Frankreich kennt nämlich eine erhebliche Einschränkung der Verfassungskontrolle. Ein verkündetes Gesetz kann nicht mehr beanstandet werden. Die Klage muß nach der endgültigen Abstimmung des Parlaments und vor der Unterschrift des Staatsoberhaupts eingereicht werden. Sobald das Gesetz im *Journal officiel* erschienen ist, kann es nicht mehr angefochten werden. 1986 hat der Oppositionsführer Jacques Chirac verhindert, daß die antieuropäischsten Mitglieder seiner Partei gegen den wichtigen EEA-Vertrag (Einheitliche Europäische Akte) beim Verfassungsrat Klage einreichten. Manche Mitglieder des Rats waren als Gegner jeglicher Begrenzung der nationalen Souveränität bekannt. Da der Rat nicht angerufen war, mußte der Vertrag nach seiner Ratifizierung als endgültig verfassungskonform gelten. Daß, wie in den USA oder in Deutschland, ein altes Gesetz für verfassungswidrig erklärt wird, ist also in Frankreich ausgeschlossen.

Auf welcher Grundlage entscheidet der Rat? Es geht ja nicht nur um die Spielregeln der Verfassung, sondern auch um die ethischen Prinzipien, auf denen die Verfassung gründet. Im Hinblick auf die nationalsozialistische Vergangenheit haben die Väter des Grundgesetzes die Grundrechte nicht wie in Weimar an das Ende, sondern an die Spitze des Verfassungstextes gestellt. Im Art. 1 heißt es klar: «Die nachfolgenden Grundrechte binden Gesetzgebung, vollziehende Gewalt und Rechtsprechung als unmittelbar geltendes Recht.» Der französische Tatbestand ist komplizierter. Die Prämbel der Verfassung vom 4. Oktober 1958 sagt lediglich, daß das französische Volk seine Verbundenheit mit den Menschenrechten feierlich verkündet, «wie sie in der Erklärung von 1789 niedergelegt wurden, die durch die Präambel der Verfassung von 1946 bestätigt und ergänzt wurden». Der Text von 1946 kennt auch «die von den Gesetzen der Republik anerkannten wesentlichen Grundprinzipien». Das kann manchmal zu Spitzfindigkeiten führen. Zum Beispiel als im November 1977 der Verfassungsrat – um zu beweisen, daß die Freiheit des Schulwesens (für die Privatschulen) zu den Grundprinzipien gehört – sich auf einen Artikel eines Haushaltsgesetzes von 1931 berief.

In den ersten Jahren seines Bestehens entsprachen die Entscheidungen des Rats den Bestimmungen des eigentlichen Verfassungstextes. Am 16. Juli 1971 heißt es aber, am Anfang einer Entscheidung zur Vereinsfreiheit: «Auf Grund der Verfassung, im besonderen ihrer Präambel ...». Seitdem gründen die Entscheidungen immer häufiger auf den Texten von 1789 und 1946. Nur, daß diese nicht als Rechtsnormen, sondern als allgemeine Prinzipien geschrieben worden sind. Manchmal ist die Begründung so spitzfindig, daß sie von den Streitern nicht verstanden wird. 1982 sollte festgestellt werden, ob das Sozialisierungsgesetz der Linksregierung verfassungskonform war. Der Rat entschied, daß einige unwichtige Artikel verändert oder abgeschafft werden mußten. Er berief sich auch auf den Art. 17 der Erklärung von 1789: «Da das Eigentum ein unverletzliches und heiliges Recht ist, kann es niemanden entzogen werden, es sei denn, daß die gesetzlich festgestellte öffentliche Notwendigkeit es klar erfordert unter der Bedingung einer gerechten und vorherigen Entschädigung.» Die linken Parteien waren wütend, die konservative Zeitung *Le Figaro* triumphierte. Dann sah man genauer hin: «*légalement* – gesetzlich», das hieß, daß die Entscheidung in den Händen der parlamentarischen Mehrheit lag, so daß theoretisch so ziemlich alles hätte Staatseigentum werden können!

Die Präambel von 1946 enthält Bestimmungen, deren Umsetzung in die Gesetzgebung nicht gerade offensichtlich ist. «Jeder hat die Pflicht zu arbeiten und hat das Recht, eine Beschäftigung zu erhalten»: Was würde geschehen, wenn sechzig Parlamentarier gegen ein Gesetz Klage erheben, das die Arbeitslosigkeit behandelt? «Jeder, der ... wegen der wirtschaftlichen Lage ohne Arbeit ist, hat das Recht, von der Gemeinschaft angemessene Mittel für seinen Unterhalt zu erhalten»: Also darf es Arbeitslosigkeit geben, aber die Hilfe darf nicht gestrichen werden. Die für deutsche Juristen beinahe unfaßbare Lage ist, daß letzten Endes der Verfassungsrat ziemlich frei entscheidet, was in der Präambel zur Verfassungsnorm erhoben werden mag. Nach und nach ist es zu einer erheblichen Erweiterung der Normen gekommen.

Der Rat spielt auch jenseits seiner Entscheidungen eine immer wichtigere politische Rolle. Regierung und parlamentarische Mehrheit haben ihn bei der Niederschrift der Gesetzvorlagen ständig im Blick. So wie das BVG in Karlsruhe eine Art vorbeugende Funktion hat, so ist die gesetzgebende Mehrheit darauf bedacht – ganz im Gegensatz zur französischen Tradition – eine Zensur wegen Verfassungswidrigkeit zu vermeiden.

Und doch litt der Rat in seinen ersten Jahren unter einer Rechtslage, die es in Deutschland oder in den USA nicht gibt. In Berlin schwört der Bundespräsident, «das Grundgesetz und die Gesetze des Bundes zu wahren und zu verteidigen». Das gleiche gilt in Washington. Der Art. 5 der Verfassung Frankreichs beginnt mit dem Satz: «Der Präsident der Republik wacht über die Einhaltung der Verfassung.» Wäre man willig, so könnte man weiterlesen «durch die anderen». Eindeutig ist jedenfalls, daß der Text der Verfassung zwei Hüter gibt, wobei die Zuständigkeiten des Präsidenten in Teil II stehen – vor dem Parlament und der Regierung – und die des Verfassungsrats in Teil VI. So hat es der erste Präsident der V. Republik, Charles de Gaulle, gewollt.

Die Verfassungswirklichkeit entspricht nicht immer dem ursprünglichen Text. Aber was geschieht, wenn der Text von Anfang an Widersprüche enthält? Die Weimarer Verfassung schuf einen Kanzler, der gewissermaßen doppelt sterblich war. Er konnte vom Reichspräsidenten entlassen werden. Er konnte vom Reichstag gestürzt werden. Letzteres ist von 1919 bis 1930 sein Schicksal gewesen. Dann kam die Zeit der Präsidialkabinette. In der französischen Verfassung schienen die Dinge klarer zu sein. Der Premierminister und seine Regierung waren vor der Nationalversammlung verantwortlich. Einmal im Amt, schienen ihnen die Artikel 20 und 21 die Macht zu geben:

ART. 20: Die Regierung bestimmt und leitet die Politik der Nation. Sie verfügt über die Verwaltung und die Streitkräfte.

ART. 21: Der Premierminister leitet die Tätigkeit der Regierung. Er ist für die Landesverteidigung verantwortlich.

Der Präsident ernennt den Premier, aber er entläßt ihn, laut Art. 8, nur, wenn er ihm den Rücktritt der Regierung vorlegt. Der Präsident führt zwar den Vorsitz im Ministerrat, aber so war es bereits während der III. und der IV. Republik. Er ist, laut Art. 15, *chef des armées*. Aber diesen Titel trugen auch die machtlosen Präsidenten der vorigen Republik. Der Präsident wird gewählt, laut Text von 1958, von einem besonderen, sehr begrenzten Wahlkörper, der die Parlamentarier, die Mitglieder der Räte der *Départements* und Vertreter der Gemeinderäte umfaßt. So ist auch General de Gaulle am 21. Dezember 1958 gewählt worden.

Er hatte jedoch eine Statur, ein Prestige und eine Auffassung von Legitimität, die die Verfassungswirklichkeit gleich veränderten. Als er am 9. Januar 1959 Michel Debré zum Premier ernannte, so sagt das Kommuniqué, sei dies geschehen, nachdem dieser ihm sein Regierungsprogramm vorgelegt und er es gutgeheißen habe. Also entscheidet der Präsident, was von der Regierung anzustreben ist. Immerhin läßt Debré sich noch durch ein Vertrauensvotum der Nationalversammlung legitimieren. Seine Nachfolger, auch unter den anderen Präsidenten, vertreten die Auffassung, daß sie nach der Ernennung durch den Präsidenten voll im Amt sind und keiner parlamentarischen Bestätigung bedürfen. Die Formel, die für die Abschiede gefunden wurde, war ebenfalls verfassungsändernd. Georges Pompidou unter de Gaulle, Jacques Chaban-Delmas unter Pompidou schreiben an den Präsidenten, dieser habe ihnen die Absicht mitgeteilt, eine neue Regierung zu bilden. «Infolgedessen (*en conséquence*) – laut Art. 8 der Verfassung – habe ich die Ehre, Ihnen den Rücktritt der Regierung einzureichen.» Unter dem sozialistischen Präsidenten François Mitterrand ersetzte Pierre Mauroy lediglich *en conséquence* durch *donc* (folglich), was gewiß keine Änderung darstellt. Und als er noch die Regierung leitete, hatte er auf die schriftliche Anfrage eines Abgeordneten geantwortet: «Der Premierminister ist doppelt verantwortlich. Vor dem Präsident der Republik, selbstverständlich (*bien sûr*) und auch vor dem Parlament, insbesondere vor der Nationalversammlung, die die Befugnis hat, ihn zu stürzen.» Er fügte hinzu, daß die Regierung das doppelte Vertrauen der beiden durch direkte Wahl legitimierten Organe brauche, um weiter zu regieren.

Im Oktober 1962, nach dem Ende des Algerien-Kriegs, hatte nämlich de Gaulle die Direktwahl des Staatsoberhaupts eingeführt. Das Novum war durch einen Volksentscheid mit 61,7 % der Stimmen angenommen worden. Eine Regelung sollte eine wichtige Rolle spielen, ganz besonders 2002, als Lionel Jospin nicht in die Stichwahl durfte. Den zweiten Wahlgang gibt es, wenn der erste keinem Kandidaten die Stimmenmehrheit gebracht hat. Aber die Entscheidung fällt nur zwischen den beiden Spitzenkandidaten. Die Situation, die 1925 in Deutschland entstanden war, sollte es nicht noch einmal geben: Hindenburg war nur Reichspräsident geworden, weil der Kommunist Ernst Thälmann in der Stichwahl genügend Stimmen erhalten hatte, um den Sieg von Wilhelm Marx, Kandidat der Mitte und der Sozialdemokraten, zu verhindern. Am 21. April 2002 blieben nur Jacques Chirac mit 19,88 % und Jean-Marie Le Pen mit 16,86 % der Stimmen übrig, Lionel Jospin mit 16,18 % kam nicht in die Stichwahl. Die dreizehn anderen Kandidaten, die zwischen 6,84 % und 0,47 % erreicht hatten, natürlich auch nicht. Am 5. Mai siegte daraufhin Jacques Chirac mit 82,21% gegen 17,79 % für Jean-Marie Le Pen.

De Gaulles Grundauffassung war klar. Der Präsident verkörpert die Nation in ihrer Einheit, das Parlament in ihrer politischen und gesellschaftlichen Vielfalt. Der Präsident bestimmt also allein die Außen- und Verteidigungspolitik. Er ist auch gewissermaßen die personifizierte Legitimität. Er ist nur dem Volk verantwortlich. Er stellt durch neue Wahlen oder durch Volksentscheid die Vertrauensfrage. Der General hat sich dieser Auffassung sehr demokratisch unterworfen. Am 27. April 1969 hat er über die Schaffung von Regionen und eine Demokratisierung des fast nur die landwirtschaftlichen Gebiete Frankreichs vertretenden Senats abstimmen lassen. 80,6 % der Wähler gaben ihre Stimme ab, darunter 53,2 % Nein-Stimmen. Am selben Abend trat der Präsident ohne Wenn und Aber von seinem Amt zurück. Es ist wahrscheinlich, daß er auch zurückgetreten wäre, wenn nach Parlamentswahlen die Mehrheit der Nationalversammlung gegen ihn gewesen wäre. Aber die Frage hat sich zur seiner Zeit nicht gestellt.

Was soll nun geschehen, wenn der Präsident und die parlamentarische Mehrheit zwei entgegengesetzten Lagern angehören? Die Antwort kam in einer Wahlrede, die Präsident Giscard d'Estaing am 27. Januar 1978 in der kleinen Stadt Verdun-sur-le Doubs gehalten hat. Da der Sieg der Linken bei der bevorstehenden Wahl der Nationalversammlung durchaus möglich schien, erklärte er den Wählern, sie dürften nicht darauf hoffen, daß der Präsident im Falle eines solchen Sieges die Verwirklichung des gemeinsamen Programms der Kommunisten und der Sozialisten verhindern könne. Die Drohung verhalf der Rechten zum Sieg, aber der Präsident hatte klar gesagt, daß er auch bei einer linken Mehrheit im Amt bleiben würde.

Die *cohabitation,* das «Zusammenleben» hat bisher dreimal stattgefunden. Nach der Wahlniederlage der Seinen im März 1986 mußte François Mitterrand bis zu seiner Wiederwahl im Mai 1988 Jacques Chirac als Premier ertragen. Dasselbe geschah ihm von 1993 bis 1995 mit Edouard Balladur. Im Mai 1995 wurde Chirac zum Präsidenten gewählt. Im April 1997 löste er unvorsichtigerweise die Nationalversammlung auf. Am 2. Juni stellte der Sozialist Lionel Jospin seine Regierung vor – und die *cohabitation* dauerte nun fünf Jahre! Wer hat in einer solchen Lage die Macht, was zu tun? Theoretisch könnten wichtige Fragen ungelöst bleiben. Unter anderem auf militärischem Gebiet. Ende April und Anfang Mai 1988 hatten sich im fernen Neu-Kaledonien Aufständische in einer Grotte verschanzt. Der konservative Regierungschef gab den zur Armee gehörenden Gendarmen den Befehl zum Sturm. Der sozialistische Präsident hat zugestimmt. Wem aber hätten die Offiziere gehorcht, wenn sie entgegengesetzte Befehle bekommen hätten? Im allgemeinen ist die *cohabitation* ziemlich friedlich, nicht ohne Spannungen, aber auch mit tragbaren Kompromissen verlaufen.

Es hat sich doch gezeigt, daß der Präsident mit Ausnahme der Außen- und Verteidigungspolitik in der *cohabitation* beinahe völlig machtlos ist. Er kann bremsen, verzögern, hinter den Kulissen verhandeln oder durch eine gute Zusammenarbeit zwischen dem Generalsekretär im Elysée-Palast und dem der Regierung verhandeln lassen. Aber insbesondere in der Wirtschafts-, Sozial- und Erziehungspolitik hat der Premierminister das Sagen. Umso größer ist dann die Überraschung im Ausland, wenn plötzlich der Präsident wieder eine monarchische Macht ausübt, wie Jacques Chirac seit seiner Wiederwahl 2002. Da er über eine erdrückende Mehrheit in der Nationalversammlung verfügt (die zunächst ganz klar unter dem Namen *Union pour la majorité présidentielle* – Union für die präsidentielle Mehrheit – angetreten ist), müssen alle damit einverstanden sein, daß der Präsident über alles entscheidet, von den Steuern bis zum islamischen Kopftuch. Und er sagt dem Premier, wer die Ministerposten zu bekleiden habe. Vor den Provinzialwahlen 2004 entschieden Vertraute des Präsidenten, wer auf den Kandidatenlisten der Partei stehen sollte und wer nicht.

Der Premierminister ist also oft nur der gehorsame Untergebene des Präsidenten oder sein Adjudant, der in Regierung und Parlament den Willen des Staatsoberhaupts durchzuführen hat. Aber manche Premiers haben sich dem Präsidenten gegenüber willensstark gezeigt, ohne deshalb abgesetzt zu werden – so Raymond Barre unter Giscard d'Estaing – oder unter Verlust des Amts, wobei das beste Beispiel Jacques Chaban-Delmas ist, der von Georges Pompidou entlassen wurde, weil er sich gegen den Präsidenten von der Nationalversammlung für seine nicht-konservative Sozialpolitik das Vertrauen hatte aussprechen lassen. De Gaulle ließ dem Premier in inneren Angelegenheiten eher freie Hand, zwang aber Michel Debré, für Algerien nach und nach die Politik zu verwirklichen, die dieser noch vor kurzem als Hochverrat wütend bekämpft hatte. Als Algerien unabhängig geworden und somit Debré seinen Opfergang bis zum Ende beschritten hatte, wurde er, da nicht mehr von Nutzen, vom Präsidenten entlassen. Noch härter ist Jacques Chirac mit Jean-Pierre Raffarin umgegangen. Nach dem Wahldesaster vom März 2004 ließ sich der Präsident im Fernsehen interviewen und kritisierte die meisten Maßnahmen, gegen die die Opposition und auch seine Verbündeten unter François Bayrou gekämpft hatten, so als sei er an all dem nicht beteiligt gewesen. Er ließ Raffarin zurücktreten – und ernannte ihn aufs neue, um eine weitgehend andere Politik zu machen. Wie sehr der Präsident überzeugt ist, die Macht auszuüben, hat Jacques Chirac in seinem traditionellen Fernsehinterview zum Nationalfeiertag klargemacht. Nicolas Sarkozy sollte einen Dämpfer bekommen. Die Formulierung lautete: «Ich befehle. Er führt aus.» Wo steht in der Verfassung, daß der Präsident Befehlshaber der Minister ist? Dann hieß es: «Ich habe der Regierung eine Marschroute vorgeschrieben. Ich erwarte, daß alle Minister ihren Teil dieser Richtlinie vorbehaltlos durchführen. Niemand ist gezwungen, Minister zu sein.» Auch hat er, der von 1976 bis 1994 Vorsitzender einer Partei gewesen ist und zugleich Oberbürgermeister von Paris (1977 bis 1995), Abgeordneter des Département Corrèze und von 1986 bis 1988 Premierminister, eine neue Spielregel festgelegt: Man darf nicht zugleich an der Spitze einer Partei und Regierungsmitglied sein. «Wenn er zum Präsidenten der UMP gewählt wird, wird er sofort (als Minister) zurücktreten, oder ich entlasse ihn.» Letzteres steht laut Art. 8 der Verfassung dem Präsidenten gar nicht zu.

Seit 1999 genießt der Präsident, laut Entscheidung des Verfassungsrats, dann des Obersten Gerichtshofs, ein zusätzliches Privileg. Er genießt strafrechtlich Immunität, auch für Vergehen, die er sich vor seiner Wahl hat zuschulden kommen lassen. Es kann keine Anklage erhoben werden, und er darf nicht als Zeuge geladen werden, wenn andere in Sachen, die ihn betreffen mögen, zum Untersuchungsrichter bestellt werden oder vor Gericht stehen. Allerdings ist die Verjährungsfrist während seiner Amtszeit unterbrochen, so daß die Anklage erfolgen könnte, sobald er nicht mehr Präsident ist. Ein im September 2000 von Jacques Chirac gewolltes Referendum, das die Amtszeit von sieben auf fünf Jahre reduzierte, hat an der Übermacht des Präsidenten nichts verändert – außer, daß gleich nach seiner Wahl die Frage seiner (erneuten) Wiederwahl oder seiner Nachfolge zu einem zentralen Problem der politischen Auseinandersetzung wird, außerhalb und noch stärker innerhalb seiner Mehrheit.

Diese Mehrheit ist in der Nationalversammlung überwältigend. Die Präsidialpartei verfügte über 355 von 577 Sitzen, ehe noch einige Abgeordneten der ohnehin geschwächten Mitte dazu kamen. Im französischen Sprachgebrauch nennt man das eine *chambre introuvable*, eine unauffindbare Kammer. Der Ausdruck soll 1815, nach Napoleons Sturz, von König Ludwig XVIII. nach der Wahl einer vollkommen königstreuen Versammlung geprägt worden sein. 1919 sagte man das gleiche von der ultranationalistischen *Chambre bleu horizon* (das Blau der Soldatenuniform). Dann auch im Juni 1968, nach den «Mai-Ereignissen», als dank Auflösung und Neuwahlen de Gaulle der Unterstützung von 74 % der Abgeordneten sicher sein konnte.

Auch ohne Treue zum Staatsoberhaupt und dessen Premierminister hat die französische Nationalversammlung weniger Möglichkeiten als der Bundestag, als Gesetzgeber und als Kontrollinstrument der Regierung zu handeln. Gewiß wurden auch in Bonn, werden in Berlin fast alle Gesetze auf Initiative der Regierung verabschiedet. In Paris ist es noch seltener, daß ein bedeutendes Gesetz von einer Fraktion oder von einem einzelnen Abgeordneten vorgelegt wird. Als große Ausnahme mag die *loi Neuwirth* vom Dezember 1967 gelten, das Gesetz, durch welches endlich die Verbreitung von Verhütungsmitteln nicht mehr unter Strafe stand. Noch einige andere Gesetze tragen die Namen derer, die sie verantwortet haben, von Premierministern oder Ministern, so die *loi Debré* vom November 1959, die die staatliche Finanzhilfe für die Privatschulen ermöglicht hat, wenn diese sich unter Staatskontrolle stellen; oder die *loi Veil* vom Januar 1977, die – begrenzt – die Legalisierung der Schwangerschaftsunterbrechung zuläßt. Das Gesetz vom September 1981, mit dem die Todesstrafe abgeschafft wurde, wird nicht *loi Badinter* genannt, aber jeder weiß, daß es der Justizminister Robert Badinter war, der sogar den Senat, das konservative Hohe Haus davon überzeugte, zuzustimmen, nachdem er als Anwalt wegen seines Kampfes gegen die Guillotine berühmt geworden war. Präsident Mitterrand hielt so ein mutiges Wahlkampfversprechen, denn die Meinungsumfragen zeigten noch eine Mehrheit für die Beibehaltung des Fallbeils. Einige Kommentatoren erinnerten allerdings daran, daß François Mitterrand als Justizminister während des Algerien-Kriegs manche Todesurteile bestätigt und dem Staatsoberhaupt empfohlen hatte, von seinem Gnadenrecht keinen Gebrauch zu machen.

Ein juristisches Fallbein, d. h. ein Machtinstrument der Regierung gegen das Parlament, ist der Art. 49 der Verfassung, dessen dritter Absatz lautet:

«Der Premierminister kann auf Beschluß des Ministerrats in der Nationalversammlung die Vertrauensfrage mit der Abstimmung über eine Vorlage verbinden. In diesem Falle gilt die Vorlage als angenommen, wenn nicht innerhalb der nächsten 24 Stunden ein Mißtrauensantrag eingebracht und unter den im vorigen Absatz genannten Bedingungen angenommen wird.»

Ein Gesetz mag also ohne jegliche Abstimmung als von der Nationalversammlung verabschiedet gelten. Der Art. 49 ist im Lauf der Zeit immer seltener angewendet worden, und einige Regierungen haben sich sogar im voraus verpflichtet, ihn nie anzuwenden. Daß Jean-Pierre Raffarin das Gesetz zur Reform der Sozialsicherheit dank Art. 49 durchgebracht hat, erregte die Gemüter der Opposition sehr. Aber war die Anhäufung von Hunderten oft wiederholter Änderungsanträge nicht in Wahrheit ein Blockieren des Parlaments? Der Artikel ist von Nutzen (was auch diesmal teilweise der Fall war), wenn die Regierung ihre eigene Mehrheit gleichsam unter Fraktionszwang stellt.

Die Minderheit hat ohnehin eine schwierige Stellung. Die Arbeit der Ausschüsse wird dadurch erschwert, daß sie viel zu viele Mitglieder haben, um wirksam zu diskutieren. Dies wurde von den Verfassungsvätern mit Absicht als weitere Schwächung der Versammlung vorgesehen, als Reaktion gegen die allzu starke Stellung des Parlaments unter der III. und der IV. Republik: Damals konnten die Regierungen ihre Vorlagen gar nicht vor das Plenum bringen, denn die von den Ausschüssen geforderten Änderungen waren bereits eingearbeitet, und die Regierung mußte im Plenum ihre ursprüngliche Fassung durch Änderungsantrag zurückerobern. Nun ist das Pendel sehr weit nach der anderen Seite ausgeschlagen, um so mehr, als alle Ausschüsse ein Mehrheitsmitglied zum Vorsitzenden haben, da ja die Ausschüsse im Proporz besetzt sind. Es ist nicht leicht, in Frankreich zu erklären, daß im Bundestag der Proporz auf die Verteilung der Vorsitze ausgerichtet ist.

Der Proporz gilt nicht mehr für das Wahlgesetz. 1945

führte die Provisorische Regierung von General de Gaulle das Verhältniswahlrecht ein. Der primäre Grund war der gleiche wie in den anderen europäischen Ländern, die politisch neu anfingen. Wenn lange nicht mehr frei gewählt worden ist, gebietet die Vorsicht, daß man ein Spiegelbild der politischen Meinungen durch die Verhältniswahl erreicht und nicht in die Lage kommt, einer gefährlichen Partei den Bonus zu gewähren, den das Mehrheitswahlrecht bringt. Die IV. Republik lebte also mit der Notwendigkeit der Koalitionsregierungen, während das britische Wahlsystem (einfache Mehrheit in jedem Wahlkreis) jeder der beiden großen Parteien im *House of Commons* die Möglichkeit gibt, allein zu regieren, obwohl doch keine je seit 1945 50% der Wählerstimmen errungen hat. François Mitterrand wäre nie so oft Minister geworden, wenn er nicht einer kleinen Partei angehört hätte, die man, ähnlich wie die FDP, für Rechts- wie für Linkskoalitionen brauchte. Die Konsequenz war, daß der Wähler nicht wissen konnte, was die Partei, für die er gestimmt hatte, mit seiner Stimme machen würde, denn die Anzahl der Parteien ermöglichte die unterschiedlichsten Regierungsbündnisse. Am 2. Januar 1956 hatten sich im Wahlkampf zwei Lager gegenübergestanden. Das der damaligen Opposition war angeführt von Pierre Mendès France und von der sozialistischen Partei, deren Generalsekretär Guy Mollet den Algerien-Krieg als «schwachsinnig und ausweglos» bezeichnete. Nach der Wahl verbündete Mollet sich mit einem Teil des vorigen Regierungslagers und vervielfachte den militärischen Einsatz in Algerien. Einer der Gründe, warum die Direktwahl des Präsidenten so rasch populär geworden ist und man das Staatsoberhaupt so leicht als Chef der Regierungsmacht betrachtet, ist eben die Tatsache, daß der Bürger endlich den Eindruck haben kann, er bestimme, wer das Land regiert, und schenke nicht mehr seine Stimme einem Abgeordneten oder einer Partei, ohne zu wissen, was diese mit dieser Stimme machen werden.

Das Mehrheitswahlrecht schafft nicht notwendigerweise klare Mehrheitsverhältnisse, vor allem wenn es, wie das französische vor dem Krieg und heute, eine Stichwahl vorsieht, im (häufigen) Fall, daß kein Kandidat im Wahlkreis 50 % der abgegebenen Stimmen erhalten hat. Auch starke extreme Parteien haben keine Chance, Wahlkreise zu erobern, wenn für die Stichwahl die Gemäßigten zugunsten des Bestplazierten unter ihnen auf die Kandidatur verzichtet haben. Oder der Kommunist zugunsten des Sozialisten, um den konservativen Kandidaten zu schlagen. Am 9. Juni 2002 hat die Nationale Front von Jean-Marie Le Pen landesweit 11,3 % der Stimmen erhalten – und am 16. keinen einzigen Sitz in der Nationalversammlung! Und wenn sich, wie fast immer unter der V. Republik, zwei klare Lager gegenüberstehen, so muß sich die kleine Gruppierung in der Mitte für das eine oder das andere entscheiden, damit ihr in der Stichwahl, dank Verzicht des großen Verbündeten, doch einige Sitze zufallen mögen. Man darf sagen, daß die christdemokratische Mitte als unabhängige politische, europatragende Kraft im März 1973 endgültig verschwunden ist, als sie sich für das gaullistische, nicht gerade integrationsfreundliche Lager gegen die sozialistische Linke entschieden hat, um doch, wenn auch sehr geschwächt, überleben zu können, weil Premierminister Pierre Messmer dem Christdemokraten Jean Lecanuet versprochen hatte, ihm einige Wahlkreise zu überlassen.

Wenn Präsident und Regierung zusammen die Macht ausüben, so können sie, wie in Deutschland und anderswo, viel Neues schaffen, bis der nächste Wahltermin sie zu zwingen scheint, alles zu unterlassen, was eine bestimmte Wählerschicht schockieren könnte. Valéry Giscard d'Estaing hat das Wahlrecht von 21 auf 18 Jahre gesenkt, das bedingte Recht auf Schwangerschaftsunterbrechung eingeführt sowie die Gesamtschule für alle. François Mitterrand hat nicht nur die Todesstrafe abgeschafft, er hat drastische wirtschaftliche und soziale Veränderungen geschaffen, u. a. durch die Sozialgesetzgebung, die 1982 der Minister Auroux eingebracht hat. Später wurde allerdings die Verstaatlichung der Banken wieder rückgängig gemacht. Aber das sagt gewiß nicht alles über die Wege der Machtausübung. Zunächst werden zwei große Machteinbußen des Parlaments im allgemeinen verschwiegen. Nicht selten werden Gesetze nicht verwirklicht, weil die Ausführungsdekrete nicht erscheinen, weil die zuständigen Ministerien sie absichtlich «schlafen» lassen oder durch diese Verordnungen den «Willen des Gesetzgebers» entstellen. Eine noch größere Unsicherheit beruht auf der Möglichkeit, den vom Parlament verabschiedeten Haushalt einfach nicht durchzuführen. Ressorts können plötzlich eingegangene Ausgabenverbindlichkeiten nicht erfüllen, weil ein Teil der ihnen zugestandenen Haushaltsgelder «eingefroren» wird. Allein für das Jahr 2004 handelt es sich um mindestens vier Milliarden Euro, wobei das «Einfrieren» sehr wohl während der letzten Monate des Haushaltsjahres vom beinahe allmächtigen Finanzministerium beschlossen werden kann. Dessen Macht ist umso größer, als in keinem Ministerium eine Ausgabe wirksam wird ohne die Unterschrift des Vertreters der Finanzbehörde, des von allen gefürchteten *contrôleur des dépenses engagées* (Kontrolleur der Ausgabenverbindlichkeiten). An der Jahreswende 2003/2004 hat es einen ungewöhnlichen Streik der Beamten und Angestellten des Außenministeriums gegeben. Nicht nur war der Haushalt für 2004 verkleinert, die Ausgaben der letzten Monate von 2003 waren weitgehend eingefroren worden, so daß Veranstaltungen im Ausland, die kurz vor der Durchführung standen, nicht stattfinden konnten. «Gebt uns die Mittel Eurer Politik», sagten die Transparente der Streikenden. Die so entstehende finanzielle Unsicherheit betrifft fast alle Ministerien, noch mehr jedoch die Vereine, Verbände, Organisationen, die teilweise oder ganz durch staatliche Zuschüsse finanziert werden.

Die französische Entscheidungsstruktur ist nicht dieselbe wie in der Bundesrepublik, wo der Kanzler und die Minister

zwar einen persönlichen Referenten und einen kleinen Mitarbeiterstab haben, aber doch mit Staatssekretär und Ministerialdirektoren direkt zusammenarbeiten. In Frankreich spielen die *cabinets* eine große Rolle. Dem *directeur de cabinet* werden echte Befugnisse übertragen, so daß seine Unterschrift unter Akten steht, die in anderen Ländern die des Ministers erforderlich machte. Jedes – vom Minister frei ausgewählte – Mitglied des *cabinets* berät ihn in den Angelegenheit eines Ressorts, d.h. er überwacht den Ministerialdirektor und ist eigentlich über ihn gestellt. Das *cabinet* des Präsidenten kontrolliert die Ministerien, aber das des Premierministers kontrolliert sie auch. Die Broschüre, die unter Jean-Pierre Raffarin über das Hotel Matignon (kleiner Palast des 18. Jahrhunderts, Sitz des Premierministers und seiner Beamtenschaft) verteilt wird, besagt, das Gebäude sei Sitz des *cabinet*, dessen Aufgaben folgendermaßen aufgezählt werden:
Die Rolle des *cabinet du Premier ministre* steht im Zentrum der Regierungsarbeit.

- Es steht dem Premierminister bei in der Vorbereitung der Regierungspolitik.
- Es belebt und koordiniert das Wirken der verschiedenen Ministerien.
- Es bereitet die Schlichtungsentscheidungen zwischen den verschiedenen Ministerien, z. B. für den Haushalt, vor.
- Es organisiert die zwischenministeriellen Komitees und legalisiert ihre Entscheidungen.
- Der *directeur de cabinet* leitet das *cabinet* des Premierministers: Er unterstützt diesen, organisiert die Arbeit des *cabinet*, koordiniert das Wirken der *cabinets* der Ministerien, des Generalsekretariats der Regierung und der Dienststellen.

Der *directeur de cabinet* steht demzufolge über dem Staatssekretär, der eigentlich für die Koordinierung der Regierungsarbeit zuständig ist – und die er auch auf juristischem und technischem Gebiet vollbringt, aber nicht auf dem politischen. Die

Verfassung sieht die *cabinets* nicht vor, aber ihre Mitglieder haben echte Macht. Sie sind oft junge Mitglieder der *Grands corps de l'État,* (*Inspection des Finances, Conseil d'État,* Rechnungshof), die erst wenige Jahre zuvor Absolventen der *École nationale d'administration* (ENA) gewesen sind. Nach der Arbeit im *cabinet* dürfen sie hoffen, hohe Stellen in der Verwaltung, in der Wirtschaft, in der Politik zu besetzen. Zwar war François Mitterrand als junger Mann in die Résistance, dann gleich in die Politik gekommen. Georges Pompidou hatte noch den alten Weg nach oben gemacht. Der Großvater war ein Arbeiter gewesen, der stolz auf seinen Sohn war, der zur *École normale d'instituteurs* zugelassen worden war, also Grundschullehrer wurde. Dieser wiederum war stolz auf seinen Sohn Georges, der die Aufnahmeprüfung zur *École normale supérieure* bestanden hatte, also Gymnasiallehrer wurde. Er wurde als belesener Redenschreiber zu de Gaulle bestellt. Da jeder *normalien* als solcher mit dem Abschluß befähigt ist, jede Situation und jeden Beruf mit scharfem Intellekt zu meistern, konnte Pompidou Bankier, Mitglied des *Conseil d'État* oder Premierminister werden, ohne je den Weg über eine Fachausbildung oder über eine Partei gegangen zu sein.

Am Ende des Jahres 1974 durfte der französische Gast im ZDF sagen, das Neue in Frankreich in diesem Jahr sei gewesen, daß der Präsident und der Premierminister, Giscard d'Estaing und Chirac, ehemalige ENA-Absolventen seien. Allerdings gelangt nur ein kleiner Teil der ENA-Schüler in die *Grands corps*, und wiederum nur ein kleiner Teil von diesen verläßt den Staatsdienst, um in die Politik zu gehen oder um zu «pantoffeln», d.h. in der Privatwirtschaft eine machtvolle und einträgliche Stelle zu finden. Die meisten bleiben *serviteurs de l'État,* «Staatsdiener», was in Frankreich einen guten Klang hat. Einige dieser Männer oder nun auch Frauen gelangen vielleicht sogar in den Rang, in dem sie der Sprachgebrauch als *grands serviteurs de l'État* bezeichnet. Sie haben viele wichtige einflußreiche Ämter bekleidet und in diesen schöpferisch gewirkt. Um nur zwei bereits verstorbene *grands serviteurs* zu nennen: Paul Delouvrier hat auf Befehl und mit der ständigen Unterstützung von de Gaulle die fünf «neuen Städte» gegründet und gestaltet. Die elf Gemeinden, die Cergy zusammengefaßt hat, hatten Ende des Jahrhunderts 160000 Einwohner statt 41000 im Jahr 1968, Saint Quentin en Yvelines ist von 25000 auf 130000 Einwohner angewachsen, mit vielen neuen Arbeitsplätzen. François Bloch-Lainé, der zur Leitfigur vieler junger hoher Beamter geworden ist, hat die schlafende Zentralstelle der Sparkassen in ein Instrument der Wirtschaftsbelebung verwandelt.

Paris ist das Zentrum der Macht. Die Revolutionen haben in der Hauptstadt stattgefunden und, wenn sie erfolgreich waren, dem ganzen Land ein neues Gesicht gegeben. Paris will seine Schönheit und seinen Ruf bewahren. Besonders im Vergleich mit anderen Hauptstädten wie London oder Rom. Vieles am Eigenlob entspricht der Wirklichkeit. Anderes beruht eher auf Selbstüberschätzung. Jedenfalls stimmt nur begrenzt, was in Frankreich und im Ausland von Paris als alleinigem Zentrum der Macht, sogar als Verkörperung Frankreichs gesagt wird. Der Wille, die Macht besser zu verteilen, wurde in begrenztem Umfang umgesetzt. Also ist eine echte Machtverminderung der Hauptstadt, eine echte Umverteilung festzustellen. Dazu kommt, daß die Wirklichkeit schon immer anders war, als es verbreitete Annahme war: Die Pariser Machthaber standen schon seit langem unter dem Einfluß, unter der Kontrolle von gesellschaftlichen und politischen Kräften, die von «unten» kamen. («Von unten»: Ob man nun von Marseille, von Lille oder von Bordeaux abfährt – «on monte à Paris» – man «steigt hinauf» nach Paris ...)

Eine Besonderheit hat sich seit 1919 erhalten. Als das Elsaß und Lothringen wieder französisch wurden, hat die Republik manches beibehalten, was vor 1871 bestanden oder sogar was zur Zeit des deutschen Kaiserreichs eingeführt worden war. Darunter privatrechtliche Regelungen, sozialpolitische Einrichtungen, besondere Stellung der Religionen, mit staatlicher Finanzierung der Priester, Pfarrer, Rabbiner und Religionsunterricht an den öffentlichen Schulen.

1982 hat die dezentralisierende Gesetzgebung von Gaston Defferre schon zugunsten der Provinz die Rolle von Paris eingeschränkt. François Mitterrand hat die Dezentralisierung gewollt, obwohl die Linke traditionell zentralistisch gewesen war, als Erbin der Jakobiner, die während der Revolution die Föderalisten, die Girondisten, blutig besiegt und somit jeden föderalistischen Gedanken auf Dauer ausgeschaltet hatten. Das Wort Föderalismus wird auch heute nicht ausgesprochen. Seit dem 28. März 2003 ist dem Art. 1 der Verfassung ein kleiner Satz hinzugefügt worden. Frankreich bleibt weiterhin eine «unteilbare» (*indivisible*) Republik, aber «ihre Organisation ist dezentralisiert». Was dies bedeutet, hat die zugleich durchgeführte Umwandlung des XII. Teils der Verfassung gezeigt, der weiterhin *Des collectivités territoriales* (über die territorialen Gemeinschaften) benannt ist. Aus den knappen Artikeln 72 bis 76, mit ihren im Ganzen ca. 25 Zeilen, ist eine Art kleine Sonderverfassung entstanden, mit langen Artikeln 72, 72-1, 72-2, 72-3, 72-4, 73, 74, 74-1, 75. Es geht vor allem um die möglichen Besonderheiten von Korsika und die *confettis de l'Empire,* die Départements oder Gebiete in der Karibik und im Pazifik. Die ersten Verwirklichungen des neuen Textes sind für Jacques Chirac enttäuschend gewesen. Auf Korsika sowie auf La Martinique und La Guadeloupe hat das nun direkt befragte Wahlvolk die vorgeschlagenen Veränderungen der Strukturen abgelehnt. Und für Polynesien hat der Verfassungsrat große Teile des verändernden Gesetzes für verfassungswidrig erklärt.

Die Formen der Dezentralisierung im Mutterland sind sehr unterschiedlich. Als solche gilt bereits die *délocalisation,* die Verlegung von Verwaltungseinheiten in die Provinz. Die *déconcentration* soll den staatlichen Stellen außerhalb von Paris mehr Entscheidungsfreiheit bringen, damit sie nicht mehr auf eine Pariser Antwort warten müssen, die im allgemeinen dieselbe für ganz Frankreich war. Die eigentliche *décentralisation* verleiht territorialen Einheiten neue Befugnisse. Dabei wurde aber versäumt, diese Einheiten wirklich neu zu gestalten. Die Revolution hatte die *départements* geschaffen. Ihre Fläche war so eingerichtet, daß der Präfekt jeden Ort seines Départements in einem Tagesritt zu Pferde erreichen konnte. Heute benutzt der Präfekt andere Transportmittel, aber die *départements* sind die gleichen geblieben, wenn auch die acht- oder neunjährigen Schüler nicht mehr gezwungen werden *d'apprendre leurs départements,* d.h. sie auswendig zu kennen, mit ihren Hauptorten und ihren Kreisen. Seit 1945 sind lediglich die Namen vornehmer geworden. So wie bei den Zeitungen das Prestige dadurch gesteigert werden sollte, daß man das Wort *petit* (klein) austilgte (*Le Petit Parisien* wurde *Le Parisien libéré, La Peite Gironde* wurde *Sud-Ouest ...),* schuf man alles «niedrige» ab (*Basses Pyrénées* heißt heute *Pyrénées atlantiques, Basses Alpes* wurde zu *Alpes de Haute Provence).* Nur Straßburg schämt sich nicht, Hauptort des Département *Bas Rhin* (Niederrhein) zu sein.

Das Département wurde nicht abgeschafft, um die Region zu stärken, die mehrere Départements umfaßt, aber innerhalb des Départements ist es zu einer echten Machtverschiebung gekommen. Der gewählte Präsident des gewählten *Conseil général,* der parlamentartigen Versammlung des Départements, hat nun Befugnisse, die vorher der von der Regierung ernannte Präfekt besaß – und hat sich oft ein dementsprechendes Prachtgebäude bauen lassen. Mancher Politiker zieht es vor, *président du Conseil général* zu sein, als *conseiller régional* oder sogar *président du Conseil régional* zu werden. Die 22 Regionen sind von sehr unterschiedlicher Größe. Sie würden gerne den deutschen Bundesländern ähneln. Es gibt Partnerschaften zwischen Bayern und Sachsen, Rheinland-Pfalz und Burgund, und Premier Jean-Pierre Raffarin hat 2003 ein

Treffen zwischen Ländern und Regionen zustande gebracht. Aber die Zuständigkeiten bleiben begrenzt, die Ressourcen auch. Die Regionen verantworten nur 3 % der Ausgaben der öffentlichen Hand, denen 10 % für die Départements, 20 % für die Gemeinden – und 67 % für den Staat gegenüberstehen. Dies vor einer neuen Umverteilung, die theoretisch durch das sehr umstrittene Gesetz vom 13. August 2004 «über die lokalen Freiheiten und Verantwortlichkeiten» festgelegt werden soll. Das Gesetz umfaßt 203 oft sehr lange Artikel und füllt 52 zweispaltige, kleingedruckte Seiten des *Journal officiel*. In letzter Minute wurde der Art. 1 durch die Zustimmung der Regierung zu einem Änderungsantrag im Senat grundsätzlich abgeschwächt. Die Region sollte auf ihrem Gebiet das Wirken der kleineren Einheiten zur wirtschaflichen Entwicklung bestimmen. Nun heißt es nur noch: *La région coordonne* ... Bemerkenswert ist dabei im Punkt 3 dieses langen Artikels, daß die Verpflichtungen gegenüber der Europäischen Kommission und den Entscheidungen des Europäischen Gerichtshofs stark betont werden, unter anderem zur Kontrolle der Verwendung der Brüsseler Zuschüsse. Diese klaren Bestimmungen sind nicht in die Öffentlichkeit gedrungen. Auch ist der Zentralismus kaum kommentiert worden, der noch im Art. 75 (der erste des Kapitels «Erziehung, Kultur und Sport») zum Ausdruck kommt. Die Regionen haben zwar die Hoheit über die Gymnasien, die Départements über die *collèges* (Gesamtschule von Sexta bis Tertia) und die Gemeinden über die Grundschulen. Aber der Staat behält grundlegende Befugnisse: Er definiert weiterhin die Bildungsgänge, die Programme, die Organisation und den Inhalt des Unterrichts, die Verteilung der Mittel, die er der Erziehung widmet, die Diplome u.a.m. Das Gesetz ist verabschiedet und verkündet worden, bevor die grundlegende Frage der Finanzierung wirklich geklärt sei. Wie in Deutschland besteht die Furcht, daß der Staat Aufgaben auf die unteren Ebenen abwälzt, ohne die Ressourcen zu ihrer Durchführung sicherzustellen.

Der Bürger würde schneller die Region als wichtige Zugehörigkeit erleben, wenn nicht der Wahlkampf bei den Regionalwahlen geführt wäre, als gelte es für oder gegen die Regierung in Paris Stellung zu nehmen. In Deutschland ist es bei den Landtagswahlen nicht viel anders, aber die Befugnisse der Länder machen es ratsam, die Landespolitik nicht aus den Augen zu verlieren. Über den Bundesrat sind die Länder auch Mitgesetzgeber des Bundes, so daß die Regierung Schröder und die CDU/CSU-Bundesratsmehrheit gewissermaßen in einer *cohabitation* leben. In Frankreich ist die Tatsache, daß die Sozialisten seit April 2004 alle Regionen außer dem Elsaß und Korsika beherrschen, kein Beweis dafür, daß sie nun die Pariser Regierungsmacht in Schach halten könnten.

Das Wahlsystem 2004 war von der Regierung ausgearbeitet worden, um den *Front national* von Jean-Marie Le Pen auszuschalten, um die Sozialisten ohne Verbündete dastehen zu lassen und um in den Regionalversammlungen klare Mehrheiten zu schaffen. Das Prinzip der Verhältniswahl wurde beibehalten, aber nur die Listen, die 50 % der Wählerstimmen erhalten hatten, würden als gewählt gelten, sonst müßte es eine Woche später eine Stichwahl geben. Da nirgends diese Schwelle erreicht wurde, mußte überall die Stichwahl stattfinden. Die Regierung hatte zunächst im Wahlgesetz bestimmt, daß alle Listen ausscheiden würden, die nicht 10 % der Stimmberechtigten erreicht hätten. Mit 45 % Nichtwählern wäre damit das Erreichen von 18 % der Stimmen erforderlich gewesen. Diesen Passus hat der Verfassungsrat gestrichen und nur eine Grenze von 10 % der tatsächlichen Wähler zugelassen. Diese Schwelle hat aber der *Front national* nur in drei Regionen nicht überschritten. In der Stichwahl sind ihm fast alle seine Wähler treu geblieben. Haben sie also zugunsten der Linken geschiedsrichtert, da doch diese Stimmen der gemäßigten Rechten verloren gingen? Zur allgemeinen Überraschung traf das nur in sieben Regionen zu. In elf anderen hätten ihre Stimmen der Rechten nicht zum Sieg verholfen, weil dort die Liste der Linken ohnehin über 50 % der Stimmen erhielt. Diese Listen bestanden aus einer großen Mehrzahl von Sozialisten und aus Grünen und Kommunisten. In einigen Regionen hatten die drei bereits für den ersten Wahlgang eine gemeinsame Liste aufgestellt, in anderen waren sie getrennt aufgetreten und haben sich dann auf einer gemeinsamer Liste vereinigt. Auch da, wo die linken Sieger unter der absoluten Stimmenmehrheit blieben, verfügen sie über eine klare Mehrheit der Sitze in den Regionalversammlungen, dank einer anderen Erneuerung des Wahlgesetzes. Die Liste, die an der Spitze liegt, erhält zunächst 25 % der Sitze. Dann erst werden die dreiviertel der Überzähligen im Proporz unter den Listen verteilt. Da die Wähler in den Regionen die Regierung in Paris abstrafen wollten, wurde der auf die Opposition gerichtete Gewehrlauf umgedreht und die Wahlkatastrophe der Regierung vertieft.

Obwohl es nun, dank der Regionalisierung, einen zahlenstarken, nicht von Paris abhängenden öffentlichen Dienst gibt (*fonction publique territoriale*), mit leider vielen Auswüchsen, so bleibt die Bedeutung der Keimzelle Frankreichs, *la commune*, ungebrochen. Gewiß haben um die Großstädte herum Eingemeindungen stattgefunden. Die immer zahlreicheren Gemeindeverbindungen sind aber keine Zusammenlegungen. Das «Land mit den 36000 Gemeinden» (genau 36679!) hat sich hier nicht fundamental verändert, auch wenn die öffentlichen Dienste – Steueramt, Schule, Post – sich nach und nach aus den Kleinsten zurückziehen. Der Bürgermeister ist weiterhin die Verkörperung der volksnahen, verständnisvollen, beschützenden Macht. Kaum ein französischer Politiker wird nicht bestrebt sein, Bürgermeister zu werden, in der Großstadt oder in einem abgelegenen Landstrich, und sei es nur, weil man im Rathaus den berechtigten Eindruck haben darf, Konkretes zu schaffen.

Hier ist das eigentliche alte, oft übersehene Gegengewicht zur Pariser Übermacht. Das Problem des *cumul*, der Ämterhäufung, ist trotz aller Beschränkungsmaßnahmen von großer Bedeutung. Lange war niemand erstaunt, daß Gaston Defferre zugleich Innenminister und Oberbürgermeister von Marseille war, Jacques Chaban-Delmas oder Pierre Mauroy Premierminister und zugleich Oberbürgermeister von Bordeaux oder Lille. Als die Regierung von Michel Rocard ein Gesetz über die Binnenschiffahrt verabschieden ließ, so weil er zugleich Bürgermeister von Conflans-Sainte-Honorine war, wo die Seine und die Oise zusammenfließen und wo viele Fähren anlegen können. Zugleich Minister in Paris, *président du Conseil général* und Bürgermeister einer Gemeinde in dem Département zu sein, das konnte aus einem Politiker so etwas wie einen Paten machen, mit vielen Einflußgebieten. Dem sollten die Gesetze gegen den *cumul* entgegentreten. Nicht mehr als zwei Positionen zugleich, hieß es. In der Tat gibt es weniger Anhäufungen, so daß nicht immer dieselben Männer (viel seltener Frauen) jede Verjüngung der Mandatsträger verhindern. Zugleich Abgeordneter in der Nationalversammlung, Bürgermeister und anderes mehr – die großen Zeiten sind vorbei. Aber wer z. B. nicht mehr Bürgermeister sein darf, wird erster Stadtverordneter, was nicht verboten ist. De Gaulle hatte in der Verfassung seinen Willen durchgesetzt, daß die zu Ministern Ernannten das Parlament verlassen mußten – im Gegensatz zu den Usancen in den vorigen Republiken, aber auch zu Großbritannien und zur Bundesrepublik. Der auf dem Wahlzettel stehende Stellvertreter wird Abgeordneter – und tritt im allgemeinen zurück, wenn der Ministerposten verloren geht, damit der Vertretene wieder gewählt werden kann. Eine schwache Seite des Systems ist, daß bei den Regional- oder bei den Europawahlen Listen von bekannten Politikern geführt werden, die nach der Wahl gar nicht erst in die Provinzhauptstadt oder nach Straßburg fahren und ihren Sitz dem unbekannten ersten nicht Gewählten auf der Liste überlassen.

Man kann sich kaum eine pluralistische Demokratie ohne Parteien vorstellen, da ja gerade die Parteien die Pluralität verkörpern. Als 1948/49 in Bonn das Grundgestetz ausgearbeitet wurde, bestanden die Parteien bereits und hatten in den Gemeinden, den Kreisen, den Ländern Erfolge oder Mißerfolge gehabt. Im Juli 1933 waren alle Parteien außer der NSDAP verboten worden. Also erhielten die Parteien als Verkörperung der Demokratie eine starke Stellung im Grundgesetz. Der Art. 21 sagt:

> Die Parteien wirken bei der politischen Willensbildung des Volkes mit. Ihre Gründung ist frei. Ihre Ordnung muß demokratischen Grundsätzen entsprechen.

1958 war die Lage in Frankreich eine andere. Bisher hatten die Parteien eine große Rolle gespielt, ohne jegliche Legitimation durch einen Verfassungstext. Sie waren einfache Eingetragene Vereine. Nun gab es Befürchtungen, daß de Gaulle, der immer verächtlich von ihnen gesprochen hatte, ihre Tätigkeit irgendwie einschränken könnte. Um das Gegenteil zu beweisen, enthielt der Verfassungsentwurf bereits in seinem Art. 4 einen Passus, der ihnen gewissermaßen den Rang eines Verfassungsobjekts verlieh. Da Michel Debré den deutschen Art. 21 kannte, wurde dieser im französischen Artikel mit Abänderungen übernommen:

> Die politischen Parteien und Gruppen wirken bei der Stimmabgabe (*expression du suffrage*) mit. Ihre Bildung und die Ausübung ihrer Tätigkeit sind frei. Sie haben die Grundsätze der nationalen Souveränität und der Demokratie zu achten.

Die im Vergleich größte Einschränkung betraf das Wirkungsfeld: Aus der erzieherischen Aufgabe (ohne die es kein Staatsgeld für die Konrad Adenauer- oder Friedrich Ebert-Stiftung geben könnte) wurde die schlichte Teilnahme an den Wahlen. Was die Achtung der nationalen Souveränität sein mag, ist nie klar gesagt worden. Jedenfalls hat niemand der von Moskau weitgehend ferngelenkten K. P. vorgeworfen, verfassungsuntreu zu sein, und sogar die heftigsten Anti-Europäer haben diese Beschuldigung gegen die Verfechter der europäischen Supranationalität nicht aufgrund des Art. 4 erhoben. Vor wem hätte man auch klagen können? Im Grundgesetz wird das Bundesverfassungsgericht ausdrücklich damit beauftragt, die Verfassungswidrigkeit (nicht jedoch die Verfassungsfeindlichkeit) einer Partei festzustellen. In Frankreich beruhen die etwaigen Verbote von politischen Gruppierungen lediglich auf strafrechtlichen Bestimmungen, die älter sind als die Verfassung und vor allem Gewaltanwendung sühnen sollen. Obwohl die innere Demokratie erwähnt wird, hat niemand z. B. die gaullistischen Parteien als verfassungswidrig bezeichnet, wenn auch alle Macht von der Spitze ausging und die Leitungsorgane nicht gewählt, sondern ernannt wurden. Der französische Text spricht nicht von der Finanzierung. Als 1988 endlich staatliche Gelder den Parteien für die Wahlkämpfe zur Verfügung gestellt wurden, um gesetzeswidrige Methoden auszuschließen, hat das, wie in Deutschland, die Unersättlichkeit bei der Umgehung der gesetzlichen Bestimmungen zu einem heimlich, aber intensiv praktizierten Sport gemacht. Und doch erhielten die Parteien im Jahre 2004 für ihre Wahlkämpfe 73 Millionen Euro (davon 33 Millionen für die UMP, 19,6 für die Sozialisten und auch 4,8 für Jean-Marie Le Pen). Das härteste Gesetz, um gesetzwidrige Methoden zu bestrafen, ist 1995 von der Chirac-Mehrheit verabschiedet worden. Dieses haben die Richter korrekt angewendet, um den Präsidenten der UMP, Alain Juppé, als ehemaligen Finanzdirektor des Pariser Rathauses im Februar 2004 zu verurteilen. Die Tatsache, daß die Partei daraufhin ihren Präsidenten als Märtyrer gefeiert hat, wurde zu einem Element ihrer Wahlniederlage im März, denn den Wählern erschien es gerechtfertigt, daß die Richter ihr Urteil auf Grundlage des Gesetzes gesprochen hatten.

Der größte Unterschied zu Deutschland, aber auch zu

Großbritannien oder zu den USA, war 1958 ein anderer. Ohne die CDU kein Adenauer, ohne die SPD kein Willy Brandt, ohne die Demokratische Partei kein Roosevelt oder Kennedy, ohne die Konservativen kein Churchill oder keine Margaret Thatcher. Umgekehrt aber ohne de Gaulle keine gaullistische Partei, oft unter neuem Namen. Gewiß wird auch in der Bundesrepublik die Partei oft instrumentalisiert von ihrem Vorsitzenden, hieß er nun Helmut Kohl oder Gerhard Schröder. Doch die Abhängigkeit vom Inhaber der politischen Macht ist nie so groß gewesen wie bei den Gaullisten oder «Neo-Gaullisten». Bis 1965 war es das Charisma des Generals, das die Abhängigkeit verursachte. Seit der ersten Direktwahl des Präsidenten beherrscht diese Wahl so sehr das politische Geschehen, daß der Präsident sich auf eine starke Partei stützen möchte, sei es nur, um die parlamentarische Mehrheit zu haben oder damit die Partei ihm treu bleibt, wenn es nur geht, um seine Wiederwahl zu sichern, während andere Parteien versuchen, durch die Unterstützung ihres Kandidaten ihre Glaubwürdigkeit zu verstärken.

Georges Pompidou als Nachfolger des Generals konnte, nach seinem Sieg über den Präsidenten des Senats, Alain Poher, die auf ihn übertragene Treue der gaullistischen UDR (Union der Demokraten für die Republik) genießen. Nach seinem Tod 1974 veränderte sich die Lage. Gegen den sozialistischen Kandidaten François Mitterrand trat Jacques Chaban-Delmas als natürlicher Erbe des Gaullismus auf. Aber der keineswegs gaullistische Valéry Giscard d'Estaing fand die Unterstützung von Jacques Chirac, der bereits 1962, im Alter von dreißig Jahren, im Kabinett von Premierminister Pompidou gewesen war, dann 1967 gaullistischer Abgeordneter, 1968 *secrétaire d'État* (politischer Staatssekretär) und 1971 zum ersten Mal als dem Präsidenten ergebener Landwirtschaftsminister gewirkt hatte. Er erreichte, offen und durch geheime Wahlempfehlungen, daß ein Teil der Gaullisten Chaban-Delmas nicht unterstützten, so daß in der ersten Wahlrunde dieser mit 14,6 gegen 32,9 % der Stimmen von Giscard d'Estaing aus dem Rennen geworfen wurde. Als letzterer in der Stichwahl Mitterrand mit 50,6 % der Stimmen besiegt hatte, ernannte er Jacques Chirac zum Premierminister. Er hätte gerne gesehen, daß Chirac ihm die gaullistische Partei erobert. Aber als ihm dies 1976 gelang, hatte er schon mit dem Präsidenten im Streit gelegen und, als erster Premier der V. Republik, freiwillig seinen Rücktritt angekündigt. Die eroberte Partei hat er dann gewissermaßen für sich behalten, mit dem neuen Namen RPR, *Rassemblement pour la République* (Sammlungsbewegung für die Republik), eine Bezeichnung, die an das RPF (*Rassemblement du peuple français*) erinnern sollte, das de Gaulle 1947 ins Leben gerufen hatte. Seine Stellung war umso stärker, als Giscard d'Estaing durchgesetzt hatte, daß Paris einen gewählten Bürgermeister haben sollte, was alle Regime seit 1358 (Niederlage des rebellierenden Etienne Marcel) abgelehnt hatten, aus Furcht vor der Macht des Herrn der Hauptstadt. Zur allgemeinen Überraschung war Chirac siegreich über den Kandidaten, den der Präsident unterstützte. So konnte er im März 1977 in das Rathaus der reichen Großstadt ziehen. Das von ihm bis zu seiner Wahl zum Staatsoberhaupt 1995 ausgeübte Amt ermöglichte ihm, seine Partei mit legalen – und illegalen – Mitteln kräftig zu unterstützen.

Präsident Giscard d'Estaing suchte nun auch, eine Partei zu bilden, die zum Hauptziel haben sollte, ihn zu unterstützen, im Parlament und bei der erstrebten Wiederwahl. So entstand am 1. Februar 1978 die UDF (*Union pour la démocratie française*). Es handelte sich aber nur um eine ziemlich lockere Verbindung verschiedener Kleinparteien. François Mitterrand hat dann 1981 nur wenige Monate gebraucht, um seine Sozialistische Partei, die ihn kritisch unterstützen wollte, zum Instrument seiner Macht zu machen.

Als Jacques Chirac 1995, nach zwei Niederlagen (1981 im ersten Wahlgang gegen Giscard als Kandidat der Rechten und

1988 in der Stichwahl gegen François Mitterrand) endlich auf sieben Jahre Staatsoberhaupt wurde, erwies sich seine Macht über die Partei als ziemlich grenzenlos. Nach seiner Wiederwahl 2002 auf fünf Jahre schien diese Macht sich noch zu vergrößern, da ein Teil der Gemäßigten, die nicht das Erbe des Generals in Anspruch genommen hatten, zu den Mitbegründern der neuen Mehrheitspartei gehörten, die nach der Wahl mit einer veränderten Belegung der Buchstaben UMP als eine Partei gegründet wurde (*Union pour la majorité présidentielle – Union pour un mouvement de progrès* – «Union für eine fortschrittliche Bewegung»), die ihr Oberhaupt selbst wählen sollte. Bald erwies sich jedoch, daß der noch junge Innenminister Nicolas Sarkozy (bereits seit 1983, mit 28, Oberbürgermeister des besonders wohlhabenden Vororts Neuilly sur Seine, Abgeordenter seit 1988, 1993 zum ersten Mal Minister) sich dieselbe Rolle anmaßte, die Chirac unter Giscard gespielt hatte.

Jacques Chirac hat sich stets auf den Gaullismus berufen. Aber bereits Pompidou hatte auf einen wesentlichen Punkt der Erbschaft verzichtet. De Gaulle wollte das ganze Volk versammeln. In mancher Hinsicht stand er weiter links als die meisten Gruppierungen der Mitte, sei es nur auf dem Gebiet der Ausbildung und Bildung für alle. Zudem achtete er die Gewerkschaften mehr als die Unternehmerverbände, die in seinen Augen als gesellschaftliche Schicht Vichy gedient hatten. In der Nationalversammlung erreichte die siegreiche gaullistische Partei, in den vorderen Reihen von links bis rechts zu sitzen. (Im Protokoll mußte es nun heißen «Applaus oben links oder oben rechts», nicht mehr «links oder rechts».) Diese grundsätzliche politische Einstellung hätte die von Jacques Chirac sein können, als am 5. Mai 2002 seine Wählerschaft von 19,88 auf 82,21 % sprang, weil ja auch die Linke ihn im Namen der Republik gegen Le Pen unterstützt hatte. Gerade die allgemeine Mobilmachung gegen die antirepublikanische Gefahr hätte ihn zu einem die Republik schlechthin verkörpernden Präsidenten machen können. Er zog es vor, so zu sprechen und zu handeln, als hätte die Rechte einen erdrückenden Sieg über die Linke davongetragen. Gerade diese Haltung ist im März 2004 von der Wählerschaft hart abgestraft worden.

Der Begriff *la Droite*, die Rechte, war jahrzehntelang verpönt gewesen und wurde fast nur von den Historikern und Politologen (und auch polemisch von der Linken) verwendet. In einem netten satirischen Buch über die IV. Republik, «Vademecum des kleinen Staatsmanns», heißt die empfohlene Losung: «Links, immer nach links, aber nicht weiter!» Daß ein *Rassemblement des Gauches* (Sammlungsbewegung der Linken) mitterechts angesiedelt war, konnte dem ausländischen Beobachter nur mühsam erklärt werden. Im Halbrund der Nationalversammlung durften die Kommunisten (vom Vorsitzenden aus gesehen) ganz links sitzen. Dann kamen die Sozialisten. Fast alle anderen bestanden darauf, neben den Sozialisten einen Platz zu finden, so daß merkwürdige Sitzordnungen entstanden, mit mehreren Fraktionen im Kontakt mit den sozialistischen Reihen. *Centre droit* (Mitte rechts) ging noch, aber wer wollte schon als rechts gelten? Keine Partei wollte das Wort in ihrem Namen führen. Der entscheidende Umschwung trat 1981 ein, nach dem Sieg von François Mitterrand. Nach den harten Wahlkämpfen und dem Sieg der kommunistisch-sozialistischen *Union de la Gauche* wollten nun viele klar Stellung nehmen als Rechte, wenn man sich auch weiterhin lieber als liberal bezeichnete. Nach und nach haben auch die Demoskopen feststellen können, daß sich eine große Anzahl der Befragten zur Rechten bekannte, während vorher die meisten Nicht-Linken sich als der Mitte zugehörig eingeschätzt hatten.

In der Mitte hat es nach 1945 eine Frage der Einordnung gegeben, die die Bundesrepublik auch gekannt hat. Auf dem Gebiet der Wirtschafts- und Sozialpolitik stand die CDU links von der FDP, während diese sich im Namen der Bürgerrechte und der politischen Freiheit als links von der CDU betrachten durfte. In Frankreich verkörperte die starke *Parti radical* nicht Radikalismus, vielmehr eine «radikale Verteidigung der Republik» (inbesondere gegen den Klerikalismus) und ihres Begriffs der Freiheit des Individuums. Auf wirtschaftlichem und sozialem Feld war der Radikalismus konservativ, während die jungen Christdemokraten sich für grundsätzliche Veränderungen, darunter die der landwirftschaftlichen Strukturen, einsetzten. Vor dem Krieg war die *Parti radical* die stärkste politische Gruppierung, manchmal in linken, manchmal in rechten Regierungskoalitionen. Wenn schlicht *le parti* gesagt wurde, so wußte jeder, daß die Radikalen gemeint waren. Nach 1945 war es nicht weniger klar, daß *le Parti* die Kommunisten bezeichnete.

«Christdemokraten» ist nun ein Name, den sich in Frankreich keine Partei gegeben hat. Als am 25. November 1944 eine neue Partei entstand, hauptsächlich von katholischen Widerstandskämpfern gegründet, so nannte sie sich MRP – *Mouvement républicain populaire.* «Bewegung» und nicht Partei, weil bei Kriegsende die Parteien einen schlechten Ruf hatten. *Républicain* zum einen, um zu zeigen, daß die Zeit der katholischen Opposition gegen die Republik wirklich vorbei war, zum anderen, um die Nachfolge der *Jeune République* des 1944 zum Ehrenvorsitzenden gewählten Marc Sangnier anzutreten, der als Katholik auf seiten der Volksfront von Léon Blum gestanden und bereits in den zwanziger Jahren für ein Europa mit Deutschland mutig eingetreten war. *Populaire* einerseits wie z. B. in Österreich, um zu zeigen, daß man weder rechts stand, noch den marxistischen Klassenbegriff akzeptierte, andererseits, um die Nachfolge der kleinen *Parti démocrate populaire* zu übernehmen, die die Volksfront bekämpft und der u. a. Robert Schuman angehört hatte. *Chrétien* hieß die Partei deshalb nicht, weil der Begriff der christlichen Partei im Frankreich der klaren Trennung von Kirche und Staat nach Klerikalismus geklungen hätte. Bereits 1946 durchlitt die MRP, obwohl stärkste Fraktion, eine erste große Krise: Sollte sie dem General die Treue bewahren oder den Prinzipien, zu denen sie sich bekannt hatte? Einige starke Persönlichkeiten verließen die Partei – zusammen mit einem großen Teil der Wählerschaft. Nach 1948 schrieb die MRP das Wort Europa auf ihre Fahne, konnte aber, trotz des Schuman-Plans und der Bildung der Wirtschaftsunion, ihren Niedergang nicht verhindern. Sie stellte noch den letzten Regierungschef der IV. Republik, trat dann in die Regierung von General de Gaulle ein, verließ ihn, als er in einer Pressekonferenz die «Europäer» verhöhnt hatte, und fühlte sich ein letztes Mal erfolgreich, als ihr Kandidat Jean Lecanuet 1965 durch seine 12% der Wählerstimmen de Gaulle zu einer Stichwahl zwang.

Heute bleibt fast nur das übrig, was man in Frankreich gern in der Politik als «Sensibilität» bezeichnet. Das gilt besonders auf dem Gebiet des europäischen Föderalismus. Das Europäische Element ist bei den *Giscardiens* zu finden, die, wie der ehemalige Präsident, innenpolitisch regionalbewußter sind als die Gaullisten und zugleich mehr für staatsähnliche Strukturen der Europäischen Union. In diesem Sinn hat Jacques Chirac das Erbe des Generals in Frage gestellt, als er den Giscardien Jean-Pierre Raffarin zum Premierminister machte. Die UMP sollte eben beide *sensibilités* vereinheitlichen – mit einer Dominanz derer, die sich immer noch als Gaullisten bezeichneten. Gerade diese auferlegte Einstimmigkeit hat François Bayrou von außen, als widerspenstiger Verbündeter, bekämpfen wollen. Obwohl ein großer Teil der UDF durch die UMP vereinnahmt wurde, hat er Partei und Fraktion weiterleben lassen. Im März 2004 hat er in der Region von Bordeaux gegen Alain Juppé eine Liste angeführt. Sie haben getrennt und dann in der Stichwahl zusammen verloren. Aber fast überall hat die UDF die 10%-Schwelle überschritten, dann, mit der UMP-Liste verschmolzen, gemeinsam gewonnen oder verloren, mit einem Teil ihrer Wählerschaft, der in der Stichwahl gezeigt hat, daß er im ersten Wahlgang die UDF stärken wollte und dann im zweiten für die Linke Liste gewählt hat. Somit hat François Bayrou für seine kleine Partei eine – bei der jetzigen Parlamentsmehrheit recht theoretische – der deutschen FDP vergleichbare Stellung erreicht.

Wie in Deutschland wird in Frankreich heute die Frage gestellt, was eigentlich der Begriff «links» noch bedeutet, seitdem die Marktwirtschaft und die Privatisierungen Gemeingut geworden sind. Aber die französische Geschichte unterscheidet sich da stark von der deutschen und nicht nur, weil in Frankreich oft gefragt wird, ob die Sozialisten nicht bald einmal ihr Bad Godesberg haben werden. Das erste wichtige Gründungsdatum ist 1905. Im Vorjahr hatten sich auf dem Kongreß der II. Internationale in Amsterdam die französischen Sozialisten aufgefordert gesehen, die Vielzahl ihrer Parteien und Gruppierungen zu vereinheitlichen. Da die stärkste Figur der von den deutschen Sozialdemokraten gelenkten Internationale der damals noch fundamental marxistische Karl Kausky war, wurden die Franzosen aufgefordert, ihr Programm auf die Ideen des antiparlamentarischen Jules Guesde zu gründen und nicht auf die Jean Jaurès', der der demokratischen Republik gegenüber aufgeschlossener war. So entstand die SFIO, eben nicht als Sozialistische Partei bezeichnet, sondern als *Section française de l'Internationale Ouvrière* (Französische Sektion der Arbeiterinternationale). Das Programm entsprach den Ideen von Guesde, aber im Parlament dominierte Jean Jaurès. Die Beteiligung am Krieg und an Kriegsregierungen verbitterte viele, so daß die russische Revolution von 1917 von der Mehrheit der Partei mit Begeisterung aufgenommen wurde.

Im Dezember 1920 fand in Tours ein entscheidender Parteitag statt. Es galt, die «21 Bedingungen» der von Lenin dominierten III. Internationale anzunehmen oder abzulehnen. Mit großer Mehrheit beschloß die Partei, *Section française de l'Internationale communiste* zu werden, was etwas ganz Neues bedeutete. Die «Bedingungen» gaben der Komintern alle Macht über die Sektionen, auch die, die Führer abzusetzen. Die innere Demokratie war abgeschafft. Das Ja bedeutete, daß die Partei ein Instrument in der Hand der Internationale, der Komintern, d.h. in Wirklichkeit der sowjetischen Partei werden würde. Eine Minderheit verließ das «alte Haus». In ihrem Namen hielt Léon Blum eine prophetische Rede, in der er die unvermeidlichen Konsequenzen der Unterwürfigkeit aufzählte. In Deutschland war 1919 die KPD als Splitterpartei aus der SPD entstanden. In Frankreich verlieh der Parteitag von Tours der *Parti communiste français, Section de l'Internationale communiste* den Anschein einer legitimierten Kontinuität des Sozialismus. Die Zeitung der Partei *L'Humanité* wurde zum Organ der KP, behielt aber den Untertitel: *Fondateur (*Gründer*) Jean Jaurès.*

Die meisten Mitglieder konnten aber nicht nachvollziehen, was ihre Delegierten beschlossen hatten, so daß die neuorganisierte SFIO unter Léon Blum schnell in den Wahlen die PCF überflügelte, vor allem, als Stalin den harten Kurs bestimmte, der 1924 und noch mehr 1928 die Sozialisten zum Hauptfeind machte. In Deutschland trug diese Haltung zum Erfolg Hitlers bei. Die KPF unterwarf sich dem Willen Stalins, den Nationalismus der KPD zu unterstützen, so daß noch am 15. Januar 1933 Maurice Thorez, Generalsekretär der Partei, eine flammende Rede in Berlin hielt, in der er u.a. den deutschen Anspruch auf alle deutschsprachigen Territorien, darunter auch das Elsaß, befürwortete. Als aber Stalin seinen Irrtum einsah und 1935 eine neue Strategie einschlug – die in der Ernennung von Dimitrow als Generalsekretär der Komintern zum Ausdruck kam –, schwenkte die KPF völlig um. Der Antimilitarismus wurde zum Ruf zu einer (antifaschistischen) Aufrüstung Frankreichs. Die 1936 gewählte Kammer ermöglichte eine Volksfrontregierung unter Léon Blum, ohne kommunistische Minister, aber mit Unterstützung der KP. Zu den

Reformen der Volksfront gehörte nicht nur die 40-Stunden-Woche, sondern auch die ersten *congés payés*, die ersten bezahlten Ferien für Arbeiter und Angestellte, mit dem Beginn eines Tourismus für alle, der andere Errungenschaften auf dem Gebiet der Bildung und der Forschung in den Schatten stellten. Der Ausdruck «congés payés» bezeichnete bald die Menschen selbst, die den Eindruck haben konnten, dem proletarischen Leben zu entkommen. Da zunächst große Streiks die Regierung erwartungsvoll begleitet hatten, da auch Léon Blum als Jude einen besonderen Haß auf sich zog, schien die Volksfront zugleich den Antifaschismus und den sozialen Fortschritt zu verkörpern, der auch den Kommunisten zu verdanken war. Die Regierung wurde bereits im folgenden Jahr gestürzt. Hitler gegenüber blieb die Linke auch weiterhin hart, während ein guter Teil der antideutschen Rechten eine gewisse Bewunderung für die neue Ordnung in Deutschland zeigte. Aber dann kam im August 1939 der Hitler-Stalin-Pakt und ein neuer totaler Umschwung der KP, die gezwungen war, zu verkünden, daß Stalin recht hatte. Sie wurde verboten, ein Teil der Führung tauchte unter, während Maurice Thorez nach Moskau floh. Aber als im Juni 1941 Hitler die Sowjetunion angriff, wurde die KP zum wesentlichen Teil der Résistance, weil nun ihre Militanten wieder die Möglichkeit bekamen, Patriotismus und sozialen Revolutionsgedanken zu verbinden. Viele Freundschaften aus der Résistance und aus den deutschen Konzentrationslagern haben sich später auch bei den politischen Gegnern erhalten. Und seit Kriegsende muß in Deutschland ständig erklärt werden, daß für Franzosen aller politischen Schattierungen Stalingrad der Name eines großen Sieges ist. (Was die Rechte im Pariser Rathaus bestätigte, als sie zu der Zeit, in der die Verbrechen Stalins in der KP bekannt wurden, den Antrag der kommunistischen Fraktion ablehnte, die Untergrundbahnstation Stalingrad in Volgograd umzutaufen!)

Von 1941 bis 1947 wurde die Taktik der *Front national*

praktiziert. Verbündete durfte es bis weit nach rechts geben, wenn dort der Patriotismus groß geschrieben wurde. Die ersten kommunistischen Minister wurden von de Gaulle in Algier eingesetzt. Kommunisten gab es auch in seiner Regierung in Paris. Sie waren ihm nützlich u. a., weil sie einwilligten, ihre *milices patriotiques* entwaffnen zu lassen, während manche – auch in Washington – fürchteten, es könne zu einer gewaltsamen kommunistischen Machtergreifung kommen. Die kommunistischen Minister leisteten gute Arbeit, lebten sich im System gut ein – und waren unangenehm überrascht, als der sozialistische Regierungschef sie am 5. Mai 1947 hinauswarf, offiziell deshalb, weil sie einen Streik unterstützt und gegen den Indochina-Krieg opponiert hatten, in Wahrheit jedoch, weil der Kalte Krieg begonnen hatte. Den Führern der KP wurde dies erst wirklich bewußt, als im September 1947, bei der Gründung des Kominform, die französische und die italienische KP vom Vertreter Stalins angehalten wurden, nun endlich die Sozialisten als Erzfeinde zu betrachten und zu behandeln. Ihre neue Einstellung war umso bedeutungsvoller, als die Partei im November 1946 28,2 % der Stimmen erhalten hatte, während die MRP nur 25,9 % erreichte und die SFIO sich mit 17,8 % begnügen mußte. Trotz der Verhärtung und trotz der immer umfassenderen Kenntnisse über die Verbrechen Stalins, der doch so lange von der KP angebetet worden war («Wir sind stolz darauf, Stalinisten genannt zu werden»), trotz der Repression in Budapest 1956, trotz sogar der Unterdrückung des «Prager Frühlings» – es war die erste Maßnahme der Sowjetunion, die die Parteileitung öffentlich kritisierte –, ist die Partei nie unter die 20 %-Marke gefallen und der SFIO ständig überlegen geblieben – bis diese 1969 zur *Parti socialiste* geworden ist und 1971 von François Mitterrand erobert wurde.

1965 hatten die Sozialisten versucht, sich zur Mitte hin zu erweitern. Da sie von ihren neuen Verbündeten gezwungen worden wären, auf den Begriff Sozialismus zu verzichten, scheiterten die Verhandlungen. Eine Öffnung nach links, eine Zusammenarbeit mit den Kommunisten beinhaltete die Gefahr, von ihnen erdrückt zu werden. Eine andere Möglichkeit bestand darin, stärker zu werden als die Kommunisten. Das Prestige der KP war sowieso weitgehend zusammengebrochen, aber die Strategie von François Mitterrand hat sich auch ausgezahlt. Als er 1981 siegte, löste er die Nationalversammlung auf – und seine Partei stieg auf 38 %, während die KP auf 16 % sank. Mitterrand tat, was er den anderen Parteiführern der Sozialistischen Internationale erklärt hatte. Er nahm, zum Entsetzen Washingtons, kommunistische Minister in die Regierung auf. In die Verantwortung gezogen, mußten sie – wie die PDS in Berlin – die Wirtschaftspolitik mittragen, während sie selbstmörderisch die sowjetische Invasion in Afghanistan guthießen und General Jaruselski gegen Walesa unterstützten, so daß sie 2002 noch nicht einmal die 5 %-Schwelle erreichten. Allerdings hatte sie diesmal mehr auf ihrer Linken verloren als auf ihrer Rechten, da die Sozialisten selbst auf 24 % gesunken waren.

Man kann andersherum fragen: Warum hat diese Partei eigentlich, 14 Jahre nach dem Zusammenbruch der Sowjetunion, noch 5 % – 1,2 Millionen – Wähler, warum behält man den in Europa beinahe verschwundenen Namen «Kommunistische Partei»? Die Prägung durch die Vergangenheit spielt eine Rolle, ebenso aber auch – trotz enormer Veränderung der Gesellschaft – die Überzeugung, man dürfe seine soziale Heimat nicht verlassen. Denn die KP hat in Frankreich lange die Funktion gehabt, die die SPD selbst für einen Helmut Schmidt noch hat: die der gesellschaftlichen Zugehörigkeit, der Geborgenheit. Auch erinnert man noch in vielen Groß- und Kleinstädten, daß der kommunistische Bürgermeister zu seiner Zeit vieles für die einfachen Leute getan hat. Aber die Partei hat zugleich dafür bezahlen müssen, in der Regierungsverantwortung gestanden zu haben – zur Zeit von Mitterrand und von 1997 bis 2002, mit Lionel Jospin als Premierminister, mit der enormen Arbeitslosigkeit und dem ständigen Zwang zum Sparen, innerhalb einer immer mehr durch den Markt bestimmten Gesellschaft.

Die 1969 neu gegründete Sozialistische Partei hat Wähler an sich ziehen können, ist jedoch gewiß nicht gesellschaftliche Heimat für *blue-collars* geworden. Auch die unteren Schichten der *white-collars,* der Angestellten, haben sich in der Partei nie wirklich zuhause fühlen können. Die Spitze setzte sich doch zumeist aus Mitgliedern der gesellschaftlichen Elite zusammen. Jospin und sein schärfster Gegner innerhalb der Partei, Jean-Pierre Chévènement, der 2002 als Abtrünniger kandidiert und dadurch den Zugang von Jean-Marie Le Pen zur Stichwahl ermöglicht hat, waren beide Absolventen der ENA. So auch Laurent Fabius, während Jack Lang und Dominique Strauss-Kahn Universitätsprofessoren gewesen sind. Vor allem aber war die Partei bereits unter Mitterrand aufgeteilt in *courants* (Strömungen), theoretisch über Ideologie und Praxis gespalten, in Wirklichkeit bestrebt, die Macht innerhalb der Partei zu erringen, wobei sie außer acht ließen, daß die Regierungsmacht damit verloren gehen kann. Der wirkliche Gewinn durch die Regierung Jospin wurde und wird überschattet von internen Kämpfen der Parteispitze. Jospin selbst, aufrichtig und ehrlich, aber spröde und ohne Charisma, hat sich noch in der Nacht nach seiner Niederlage bei der Präsidentschaftswahl aus der Politik zurückgezogen. Sein Nachfolger hat kaum Autorität über die sich bekämpfenden Prominenten der Partei. Und doch wäre eine straffe, klare Führung nötig, um die Partei bei ihrem Anspruch, wieder zu regieren, glaubwürdig zu machen. Der Wahlsieg vom März 2004 hat François Hollande als Chef der Partei jedoch sehr gestärkt. Aber damit ist er noch nicht wahrscheinlicher Kandidat für die nächste Präsidentschaftswahl geworden. Die älteren «Elefanten» wie Laurent Fabius und Dominique Strauss-Kahn sind weiterhin Kandidaten. Möglicherweise wird es zum ersten Mal eine Kandidatin mit Erfolgschancen geben, nämlich die

Siegerin über Jean-Pierre Raffarin, Ségolène Royal, schon mehrmals Ministerin, mit viel Charme und Selbstbewußtsein, privat und in der Öffentlichkeit Gefährtin von François Hollande. Mit ihren vier Kindern, ihrer gegenseitigen Treue und ihren parallel verlaufenden Karrieren sind sie ein in der französischen Politik einmaliges Paar.

Die Bedrohung der sozialistischen Übermacht auf der Linken kommt nicht so sehr von den Grünen, die in Frankreich noch viel zerstrittener sind als in Deutschland. Oder vielmehr waren sie es, mit manchen Spaltungen und Spannungen, bis die Mehrheit langsam eingesehen hat, daß es auch schön sein kann, an einer Machtstellung zu sitzen, um zu versuchen, die Dinge zu verändern. Innerhalb der Pariser Mehrheit unter Delanoë spielen die Grünen keine unbedeutende Rolle, und nun sitzen sie auch in den Regionen an mitbestimmender Stelle.

Die Sozialisten schienen viel mehr bedroht durch eine «ultralinke» außerparlamentarische Opposition. Die KP konnte, trotz ihres Verfalls, immer noch als kleiner Verbündeter hilfreich sein. Der eigentliche Feind war der Trotzkismus. Bei der Präsidentschaftswahl 2002 erhielt Arlette Laguiller, bereits zum fünften Mal Kandidatin, als Vorzeigefigur von *Lutte ouvrière* 5,72 % der Stimmen. Alain Krivine, der alternde Chef der *Ligue communiste révolutionnaire,* war klug genug, einen jungen, lächelnden und gewandt redenden Postbeamten vorzuschieben, der auf 4,25 % kam und somit den Generalsekretär der KP übertraf, der mit einem katastrophalen Prozentsatz von 3,37 geschlagen wurde. Für die Regionalwahlen verbündeten sich die beiden Parteien, «Arlette» und Olivier Besancenot traten gemeinsam auf, hofften auf 10 % – fielen überall unter die 5 %-Marke und nahmen für die Stichwahl Verschmelzungen mit anderen Listen vor. Die Niederlage bedeutet vielleicht gar nicht ein Schrumpfen der linken APO. 2002 waren viele sozialistische Wähler so sicher, daß sie in der Stichwahl für Lionel Jospin stimmen würden, daß sie zunächst ihre Unzufriedenheit mit der PS zeigen wollten, indem sie einem der ultralinken Kandidaten ihre Stimme gaben. Die Überraschung war groß, als Jean Marie Le Pen Nummer 2 wurde. Zwei Jahre später haben sie dann reuig wieder für die Sozialisten gestimmt oder sind zur zahmen KP zurückgegangen, die, wo sie auf sich gestellt ohne Verbündete angetreten war, wieder zwischen 5 und 10 % erhalten hat.

Jean-Marie Le Pen hat am 21. April 2002 4,8 Millionen Stimmen erhalten. Das waren 16,86 %. Damit schlug er Jospin und dessen 16,18 %. In der Stichwahl am 5. Mai stiegen die Zahlen auf 5,5 Millionen und 17,79 %. Das bedeutet nicht, daß seine Wähler alle meinten, er solle Präsident werden. Gerade weil der Sieg von Chirac sicher war, konnte man aus reinem Protest stimmen. Zwei Jahre später wußte niemand, was die Wähler bei den Regionalwahlen tun würden, wo doch in der Region PACA (*Provence-Côte d'Azur* mit Marseille und Nizza) die *Front national* die Hoffnung haben konnte, an die Spitze zu kommen und dann, dank der 25 % zusätzlicher Sitze, die Region zu regieren. Woanders hatte sie auch Chancen, wenigstens die gehaßte und verachtete gemäßigte Rechte zu Fall zu bringen. Im Durchschnitt hat sie nun nicht zugenommen. In einigen Regionen hat sie ein paar Prozente dazugewonnen, in anderen ein paar Prozente verloren. Was würden ihre Wähler in der Stichwahl tun? Die Antwort ist klar ausgefallen. Mit geringfügigen Ausnahmen haben sie ihre Stimme nicht auf die UMP übertragen, um einen Sieg der Linken zu verhindern. Sie sind Jean-Marie Le Pen treu geblieben, obwohl sie wußten, daß seine Liste keine Chance hatte. Die Partei scheint im Jahre 2004 gewissermaßen etabliert, so daß ständig ein Vergleich mit Österreich angestellt wird. Eine Dreiteilung des Wahlvolks, mit Haider als dauerhaftem Bekämpfer der beiden Großen.

Stimmt der Vergleich? Wer ist denn eigentlich Le Pen? Wer wählt für ihn? Was will er, was will seine Partei? Er, der doch ständig die Berufspolitiker brandmarkt, ist vor bald einem halben Jahrhundert, am 2. Januar 1956, bei Parlamentswahlen in die Nationalversammlung gekommen. Er war damals 27. Er stand auf der Liste von Pierre Poujade, die zur allgemeinen Überraschung 12 % der Wählerstimmen auf sich zog. Poujade hatte an die Handwerker, Bauern, Kleinunternehmer und Krämer appelliert. Auch gegen die Ausländer. Antisemitische Akzente waren unüberhörbar, Poujade war jedoch kein neuer Hitler, wenn auch seine Partei in dem Sinn nationalsozialistisch war, wie die NSDAP in ihrem Gründungsprogramm. National gegen den 1922 marxistischen, 1956 und 2004 gegen den europäischen Internationalismus. Sozialistisch gegen den Kapitalismus der Großwarenhäuser und der Trusts. 1956 gegen die Banken und die beginnende Welle der Supermärkte. Heute gegen die Banken und die Herren der Globalisierung. Bis 1962 blieb er Abgeordneter. Von 1984 bis 2000 war er (selten anwesendes) Mitglied des Europa-Parlaments. Die Partei war und ist seine Partei. Er beherrscht sie autoritär. Da er doch mit 76 langsam alt wird und man ihm das ansieht und anhört, versucht er, seine Tochter Marine als Nachfolgerin aufzubauen. Seine schauspielernde Rednerkunst hat er sich erhalten, aber die Themen verändern sich so wenig, daß sie selbst in den Ohren und Augen seiner Wähler abgedroschen klingen:

Nach außen wird Frankreich an das vaterlandslose Europa verraten. Innerhalb der Grenzen gilt es, das Land gegen die Invasion der Fremden, die zugleich fremdartig sind, zu schützen. Die Probleme Frankreichs wären lösbar, wenn anständige Staatsmänner die korrupten Politiker ersetzen würden und vor allem, wenn man alle Ausländer hinauswürfe. Manchmal kommen antisemitische Formulierungen, untermischt mit einer Verniedlichung der nationalsozialistischen Vernichtungspolitik. Aber – und dies wird im Ausland zu wenig gesehen – der Antisemitismus ist im Namen des Kampfes gegen den Islam zurückzudrängen. Als Jean-Marie Le Pen bereits 1964/65 den Wahlkampf des lautstarken Anwalts Tixier-Vignancour gegen de Gaulle organisierte, war eine solche Hierarchisierung erkennbar. Eklatant wurde sie 1967. Zum Sechs-Tage-Krieg sagte Tixier-Vignancour: *Nous voici donc youpinophiles.* «Nun sind wir also saujudenfreundlich.» Israel ist ein Freund, wenn es Araber schlägt. Wie so viele macht er keinen Unterschied zwischen Moslems und Arabern, als seien alle Araber Moslems und alle Moslems Araber.

Wo und warum hat er nun so viel Erfolg? Wenn man in Frankreich die Frage stellt: «Was würden wir sagen, wenn in Deutschland die Republikaner oder die NPD 16 % der Stimmen ergatterten?», so bekommt man oft die Antwort: «Gewiß, aber so schlimm ist er nun wieder nicht.» Er verachtet «die Politiker» und «die Parteien». Er schürt den Haß auf sie und auf die als Eindringlinge dargestellten Dazukommenden. Im Namen der Jeanne d'Arc, vor deren Bildnis in der Nähe des Louvre jedes Jahr ein Vorbeimarsch inszeniert wird. Man wählt *Front national* aus Ekel, aus Haß, aus Angst, aus schierem Protest gegen so ziemlich alles. Die Stimmen kommen aus allen Gesellschaftskreisen. Der *Front national* erhält mehr Arbeiterstimmen als die KP. Im Vaucluse, dem Département, in dem die Partei am stärksten ist, stimmen die wohlhabenden Dörfer oder Stadtteile mehr als die ärmeren für Le Pen. Die Arbeitslosigkeit, die Kriminalität und die Zahl der «Araber» spielen sicherlich eine Rolle. Aber warum stimmen wohlhabende elsässische Weindörfer, wo es weder Ausländer, noch Arbeitslosigkeit, noch Kriminalität gibt, bis zu 40 % für Le Pen? Bei den Provinzialwahlen im März 2004 hielt die Region Elsaß fast den Rekord an Stimmenthaltungen und zugleich an *Front national*-Wählern. Im Süden kann man wenigstens eine besondere, starke Gesellschaftsgruppe identifizieren. Es sind die ehemaligen «Pieds-Noirs» und ihre Nachkommen, die de Gaulle und den Gaullisten ihre Vertreibung von 1962 nicht verzeihen können – und noch weniger den arabischen Algeriern, die sie vertrieben haben. Nicht nur ist es schwer, trotz oder dank aller Versuche der Politologen und Soziologen, die Wählerschaft von Le Pen klar zu identifizieren, es ist auch nicht einfach vorauszusagen, ob eine Verschärfung der Wirtschaftskrise, die fast die ganze Gesellschaft betrifft, ihm ein zusätzliches Wahlvolk bringen würde. Es könnte auch sein, daß nach dem Verschwinden oder der Vergreisung von Jean-Marie Le Pen seine Nationale Front sich aufspalten und abschwächen wird, und sei es nur, weil bereits heute die Spannung groß ist zwischen der Gruppe der fundamentalistischen Katholiken und der sich auf griechische und «indo-europäische Kultur» berufenden Atheisten. Seit 2004 hat aber der Kampf um die Nachfolge eine neue Wendung bekommen. Es geht um Marine Le Pen, die Tochter, die der Vater unbedingt als Nachfolgerin haben möchte. Die Spaltung der Bewegung ist wahrscheinlich. Ob die Wähler der einen oder dem anderen folgen werden, ist unbestimmt. War es die Persönlichkeit von Jean-Marie Le Pen, die ihm so viele Stimmen brachte, oder wollte sich vor allem aggressive Unzufriedenheit kundtun? Eine Unzufriedenheit, die im heutigen Frankreich der deutschen ähnlich sein mag.

Drittes Kapitel
Gesellschaft in der Wirtschaftskrise

Die Politik, will man sie positiv definieren, ist die Summe der Ziele und der Wege, für die sich eine Gesellschaft entscheidet, um zu versuchen, ihre Zukunft zu meistern. Nur, daß sich diese Gesellschaft nicht leicht als ein Ganzes auffassen läßt und daß der Spielraum für die politischen Entscheidungen durch die «wirtschaftlichen Zwänge» immer begrenzter zu sein scheint.

Trotz der vielberedeten Globalisierung und trotz der bereits weitgehenden Übertragung von Hoheitsrechten und Bestimmungsräumen an die Europäische Union bleibt doch der Staat der Gestalter des Gemeinschaftslebens. Innerhalb der Europäischen Union soll dieser Staat ein Rechtsstaat sein. Weil die am 1. Mai 2004 beigetretenen Länder dies geworden sind, durften sie an der Union teilnehmen. Unter den Vorbehalten der Türkei gegenüber wiegt der Vorwurf schwer, daß sie noch kein Rechtsstaat sei. Es geht um die Kontrolle der Einhaltung der Verfassungsnormen, aber gewiß nicht nur darum. Es geht auch um die Unabhängigkeit der Gerichte, um die Rolle und das Wirken der Polizei, um die Gleichheit aller vor dem Gesetz. An sich dürfte es keine Berechtigung für die Vorstellung geben, die benachteiligte Jugendliche zu dem Witzwort veranlaßte: «Was ist der Unterschied zwischen Unordnung und Ordnung? Unordnung: wo nichts am rechten Platz ist. Ordnung: wo am rechten Platz nichts ist.»

Wie in Deutschland hat das Gesetz in Frankreich viel von seiner Würde allein schon dadurch eingebüßt, daß es so viele, allzuviele Gesetze gibt. Die französische Besonderheit ist, daß dennoch ständig neue Gesetze angestrebt werden. Ein Gesetz erschien unumgänglich, will man das Problem des islamischen Kopftuchs in der Schule lösen. Um die Erinnerung an den Genozid an den Armeniern wachzuhalten, schien ein Gesetz angebracht. Auch die Gewerkschaften, die das soziale «System» als illegitim brandmarken, wollen jede Errungenschaft per Gesetz festgeschrieben wissen. Das Streben nach immer mehr Gesetzen hindert dabei niemanden, das Gesetz für seine eigenen Interessen als etwas zu betrachten, das geschaffen wurde, um umgangen zu werden.

Wie in anderen Ländern auch sind die Gerichte überlastet. Nicht nur, weil es zu wenige Richter und zu wenige Schreibkräfte an den Gerichten gibt. Man geht auch immer häufiger zum Richter – als Arbeitgeber oder Arbeitnehmer, als Verbraucher, als Patient, als Umweltschützer. Wenn das Urteil ungünstig ausgefallen ist, geht man in die Berufung. Verliert man dann wieder, versucht man zu erreichen, daß das Oberste Gericht das Urteil als gesetzwidrig verwirft. Die *Cour de Cassation,* im Gegensatz zum Bundesgerichtshof, darf nämlich kein Urteil in der Sache fällen, sondern lediglich feststellen, ob das ihr vorgelegte Urteil der Norm entspricht (und dabei verändert das Gericht nicht selten die bestehende Norm). Des öfteren sieht man allerdings klar, was das Oberste Gericht über die Sache denkt. In anderen Fällen wird die Entscheidung falsch ausgelegt. So zum Beispiel in der *Affaire Perruche.* Im November 2000 war die Aufregung groß, so groß, daß die Kritiker der *Cour de cassation* das Parlament veranlaßten, in aller Eile ein neues Gesetz einzubringen und zu verabschieden. Erst zwei Jahre später wurden die schlimmen Folgen dieses Gesetzes offenbar. Die Eltern Perruche hatten Klage gegen den Arzt erhoben, der nicht erkannt hatte, daß die schwangere Frau an Röteln erkrankt war. Hätte sie es gewußt, hätte sie die Schwangerschaft unterbrechen lassen. Bedeutete nicht der zugestandene Anspruch auf Entschädigung für das mongoloid geborene Kind, daß das Leben selbst ein Schaden sein konnte? Die Empörung war so groß, daß die Ärzte erreichten, auch falsche Diagnosen jeglichem Entschädigungsanspruch zu entziehen. Die Gesellschaft insgesamt sollte für die Pflege des körperlich und geistig Behinderten voll aufkommen. Aber wenn sie dies nicht tat? Man erkannte, daß das Gericht das Kind hatte schützen wollen, auch nach dem etwaigen Tod seiner Eltern, da die Gesetzgebung nur ihnen einen Anspruch auf finanzielle Hilfe gewährte. Das neue Gesetz verwehrt nun manchem behindert Geborenen, noch als Erwachsener entschädigt zu werden. Nur die Eltern haben einen Rechtsanspruch.

Ärzte, insbesondere die Chirurgen, werden immer häufiger vor Gericht gestellt, zwar seltener als in den USA, aber oft genug, so daß neue Behandlungsmethoden nicht mehr angewendet werden, denn das Experimentieren kann manchmal schief gehen, und dann sind hohe Entschädigungen fällig. Der Arzt hingegen, der seine Berufsregeln wirklich vernachlässigt hat, hat wenig zu befürchten, denn er wird vor der fast immer sehr nachsichtigen Ärztekammer stehen. Das gilt auch für weitere Berufsgruppen: Die anderen *ordres,* die pflichtorganisierten Anwalts-, Architekten-, Apothekerkammern, haben ihre eigene Zuständigkeit, mit viel Macht für den Vorstand, den *Conseil de l'Ordre.* Der bestraft eher für einen nicht bezahlten Beitrag als für ein Vergehen gegen die Berufspflicht. Andere und noch gravierendere Probleme gibt es bei den Handelsgerichten, die trotz der verheerenden Schlußfolgerungen bei parlamentarischen Untersuchungen weiterhin ohne Berufsrichter tagen und nicht selten im berechtigten Verdacht stehen, Konkursregelungen zugunsten der Konkursverwalter durchzuführen.

Niemand wirft den Verwaltungsgerichten ähnliches vor. Die Spitze ihrer Pyramide, das *Conseil d'État,* ist weniger überlastet, seitdem eine regionale Zwischenstufe eingerichtet worden ist, bei der die Berufungen gegen die Urteile der unteren Verwaltungsgerichte zunächst bearbeitet und beurteilt werden. Ein Novum in den Urteilsbegründungen der Verwaltungsgerichte ist die Berücksichtigung der Menschenrechte, so wie sie vom Europäischen Gerichtshof in Straßburg ausgelegt werden. Häufig erklären die Gerichte die Entscheidung eines Präfekten, einen Ausländer auszuweisen, als rechtswidrig und nichtig, weil das Recht einer Familie, zusammenzuleben, nicht berücksichtigt worden ist. Doch die Verwaltungsgerichte verfügen über keine Zwangs- oder Strafmittel, wenn sich die Verwaltung einem Urteil widersetzt, sei es nur, indem sie erreicht, daß die Regierung ein neues Dekret veröffentlicht oder der Bürgermeister aufs neue eine Baugenehmigung erteilt, die nur wenig von jener abweicht, die das Verwaltungsgericht verworfen hatte.

Die Richter der ordentlichen Gerichte sind nun fast alle in der *École nationale de la Magistrature* in Bordeaux ausgebildet worden. Der Zugang ist heute ebenso schwer wie der zur ENA. Alle Bewerber sind mindestens Magister der Rechte. Ungefähr neun Zehntel von ihnen werden beim Eintrittswettbewerb durchfallen. Die Schule hatte und hat noch den Ruf, linke, gesellschaftskritische Richter auszubilden. In Wirklichkeit folgen einander alle paar Jahre Strömungen, die manchmal eine «brave», manchmal eine aufsässige Mehrheit entstehen lassen. Viele Absolventen werden (recht junge) Untersuchungsrichter. Ihre Unerfahrenheit wird oft von der Polizei oder vom Innenministerium bemängelt, verbunden mit dem Versuch, ihre in der Tat sehr bedeutende Machtstellung durch neue Gesetze beschneiden zu lassen. Die Karriere der Richter und der Staatsanwälte ist die gleiche. Derselbe Mann – immer häufiger dieselbe Frau – ist manchmal unabhängiger Richter, dann weisungsgebundener Staatsanwalt, dann wieder höher gestellter Richter, dann wieder in der Hierarchie noch höher gestellter Staatsanwalt. Er wechselt also öfter zwischen *magistrature assise* (sitzend: die Richter) und *magistrature debout* (stehend: die Staatsanwälte), mit der Gefahr, wie es seit dem 19. Jahrhundert verächtlich heißt, einer *magistrature couchée* (liegend, d.h. kuschend) anzugehören.

Der Vorwurf wird auf zwei unterschiedlichen Gebieten erhoben. Wird nicht ein politischer Druck ausgeübt, sobald Politiker, Regierungsparteien, Minister oder Präsidenten betroffen sind? Für die Garantie der Unabhängigkeit steht an sich der *Conseil supérieur de la magistrature,* der sich aus gewählten Richtern aller Ebenen der Hierarchie zusammensetzt und dessen Vorsitzender der Präsident der Republik ist. Als dieser im Januar 2004 Kritik an dem Urteil gegen Alain Juppé, Vorsitzender der UMP, geübt hat, kritisierte zum ersten Mal der *Conseil* das Staatsoberhaupt. Im allgemeinen schützt er die Richter nicht gerade vehement vor der zumindest versuchten Einflußnahme der Politik, vor allem bei Korruptionsaffären. In entgegengesetzter Richtung erlangen Staatsanwälte einen hohen Grad an Unabhängigkeit, indem sie schriftliche Weisungen anfordern, die dann ausbleiben. Darüber hinaus haben sie stets die Freiheit des Wortes. Sie brauchen in der mündlichen Verhandlung nicht bei dem zu bleiben, was sie auf Grundlage der Anweisung in der schriftlichen Prozedur eingegeben hatten.

Der andere Vorwurf ist der gleiche wie in anderen Ländern. Er wurde durch den Witz eines Schriftstellers des 19. Jahrhunderts zusammengefaßt: «Der Beweis, daß die Reichen ehrlicher sind als die Armen, ist, daß noch niemals ein Reicher einen Laib Brot gestohlen hat.» Der Ladendieb kommt ins Gefängnis. Der Finanzverbrecher bekommt Strafaussetzung zur Bewährung. Diese herkömmliche Realität erhält in einer Gesellschaft größere Bedeutung, in der sich bereits eine Bevölkerungsgruppe nicht zu Unrecht als ausgeschlossen betrachtet. Das Vertrauen in die Justiz ist kaum vorhanden bei den jungen Franzosen nordafrikanischer Herkunft, die ohnehin ständig der verschiedensten Vergehen verdächtigt werden. Die Armen, die Benachteiligten der Gesellschaft finden sich nicht in einer Justiz zurecht, von der sie *en comparution immédiate* (bei sofortigem Erscheinen) in wenigen Minuten abgefertigt und oft verurteilt werden, häufig zum unmittelbaren Antritt ihrer Gefängnisstrafen. Die Anwälte beschweren sich darüber, daß sie kaum Zeit hatten, in die Akten zu schauen. Die Richter sind unglücklich darüber, unzählige Urteile bis in die späten Abendstunden fällen zu müssen.

Eine Gefängnisstrafe ist in den meisten Fällen die Aussicht auf eine kriminelle Zukunft. Die Zustände in den überbevölkerten französischen Gefängnissen entsprechen heute einer ständigen Verletzung der Menschenrechte. So beurteilt der Europäische Gerichtshof für Menschenrechte die Lage. So sehen es auch die Vertreter der Gefängniswärter, die ständig Aufruhr zu befürchten haben, weil das Leben der zusammengepferchten Häftlinge unerträglich ist: Zu fünft in einer Zweierzelle, wegen der Überbelegung nur mit eingeschränkten Waschgelegenheiten und Möglichkeiten für Spaziergänge, vom fast völligen Versagen der geplanten Resozialisierung einmal abgesehen. Neue Gefängnisse sollen gebaut werden. In der Regierung Raffarin gibt es sogar einen Minister für den Neubau von Gebäuden, die vom Justizministerium abhängig sind! Aber auch diese werden die zunehmende Zahl von Häftlingen nicht verkraften können. Vor allem, weil über ein Drittel der Inhaftierten nur in Untersuchungshaft ist, diese Menschen also vorläufig als Unschuldige betrachtet und behandelt werden sollten, aber doch mit den Verurteilten eingesperrt sind.

Über die wachsende Zahl der Vergehen und Verbrechen wird viel gestritten. Warum nimmt sie zu? Oft werden die Ausländer als besonders kriminell dargestellt. Doch aus zwei Gründen entsprechen die vorgelegten Zahlen nicht der Wirklichkeit. Erstens dürften die Vergehen gegen das Ausländerrecht nicht mitgezählt werden, die natürlich nur von Ausländern begangen werden können. Zweitens sollte nur Vergleichbares verglichen werden. Die Ausländer sind meistens männlich, jung und arm. Alte Frauen laufen nur selten jungen Leuten nach, um ihnen ihre Handtasche zu entreißen! Der Vergleich sollte mit der einheimischen jungen, männlichen, armen Bevölkerung gezogen werden. Es trifft zu, daß die Zahl der Delikte gestiegen ist, daß es mehr dreisten Diebstahl und mehr Angriffe auf Personen gibt. Aber das Gefühl der Unsicherheit ist auch stark in Vierteln, in Städten und in Dörfern, in denen die Kriminalität nicht zugenommen hat. Die Medien, insbesondere das Fernsehen, verstärken ständig, meist absichtlich dieses Gefühl, besonders wenn es zum Hauptwahlkampfthema wird.

Die Versuchung der Regierungen ist groß, der Polizei immer mehr Macht und Möglichkeiten einzuräumen. Daß die Polizei zur demokratischen, freiheitlichen Grundordnung gehört, ist heute wohl unbestritten. Das war zur Zeit der Studentenrevolten nicht der Fall. Manche sind später einsichtiger geworden. Bereits in den achtziger Jahren erklärte Daniel Cohn-Bendit in einer deutschen Fernsehdebatte, daß die Polizei über die einzige legitime Gewalt verfüge und auch zum Schutz der Schwachen gegen die Starken da sei – nicht nur zum Schutz der Mächtigen gegen die Schwachen, wie es manche Studenten 1968 verkündet hatten. Im Mai 1968 hat der Polizeipräfekt von Paris, Maurice Grimaud, einen Aufruf an alle Pariser Polizisten verteilen lassen. Er, dessen mutiger persönlicher Einsatz das Blutvergießen verhindert hat, erklärte seinen Untergebenen, daß sie in der Tat die legitime Gewalt verkörperten, daß aber diese Legitimität verloren ginge, wenn ein Festgenommener im Polizeiwagen oder auf dem Polizeirevier mißhandelt würde. Bei der Ausbildung der Polizisten und Polizeioffiziere wird in diesem Sinn unterrichtet. Die Polizeigewerkschaften rufen auch nicht zur Verletzung der Grundregeln auf. Ein Verein wie *Police et Humanisme* wirkt im Sinne seines Namens. Aber es kommen doch allzuhäufig Verletzungen des *Code de déontologie* (Kodex der Berufspflichten) vor, der 1986 vom sozialistischen Innenminister Pierre Joxe verabschiedet wurde und auf den sich seine Nachfolger ständig, aber oft mit wenig Energie und Durchsetzungskraft, berufen haben.

Das Wort *bavure* ist schwer zu übersetzen, weil «Übergriff» oder «Mißgriff» nicht den Beigeschmack der Unsauberkeit hat. Die Polizei selbst wird allerdings wie in Deutschland von einem bedauerlichen Irrtum sprechen, wenn die Überprüfung der Personalien zu grob, zu verächtlich durchgeführt wurde, wenn der Schuß zu früh oder schlecht gezielt abgefeuert worden ist, oder wenn es auf dem Revier zu Mißhandlungen gekommen ist. Wer untersucht die Geschehnisse? In Frankreich eine Sonderabteilung der Polizei, die *Inspection générale des Services*. Oft untersucht die IGS hart und gut. Manchmal ist sie wirklich nachsichtig und schenkt der organisierten Verlogenheit Gehör, wonach der Geschlagene zuerst gegen eine Überzahl von Polizisten gewalttätig geworden sei. Das Schlimme, das Unverständliche ist, daß, im Fall von Sanktionen gegen Polizisten, nach außen Schweigen bewahrt wird. Vergeblich erklärt mancher der Polizei gegenüber wohlmeinend Eingestellte den Behörden, daß eben nur das Bekanntwerden der Sanktionen die Glaubwürdigkeit der Polizei wiederherstellt, die durch eine *bavure* Schaden genommen hat.

Die Polizei arbeitet unter Kontrolle der Justiz. So sollte es jedenfalls sein. Muß aber die Polizei nicht unbehindert wirken können, wenn es gilt, die organisierte Kriminalität zu bekämpfen? Dies bejahten 2004 der Innenminister Nicolas Sarkozy und der von ihm nicht unerheblich beeinflußte Justizminister Dominique Perben. Am 9. März 2004 wurde das «Gesetz zur Anpassung der Justiz an die Entwicklung der Kriminalität» verkündet. Mit seinen 224 oft sehr langen Artikeln veränderte die *loi Perben* ganze Kapitel der Regeln des Strafverfahrens. Gerade zu der Zeit, als das Bundesverfassungsgericht den «großen Lauschangriff» als an wichtigen Stellen verfassungswidrig einstufte, erhielt die französische Polizei ein erweitertes Recht, Abhöranlagen einzusetzen, auch nächtliche Wohnungsdurchsuchungen durchzuführen, immer häufiger unter Kontrolle der Staatsanwaltschaft und nicht des Untersuchungsrichters. Was «organisierte Kriminalität» sei, blieb dabei weitgehend unbestimmt. Der Verfassungsrat hat wenigstens in einem Punkt eine Warnung ausgesprochen: Ein Verein, dessen Ziel es ist, Asylsuchenden ohne Papiere zu helfen, ist keine kriminelle Organisation, mag auch der Text des Gesetzes eine solche Deutung möglich machen. Der Verfassungsrat hat viele Neuerungen als «den Freiheiten keine übertriebenen Einschränkungen zufügend» durchgehen lassen. Er hat lediglich eine kleine Revolution begrenzt. Nach amerikanischem Muster darf nun ein Angeklagter seine Schuld eingestehen und im Zwiegespräch mit dem Staatsanwalt, ohne vor einem Gericht erschienen zu sein, eine Geld- oder mit Bewährung verbundene Gefängnisstrafe aushandeln. Der Verfassungsrat hat entschieden, daß diese Abmachung von einem Richter bestätigt und öffentlich verkündet werden muß. Daß darüber hinaus die Denunziation einer geplanten Straftat oder der Straftäter selbst Strafminderung oder Straferlaß bewirkt, mag im Namen der Effizienz hingenommen werden. Der Rat hat jedenfalls nichts Verwerfliches in den betreffenden Artikeln gefunden.

Die Richter fällen die Urteile «im Namen des französischen Volkes». Bevor untersucht wird, inwieweit dieses Volk mit der Bevölkerung Frankreichs identisch ist oder nicht, soll, vor allem im Vergleich mit Deutschland, festgestellt werden, daß dieses Volk ständig wächst. Im Jahre 2002 starben 550 000 Menschen, während 796 000 Kinder zur Welt kamen. Das Durchschnittsalter steigt, weil man glücklicherweise länger lebt. Die neugeborenen Mädchen werden im Durchschnitt 82,8 Jahre leben, die Jungen 75,6. Mit Irland war Frankreich 2001 mit 1,9 Kindern pro Frau, das geburtenfreudigste Land der Europäischen Union. Die deutsche Anzahl war 1,29, nur von Griechenland, Portugal und Spanien «untertroffen». Liegt es daran, daß das neue deutsche KKK besser anerkannt wird als in Deutschland? Das «Kinder, Kirche, Küche» hat auch in der Vergangenheit Frankreich immer weniger betroffen. «Kinder, Krippe, Karriere» ist hingegen auch ein französisches

Problem, und sei es nur, weil der Mangel an Krippen für die Kleinen unter drei Jahren beinahe so groß ist wie beim deutschen Nachbarn. Es trifft aber zu, daß die Gesetze und die Hilfen familien- und kinderfreundlicher sind als in der Bundesrepublik. Ein erstaunliches Beispiel liefern die Pensionen der Beamten. Ihre Höhe hängt nämlich von der Zahl der Kinder ab, die der Beamte oder die Beamtin gezeugt oder geboren hat; sie steigen ab dem dritten Kind. Ein Professor hat Anspruch auf 75 % seines letzten Gehalts. Mit vier Kindern erhält er 86 %, mit sieben 100 %. Das achte und die folgenden bringen ihm nichts mehr. Es wäre vielleicht besser gewesen, dieser Zuschuß wäre gezahlt worden, als die Kinder noch klein waren. So hat der Pensionär die Möglichkeit, lange Jahre hindurch die erwachsenen Töchter oder Söhne und auch die Enkelkinder etwas zu unterstützen.

Ein gutes Dutzend finanzieller Unterstützungsformen für Familien können aufgelistet werden. Darunter die Unterstützung für alleinstehende Eltern, für die Ausgaben zu Beginn des Schuljahrs, für die Bezahlung der Person, die die Kinder beaufsichtigt, während die Eltern arbeiten. Diese Beaufsichtigung ist dank des französischen Schulsystems weniger vonnöten als in Deutschland. Fast alle Dreijährigen sind von morgens bis gegen 16 Uhr 30 in der *école maternelle*, von der noch zu sagen sein wird, warum sie das Beste ist, was Frankreich auf dem Gebiet der Erziehung vorzuweisen hat. Den Mutter- und (seit kurzem) den Vaterschaftsurlaub gibt es in zwei Formen: Zum einen gibt es die Gehaltsfortzahlung oder, wenn der Erziehungurlaub sich auf mehrere Jahre erstreckt, die Garantie für eine Stelle mit der gleichen Bezahlung. Natürlich erfährt die Betriebsleitung nur ungern von einer neuen Schwangerschaft und schränkt stillschweigend die Karriere der Mutter ein. Trotzdem steht der deutschen Kinderfeindlichkeit eine französische Kinderfreundlich- und -freudigkeit gegenüber, die gewiß nicht nur durch die staatlichen Hilfen erweckt worden ist. Es handelt sich auch nicht um jugendliche Zufallsschwangerschaften: Das Durchschnittsalter der Mütter bei der Geburt liegt bei dreißig. Doch die Zahl der Abtreibungen nimmt nicht ab, was im Widerspruch zu der Kinderfreudigkeit steht und mehr noch auf einen Mangel an Wissen über Mittel und Wege zur Verhütung hinweist.

Berufstätig sind dabei immer mehr französische Frauen. Im Alter von 25 bis 49 Jahren hat der Prozentsatz der Berufstätigen (oder Arbeitssuchenden) 2003 die Schwelle der 80 % überschritten. Vor zwanzig Jahren lag er noch unter 70 %. Viele Untersuchungen zeigen leider dabei, daß die Frauen weiterhin beim Lohn und im Zugang zu höheren und hohen Positionen benachteiligt werden. Allerdings müssen nun die Parteien laut Gesetz Geschlechtergleichheit in den Wahlkandidaturen berücksichtigen. Dies hat zum ersten Mal bei den Provinzialwahlen im März 2004 gut funktioniert. Die Listen wurden völlig nach dem Prinzip «Chabadada» aufgestellt, die Melodie des berühmten Films *Un homme, une femme*. Stand ein Mann an der Spitze der Liste, folgte eine Frau, dann wieder ein Mann. Führte eine Frau, z. B. die bald siegreiche Segolène Royal in Poitiers, so besetzten Männer die Plätze 2, 4, 6, 8 usw. Aber eben nur sie ist dann auch Präsidentin einer Region geworden. Darüber hinaus bleibt die Zahl der Frauen im Parlament und in den Ministerien begrenzt – während bei Banken und Großbetrieben vielleicht etwas mehr Frauen in Spitzenstellungen anzutreffen sind als in Deutschland.

Inwieweit ist die Bevölkerung (2002 61,4 Millionen Menschen, darunter 1,8 in den Überseegebieten) identisch mit dem französischen Volk? Sicher ist, daß *les clandestins,* die illegal Eingereisten und schwarz Arbeitenden nicht dazugehören. Die Heuchelei ist dabei dieselbe wie in Deutschland. Wer würde die Weinlese im Languedoc oder im Elsaß besorgen, wenn es nicht die Schwarzarbeit von Ausländern gäbe, die unterbezahlt werden können? Es ist ähnlich wie mit den polnischen Illegalen in Deutschland: Wären die Grenzen offiziell offen, so müßte man die Zehntausende korrekt entlohnen und sie darüber hinaus sozialversichern. Bei der «offiziellen» Bevölkerung wird seit langem ein echter deutsch-französischer Unterschied hervorgehoben: Es sei leichter, französischer Staatsbürger zu werden als deutscher, weil die französische Auffassung der Nation eine andere sei als die deutsche. Das 2002 erschienene, grundlegende Buch von Patrick Weil *Qu'est-ce qu'un Français? Histoire de la nationalité française depuis la Révolution* hat die alte Diskussion in ein neues Licht gerückt. Gewiß gibt es, seit der berühmten Auseinandersetzung nach 1871 zwischen Ernest Renan und David Friedrich Strauss, einen französischen Begriff der Nation als einer für alle Neulinge offenen Schicksalsgemeinschaft und einen «völkischen» deutschen. Aber bereits im 19. Jahrhundert war die französische Praxis der Staatsangehörigkeitsverleihung durch demographische Betrachtungen bestimmt.

Daß jeder in Frankreich Geborene Franzose sein darf, ist unbestritten, obwohl eine neue Gesetzgebung den Jugendlichen auferlegt, sich zu dieser Nationalität durch eine Erklärung zu bekennen, eine Prozedur, die dem deutschen «Schily-Gesetz» nicht unähnlich ist. Da bis 1962 Algerien zu Frankreich gehörte, sind alle in Frankreich geborenen Kinder von vor 1962 in Algerien geborenen Eltern automatisch Franzosen – so daß Abertausende junge Moslems in vernachlässigten Vororten französischer Städte nicht zu den «Ausländern» gehören. Franzose oder – häufiger – Französin wird man durch Heirat mit einer Französin oder einem Franzosen. Oder durch Naturalisierung. Die Bedingungen und Umstände der Einbürgerung sind seit dem Gesetz von 1927, das die Türen weit öffnete, mehrmals verändert worden. Eins war seitdem immer klar: Man brauchte seine ursprüngliche Nationalität nicht aufzugeben. Das deutsche Verbot der doppelten Staatsangehörigkeit ist in Frankreich überflüssig. Die zweite Generation wird sich ja ohnehin als Franzosen empfinden!

Trotz Verbreitung fremdenfeindlicher Einstellungen und obwohl eine Politik der Verdichtung der Grenzen verkündet wurde (2002 wurden 83 % der Asylanträge abgelehnt), sinkt die Zahl der neuen Mitglieder des französischen Volks keineswegs. 1995 wurden 24 700 Ausländer naturalisiert. Im Jahr 2000 waren es 45 500, mit zusätzlich 24 700 «mitnaturalisierten» Frauen und Kindern. Zählt man Heiraten und «Zutrittserklärungen» Jugendlicher hinzu, sind in Wirklichkeit im Jahre 2000 ca. 150 000 Ausländer Franzosen geworden.

Das Thema der Immigration spielt in der Politik eine große Rolle. Es würde weniger dramatisiert, wenn eine Reihe von falschen Vorstellungen bekämpft und richtiggestellt würden. Und sei es nur in der Definition des Immigranten. In der Statistik ist es eine Person, die als Nicht-Franzose im Ausland geboren wurde. Ein Drittel der Immigranten sind Franzosen. Die Fremdenfeindlichkeit hat nicht mit der nordafrikanischen Immigration begonnen. Ihre Intensität hängt seit jeher schon vom Zustand des Arbeitsmarkts ab. Das heißt, daß jedesmal, wenn wegen Mangels an Bedarf neuer Arbeitskräfte die Immigration abnimmt, die Fremdenfeindlichkeit wächst. Der Haß auf die Italiener hat 1893 zum Massaker an fünfzig von ihnen im südfranzösischen Aigues-Mortes geführt. Zwischen 1920 und 1930 galten die Polen als nicht assimilierierungsfähig, und sei es nur wegen ihres integristischen Katholizismus. Ein weiteres Vorurteil betrifft den Anteil der Immigration an der demographischen Entwicklung. In Nordafrika hat sowieso die Fruchtbarkeit der Frauen drastisch abgenommen. Familien mit sieben oder acht Kindern sind zur Ausnahme geworden. Die aus Nordafrika immigrierten Frauen und ihre Töchter haben kaum mehr Kinder als die «normalen» Französinnen. Auch hat sich überhaupt der Andrang nicht verstärkt. Bei der Volkszählung von 1999 stellten die Immigranten mit 4,3 Millionen Menschen 7,4 % der Gesamtbevölkerung, ein ziemlich dauerhafter Prozentsatz durch die Jahrzehnte hindurch, wobei sich allerdings die Zusammensetzung verändert hat. Unter den 37 % der aus den Ländern der Europäischen Union Kommenden sind es die Italiener, Spanier, Portugiesen, die ehemals die Masse der Immigration gebildet hatten. 30 % kamen aus Nordafrika, 10 % aus dem Afrika südlich der Sahara, 9 % aus Asien und 4 % aus der Türkei. Ja, aber *les clandestins*? Genaue Zahlen kann es da nicht geben, aber es ist sicher, daß sie nicht die gefürchteten Horden bilden. Das wurde 1982, dann 1997/98 festgestellt, als 132000, dann 90000 «Papierlose» Aufenthaltserlaubnisse erhielten. Leider wurde dies dargestellt, als handele es sich um Neuankömmlinge, während in Wirklichkeit die meisten seit mehr als zehn Jahren in Frankreich lebten (oder eher überlebten).

Gesellschaft und Wirtschaft haben sich zusammen entwickelt. Inwieweit haben sie sich gegenseitig beeinflußt? Durch welchen oder gegen welchen politischen Willen? Durch welche spontanen Kräfte? Die Antworten mögen verschieden sein, aber einige Fakten und Daten bleiben unbestritten. So die Bevölkerungsentwicklung. 1946 lag die Zahl bei etwas über 40 Millionen, 1968 war man bei nicht ganz 50 Millionen angelangt. Nun ist die 60-Millionen-Schwelle überschritten. Im Rückblick gibt es auch keine Auseinandersetzung mehr über den Titel des schnell berühmt gewordenen Buchs von Jean Fourastié *Les Trente Glorieuses (ou la Révolution invisible de 1946 à 1975)* – «Die Dreißig Glorreichen (Jahre). Die unsichtbare Revolution 1946–1975». 1979 erschienen, zeigte es seinen erstaunten Lesern, daß sie unrecht hatten, das deutsche «Wirtschaftswunder» allzusehr mit bewunderndem Neid zu betrachten, denn die Entwicklung Frankreichs war ebenso glorreich verlaufen wie die der Bundesrepublik. Einige wenige Zahlen sagten schon viel aus, sei es nur die Zahl der Vierzehnjährigen, die nach ihren schulpflichtigen Jahren weiterhin in Schulen und Hochschulen Bildung und Ausbildung erwarben – 1946 waren es 0,65, 1975 schon 4 Millionen. Die Kindersterblichkeit (Tod im ersten Lebensjahr) war von 84,4 pro tausend lebend Geborenen auf 12,8 gesunken. Das durchschnittliche Lebensniveau hatte sich beinahe um das Vierfache verbessert, die Zahl der privaten Autos war fünfzehn mal höher als dreißig Jahre zuvor. Die Ausstattung der Wohnungen war eine ganz andere geworden. Das galt auch weitgehend für die Bauernhöfe – von denen es immer weniger gab. 1946 arbeiteten 7,4 % der berufstätigen Bevölkerung in der Landwirtschaft, 1975 nur noch 2,0 %, die aber, dank der technischen Entwicklung, mit viel Überschuß für den Export beinahe 53 Millionen Menschen ernährten, während 1946 für vierzig Millionen nicht genügend produziert wurde. 1973 entdeckten nun die Experten, was sie völlig vernachlässigt hatten: Die wirtschaftliche Entwicklung war immer mehr vom Rohstoff Öl abhängig, so daß die Reaktion der arabischen Regierungen auf den Krieg im Nahen Osten plötzlich ganz Westeuropa in eine Krise stürzte. Seitdem ist das Wort Krise nie mehr gewichen, weder in der Sprache der Politiker, noch in der der Wirtschaftsprofessoren und -journalisten.

Ist dieser ständige Pessimismus, dieses ständige Klagelied gerechtfertigt? Könnte man nicht ebensogut im Rückblick sagen, daß die drei Jahrzehnte 1973 bis 2003 auch glorreich gewesen sind? Das durchschnittliche Lebensniveau ist ständig gestiegen. Das Bruttoinlandsprodukt pro Kopf hat sich beinahe verdoppelt. Die Arbeitszeit hat sich drastisch verringert. Daß in der Landwirtschaft nur noch eine Million Menschen arbeiten anstatt 2,3 1973, daß die Zahl der Beschäftigten in der Industrie von 8,3 auf 5,4 (2001) gesunken ist, während die der in Dienstleistung Beschäftigten mit 16,5 Millionen das Gros der Truppe darstellen – entspricht das nicht der normalen Entwicklung der Gesellschaften im «postindustriellen» Zeitalter? Aber wo bleibt das Ziel der Vollbeschäftigung, wenn es beinahe 10 % Arbeitslose gibt, einer der höchsten Prozentsätze im Europa der Fünfzehn? Ist die Wirtschaft gesund, wenn es den Finanzen so schlecht geht, daß das Haushaltsdefizit über 4 % liegt, wenn die Staatsverschuldung die 60 %-Schwelle des Bruttoinlandprodukts überschreitet? Kann man auf Dauer mit einem ständig wachsenden Anteil des

Dienstleistungssektors leben, wenn nach und nach ganze Branchen der traditionellen Industrie zusammenbrechen? Anscheinend doch, denn die 40 Unternehmen, die im CAC 40, dem französischen Dax, aufgenommen sind, haben 2003 hohe Dividenden ausschütten können. Ist das aber ein Zeichen einer positiven Wirtschaftsentwicklung, oder, ganz im Gegenteil, der Beweis dafür, daß der Druck der amerikanischen Pensionsfonds so stark ist, daß kein Geld mehr da ist für Lohnerhöhungen, noch weniger für Investitionen, d.h. für Zukunftschancen, weil ohne einen zweistelligen Prozentsatz für die Rendite die Fonds weglaufen?

Die oft hitzige Debatte zwischen Experten über den tatsächlichen heutigen Zustand der französischen Wirtschaft überschattet die Tatsache, daß der Streit der Wirtschaftstheorien sich verändert hat. Wie in Deutschland gibt es kaum noch Gegner des Markts. Der Zusammenbruch der Sowjetunion, der Wandel in China unter Beibehaltung der politischen Diktatur, die ideologische Entwicklung der sozialistischen Parteien vom Godesberger Programm der SPD von 1959 bis zur neuen Einstellung von Labour unter Tony Blair – es bleibt vom alten sozialistischen Anspruch in Europa wenig übrig. Zugleich aber wird in Frankreich der Kampf um die Rolle des Staats härter, offener geführt als in der Bundesrepublik. In beiden Ländern sind heute die Verteidiger des Staats eingeschüchtert im Namen des freien Markts. Die Auseinandersetzung über die Grenzen des Sozialstaats, des «sozialen Netzes», verläuft ähnlich, so wie der ständige Ruf nach staatlicher Hilfe, den vom Bankrott bedrohte private Großunternehmen hören lassen.

In Frankreich hat der Staat trotzdem eine andere Stellung in der Wirtschaftsentwicklung der Nachkriegszeit – auch noch heute. Das wollen zwei Sorten lautstarke Mitstreiter nicht wahrhaben. Einerseits die Wirtschaftsprofessoren, die in ihren Theorien nur das Private als Verkörperung des Fortschritts, des Schöpferischen rühmen, dabei aber selbst Beamte bleiben und nicht daran denken, den Beamtenstand zu verlassen, um an einer privaten Universität zu lehren, die eingehen und sie arbeitslos machen könnte. Andererseits Großunternehmer wie der Präsident des MEDEF, des Arbeitgeberverbands. Der Baron Ernest-Antoine Seillière ist weiterhin, als der ENA entsprungener Diplomat, ein Beamter *en disponibilité*, d. h. beurlaubt. Seine Holding de Wendel ist nur deshalb wohlhabend, weil unter Valéry Giscard d'Estaing der Staat alle Defizit-Unternehmen der Gruppe aufgekauft und die einträglichen dem privaten Sektor überlassen hat.

In der Bundesrepublik gilt im Rückblick der Wahlsieg 1949 von Konrad Adenauer über Kurt Schumacher als die Überwindung von Zwang und Lenkung durch die von Ludwig Erhard verkörperte Wirtschaftsfreiheit. Das im Juni 1948 einsetzende Wirtschaftswunder sei erst durch diesen Befreiungsschlag ermöglicht worden. In Frankreich lief die Geschichte ganz anders. Für de Gaulle war die größte Tugend der Wille. Dieser bedingt die Herrschaft der Politik über die Wirtschaft oder wenigstens die Gestaltung der Wirtschaft durch die politische Entscheidung. Die in seiner Regierung mitwirkenden Kommunisten und Sozialisten wollten die Sozialisierungen, die Verstaatlichung der Kohle und der Elektrizität im Namen ihrer ideologischen Grundeinstellung. De Gaulle wollte sie, um die französische Wirtschaft zu modernisieren. Der Bergbau war nicht nur durch die deutsche Besatzung in einen kläglichen Zustand geraten. Die Besitzer hatten kaum investiert, weil die Investition den Gewinn reduzierte. Der Staat als Besitzer brauchte nicht mehr an den Gewinn zu denken, sondern lediglich an die Tatsache, daß die Industrie sich nur entwickeln konnte, wenn sie genügend Energie zur Verfügung hatte. So lange Frankreich nicht genügend Energie produzierte, mußte man um die Ruhrkohle kämpfen, aber das Ziel war, durch Kohle, Elektrizität und nun auch Atomkraft die Wirtschaft durch eigene Energie-Produktion anzukurbeln. Die Gründung des *Commissariat à l'Energie atomique* entsprach diesem Willen. Mehr noch die Arbeit des von Jean Monnet geleiteten *Commissariat au Plan.* Die französische Planung legte keine Zwänge auf, sondern organisierte die Zusammenarbeit der Unternehmen, der Gewerkschaften, der Wissenschaftler, um die Ziele zu erreichen, die gemeinsam festgelegt und mit vereintem Willen erreicht werden sollten. Dieser Leitgedanke wurde auch den amerikanischen Behörden so gut präsentiert, daß diese sich bereit zeigten, daß man die Marshall-Hilfe fast ausschließlich in die Modernisierung und Entwicklung der Wirtschaftsgrundlagen (Energie und Transport) investierte.

Als François Mitterrand 1981 gewählt wurde, kam es zu fast nur ideologisch begründeten *nationalisations.* Ein Zeichen dafür war, daß gegen den Wirtschaftsminister Jacques Delors beschlossen wurde, nicht nur 51 % des Kapitals zum Zweck der Kontrolle und der Zielbestimmung anzukaufen, sondern die betroffenen Banken und andere «Sozialisierte» ganz (unter Entschädigung) zu enteignen. Die späteren von sozialistischen Regierungen durchgeführten Privatisierungen (darunter die meisten 1982 Verstaatlichten) waren weniger begründet auf eine Art Anerkennung der Überlegenheit der Privatwirtschaft, als auf die Notwendigkeit, durch die (einmaligen) Einnahmen Haushaltslöcher zu stopfen.

Der Grundgedanke der Notwendigkeit des schöpferischen Willens des Staats ist jedoch durch die Jahrzehnte weitgehend beibehalten worden, mit sehr unterschiedlichen Ergebnissen. Als am 24. Dezember 1979 die Trägerrakete Ariane zum ersten Mal erfolgreich startete, so war dieser Erfolg das Resultat einer staatlichen Investition. Gewiß ist dann Ariane «europäisiert» worden, aber wenn die Ariane 4-Raketen zwischen 1988 und 2003 116mal in die Luft gestiegen sind, mit nur drei gescheiterten Versuchen, so war der große Erfolg dem Staat, nicht der Privatwirtschaft zu verdanken. In den wirtschaftsliberalen USA steht es übrigens mit der NASA ähnlich. Franz Josef Strauß hat sicher geholfen, aber ohne den französischen

Staat könnte heute Airbus nicht Boeing überrunden. Nur, daß der Staat sich auch übernehmen kann, vor allem wenn das Prestige und nicht die wirtschaftliche Rationalität seine Entscheidung begründet. Das unter der IV. Republik konzipierte Mittelstreckenflugzeug *Caravelle* erfuhr einen weltweiten Erfolg. Eine neues Modell der Maschine war vorgesehen, um ihren Markt zu erweitern. De Gaulle fällte seine Entscheidung gegen Caravelle zugunsten des Überschallflugzeugs *Concorde.* Prestige wurde gewonnen, aber eine Markterweiterung konnte nicht eintreten, nachdem die Reichweite nicht die Entfernung von Paris oder London nach New York überschritt. Ebenfalls aus Prestigegründen sollte Frankreich ein Großunternehmen für Elektronik vorweisen. Das Fazit war und bleibt, daß *Bull* seit Jahrzehnten staatliche Zuschüsse in Anspruch nimmt, um nicht einzugehen.

Der Streit um die Rolle des Staats sollte nicht in den Höhen der Theorie geführt werden. Nimmt man konkrete Beispiele, so wird klar, daß sich entgegengesetzte Standpunkte gut verteidigen lassen. Die privaten Eisenbahnen sind 1937, zur Zeit der Volksfrontregierung, in der staatlichen *Société nationale des Chemins de fer* zusammengeführt worden. Privatinvestitionen hätte es kaum gegeben, um den *Train à Grande Vitesse* (Zug mit hoher Geschwindigkeit) zu konkretisieren. 1981 wurde die erste Verbindung Paris-Lyon eröffnet. Etwas mehr als zwei Jahrzehnte später konnte der milliardste Kunde des TGV-Netzes gefeiert werden. Heute werden die 770 Kilometer von Paris nach Marseille in drei Stunden zurückgelegt. Von Stadtmitte zu Stadtmitte geht es schneller als im Flugzeug. Und keiner der Kunden des TGV ist in all diesen Jahren durch Unfall getötet oder schwer verletzt worden. Zugleich ist die Haushaltslage der SNCF katastrophal, sei es nur, weil der technische Fortschritt immer weniger Angestellte erforderlich macht, so daß die Ratio Rentner/Lohnempfänger immer ungünstiger wird.

Das Loch wird vom Staat, d.h. vom Steuerzahler gefüllt. Wäre er sich dessen bewußt, so wäre er nicht empört, denn die

Leistung der Eisenbahn rechtfertigt staatliche Intervention. Ganz anders sieht es aus, wenn der Steuerzahler für Irrtümer, Versäumnisse, Vergehen, ja Verbrechen aufkommen muß. Die verstaatlichte Großbank *Crédit Lyonnais* hatte den öffentlichen Haushalt bereits enorme Summen gekostet, als sich herausstellte, daß sie bei der Übernahme der Versicherungsgesellschaft *Executive Life* bewußt gegen das amerikanische Gesetz verstoßen hatte, bevor sie später wieder privatisiert worden ist. Der von kalifornischen Richtern erzwungene Vergleich kostete die Staatskasse 700 Millionen Dollar. De Gaulle hatte 1963 die staatliche Gesellschaft *Elf* gründen lassen, um die unabhängige Ölversorgung Frankreichs oder wenigstens seinen Zugriff auf das afrikanische Öl zu sichern. Bei Elf gab es später ein ausgedehntes Korruptionssystem, auf Kosten des Inhabers, also des Staats. Daß auch Parteien davon profitiert hatten, wurde bei dem Prozeß kaum erwähnt, der 2003 vier Monate lang dauerte. Am 12. November wurden harte Strafen verkündet. Die deutschen Medien haben kaum wahrgenommen, daß der Deutsche Dieter Holzer zu 15 Monaten Gefängnis mit Bewährung und 15 Millionen Euro Geldstrafe verurteilt wurde, womit die Machenschaften beim Verkauf der Leuna-Werke bestraft werden sollten. In anderen Fällen entgehen die Schuldigen dank eines Tricks straflos. Der Vertrag zum Verkauf von Fregatten an Taiwan besagte, es dürfe keine Abfindungen für inoffizielle «Vermittler» geben. Der Preis ist gleichwohl um mehrere hundert Millionen Francs heraufgesetzt worden, damit Schmiergelder gezahlt werden konnten, von denen ein guter Teil an Franzosen zurückfloß. Taiwan hat 2002 geklagt. Sollte es vor Gericht gewinnen, so müßte wieder der französische Steuerzahler die Last tragen, denn Schuldige dürfen nicht gefunden werden, weil die Umstände dieses Verkaufs von Militärmaterial wohl durch das *Secret défense*, das Verteidigungsgeheimnis, gedeckt sind.

Erfolge und Mißerfolge können bei öffentlichen und bei privaten Unternehmen verzeichnet werden. Manchmal ist es schwer zu sagen, was wann in welcher Struktur gut oder schlecht entschieden worden ist. Das bahnbrechende Aluminium-Unternehmen Pechiney wurde 1860 gegründet und herrschte lange weltweit. Mehr als ein Jahrhundert danach wurde es 1982 zum staatseigenen Betrieb, 1995 wieder privatisiert. Nun ist Pechiney vom Kanadier Alcan aufgekauft worden. Wer trägt die Schuld für den Niedergang?

Auf nationaler und internationaler Ebene werden in den letzten Jahren viele Unternehmen – vor allem Großunternehmen – aufgekauft, in andere eingegliedert, gehe es um Stahl, Elektronik oder Presse. Die Arbeiter und Angestellten werden mitverkauft. Im allgemeinen werden dann viele von ihnen im Namen der Rationalisierung ihre Stelle verlieren. Der Schutz, der ihnen von Seiten der Gewerkschaften zusteht, bleibt dabei sehr begrenzt. Das ist in Frankreich ungefähr das Gleiche wie in Deutschland, aber die Geschichte, die Natur, die Kraft, die Rolle der Gewerkschaften ähneln sich kaum.

Das Gesetz, das erlaubte, Gewerkschaften zu gründen, ist 1884 verkündet worden. Warum, im internationalen Vergleich, so spät? Die Ideologie der Französischen Revolution war individualistisch. Der Mensch sollte frei werden und alle Menschen gleich. Nicht nur sollten alle Zwangsverbände verschwinden, wie die Berufsstände. Alle Organisationen sollten, da sie die individuelle Freiheit bedrohten, verboten sein. Dieses Verbot wurde 1791 durch das Gesetz Le Chapelier ausgesprochen. Im 19. Jahrhundert war diese Grundeinstellung für die Fabrikbesitzer von großem Vorteil. Die Arbeits- und Lohnbedingungen wurden – so sahen es die Gerichte – zwischen dem Arbeitgeber und dem Arbeitnehmer als unter Gleichen frei ausgehandelt! Die Arbeiterbewegung, die schon vor der offiziellen Gründung von Gewerkschaften sichtbar und aktiv war, war radikaler als die deutsche, radikaler als die linken Parteien. Die 1895 gegründete Dachorganisation CGT (*Confédération générale du Travail*) stand den Einheitsbestrebungen der Sozialisten mißtrauisch gegenüber. Im Gegensatz zu Deutschland, wo der ADGB rechts von der SPD stand, verabschiedete die CGT 1906 die Charta von Amiens, in der Klassenkampf und Generalstreik Mittel zur völligen Enteignung des Kapitals sein sollten. Heute eine Widerstandsbewegung, sollte in der Zukunft die Gewerkschaft Grundlage der sozialen Neuorganisation sein. Die Gewerkschaftler durften politischen Organisationen beitreten, aber nicht deren Auffassungen in die Gewerkschaft einführen. Der 1905 gegründeten SFIO wurde ihre parlamentarische Mitarbeit und ihre Nachgiebigkeit vorgeworfen. Was nun aber, wenn die Partei radikal wird? Nach dem Kongreß von Tours folgte der 1909 gewählte Generalsekretär Léon Jouhaux den Gemäßigten unter Léon Blum. 1922 entstand die CGTU (U = *unitaire*) als Mitglied der roten Gewerkschaftsinternationalen durch Minderheitsabspaltung von der CGT.

Als sich CGT und CGTU 1935 im Namen der Volksfrontpolitik wieder vereinigen, stellt die CGT von Jouhaux die große Mehrzahl der Mitglieder und der gewählten Führungskräfte. Nach dem Hitler-Stalin-Pakt ist es wieder eine kleine kommunistische Minderheit, die sich ausschließen ließ. 1941 veränderte sich die Lage wieder drastisch. Die Teilnahme der Kommunisten am Widerstand stärkte die kommunistischen Gewerkschaftler so, daß sie bei den Wiedervereinigungsverhandlungen 1943 ein beinahe unerhofftes Resultat erreichten. In Abwesenheit von Léon Jouhaux, der von der Besatzungsmacht nach Buchenwald deportiert worden war, wurde die Leitung der wiedervereinigten CGT nach dem Prinzip 3 : 2 bestimmt. Es genügte also, daß einer der drei sich auf die andere Seite schlug, um die Mehrheit zu verändern. Dieser eine war Louis Saillant, ein Widerstandsführer, der sich als KP-Anhänger entpuppte. Die Kommunisten erhielten somit die Macht und benutzten sie nach der Befreiung Frankreichs, um die Organisation zu «säubern» und den ganzen Gewerkschaftsapparat in die Hand zu nehmen. Nach dem Bruch zwischen Ost und West und der Geburt der Kominform im Oktober 1947 erwies sich die CGT als williges Instrument der Partei. Die große Streikwelle vom November hatte vor allem politische Ursachen und Ziele. Am Ende des Jahres beschloß die gemäßigte Minderheit unter dem alten Léon Jouhaux, die CGT zu verlassen, und gründete eine neue Dachorganistaion – die *CGT-Force Ouvrière* (Arbeiterkraft). Der Austritt ähnelte dem der Sozialisten, die 1920 die kommunistische Internationale und ihre Zwänge ablehnten. Nur, daß dann die SFIO wieder die Wählermassen anzog, während seit 1948 *Force Ouvrière*, FO, viel schwächer geblieben ist als die kommunistisch geführte CGT. Kommunistisch geführt bedeutete, daß, im Widerspruch zu der *Charte d'Amiens*, der Generalsekretär der CGT immer ganz offiziell in den höchsten Gremien der Partei saß, mindestens im Zentralkomitee, manchmal sogar im Politbüro. Die Zeit des Absinkens der KP und des Versiegens der östlichen Geldquellen hat jedoch eine weitgreifende Veränderung gezeitigt. Da die CGT ihrerseits der stärkste Gewerkschaftsbund geblieben ist, braucht sie die Unterstützung der Partei weniger als umgekehrt. Der heutige Generalsekretär der CGT, der noch junge Bernard Thibaud, ist zwar Mitglied der Partei, genießt jedoch einen Grad der Unabhängigkeit, die seine Vorgänger nicht gekannt hatten.

Als kleine Konkurrenz zur CGT gab es nur ab 1919 die CFTC – *Confédération française des travailleurs chrétiens*, Bund der christlichen Werktätigen. Nach 1945 spielte sie, dank des neuen sozialen und politischen Engagements vieler Katholiken, eine wachsende Rolle. Eine Frage wurde immer aktueller: Sollte man nicht weitere Kreise ansprechen als die christlichen und dafür das «C» aus dem Namen verschwinden lassen? 1964 fiel die Entscheidung. Während eine Minderheit sich abspaltete und den Namen CFTC beibehielt, beschloß die große Mehrheit die Umwandlung in eine CFDT – *Confédération française et démocratique du Travail*, den Französischen Demokratischen Bund der Arbeit. Die CFDT stand nun fast in all ihren Mitgliedergewerkschaften der verschiedensten Berufe in Konkurrenz mit der CGT und der FO. Die drei Bünde deckten aber zusammen nicht das ganze gesellschaftliche Feld ab. Bei der Spaltung zwischen CGT und FO hatte sich die größte Lehrergewerkschaft verselbständigt, so daß im Erziehungswesen die FEN, *Fédération de l'Education nationale*, zur größten Macht geworden ist, umso mehr als mehrere tausend Lehrer vom Lehramt befreit sind, um hauptamtlich mit vollem, vom Staat bezahlten Lehrergehalt für die Gewerkschaft zu arbeiten, sei es um das Schulsystem gewissermaßen gemeinsam mit der Regierung zu verwalten, sei es um schlechthin gegen jede Regierung zu kämpfen. Die höheren Angestellten sind ihrerseits in der CGC, der *Confédération générale des Cadres* organisiert, die Verbindungen zur Deutschen Angestelltengewerkschaft hat, während das Zusammengehen des DGB mit französischen Kollegen jahrzehntelang sehr kompliziert und unbefriedigend gewesen ist. Da die Kommunisten gemieden werden sollten, war der Partner der deutschen Großorganisation die kleine FO. Da die CFTC sich christlich nannte und als solche von der FO bekämpft wurde, galt es sogar in der Metallindustrie, wo die FO besonders schwach war und die CFTC, dann CFDT stark, nur mit der FO zusammenzuwirken – bis sich dann die IG-Metall entschloß, die CFDT als echteren Partner anzuerkennen.

Solche Verbindungen könnten glauben lassen, daß die Stärke französischer Gewerkschaften der der deutschen entspreche. Das ist nun überhaupt nicht der Fall. Nur ca. 8 % der französischen Arbeitnehmer sind gewerkschaftlich organisiert. Man zahlt – oder nicht – einen monatlichen Beitrag, der nie, wie so oft in Deutschland, schon auf dem Lohnzettel abgezogen ist. Alle Gewerkschaften sind unaufrichtig in der Angabe ihrer Mitgliederzahl. Um das Kräfteverhältnis genauer zu bestimmen, kann man das Resultat der Wahlen der Vertreter in den paritätischen Arbeitsgerichten zur Grundlage nehmen. Im Dezember 2002 erhielt die CGT 32,1 % der Stimmen, die CFDT 25,3, die FO 18,3, die CFTC 9,6, die CGC 7,0. Aber die Zahlen können sich verändern. Da die CFDT sich reformistisch zeigt und in verschiedenen Bereichen Kompromißlösungen mit den Arbeitgebern zugestimmt hat – sei es in der Privatindustrie oder im öffentlichen Dienst –, ist in ihren Reihen eine neue Gruppe entstanden. SUD hat sich zunehmend unabhängig gemacht. Im März 2004 wurde bei der Eisenbahn gewählt. Die Regierungsdrohung, das Streikrecht einzugrenzen, rief 80 % der Arbeiter und Angestellten zu den Wahlurnen. Zum ersten Mal überrundeten die Abtrünnigen von *SUD-rail* (Schiene) mit 14,8 % die CFDT (7,5 %), während die CGT mit 47,1 ihren Vorsprung vor den anderen noch vergrößerte.

Die Anzahl der Gewerkschaften, die wenigen Mitglieder und der Streik: der starke Zusammenhang der drei Faktoren ist erklärungsbedürftig. Wenn der DGB oder eine seiner Mitgliederorganisationen ein Abkommen unterschreibt, so ist die Unterschrift wirklich gültig. So war es auch in den USA, als CIO und AFL noch getrennt waren. Jede war ja in dieser oder jener Branche in Monopolstellung. In Frankreich ist nie sicher, ob ein Abkommen wirklich in Kraft treten wird, denn nicht alle Gewerkschaften haben unterschrieben, und die den Verhandlungen Ferngebliebenen sind ständig versucht, die anderen zu überbieten und oft einen Streik auszurufen, dem die eigentlich zum Einhalten des Abkommens Verpflichteten nicht fernbleiben können, wollen sie nicht Sympathisanten verlieren. Der Mangel an Ressourcen zwingt auch dazu, wirklich in Streik zu treten, wo die reichen deutschen Gewerkschaften es sich leisten können, die Streikdrohung als abschreckende Verhandlungswaffe zu benutzen.

Hat Frankreich eine besondere Streikkultur? Die Präambel von 1946 läßt solches nicht vermuten: «Das Streikrecht wird im Rahmen der Gesetze, die es regelt, ausgeübt.» Aber diese Gesetze sind mit wenigen geringfügigen Ausnahmen ausgeblieben. Der Oberste Gerichtshof und auch der Verfassungsrat haben nach und nach eine Rechtsprechung aufgebaut, die den ständig erhobenen Anspruch auf unbegrenztes Recht zu streiken kaum einschränkt. So ist z.B. in den öffentlichen Diensten ein *préavis*, eine Streikankündigung, gesetzlich vorgeschrieben. Was nun, wenn es eine ständige oder immer wieder erneuerte Ankündigung ohne Festlegung des Tages oder der Stunde des Streikbeginns gibt? Da der Lohn erst nach einer Stunde Ausstand gemindert wird, kann es geschehen, daß bei Air France das Bodenpersonal täglich eine erneuerte Ankündigung eines Streiks von 55 Minuten macht, ohne zu sagen, zu welcher Tageszeit die Flüge damit etwas weniger als eine Stunde verzögert werden. In der Pariser Untergrundbahn kann die Linie 10 ganz, die Linie 6 halb stillgelegt werden, während andere Linien gar nicht betroffen sind, weil das *mouvement social* (die «soziale Bewegung» – das Wort Streik ertönt da im Lautsprecher nie) bei jeder Linie anders aussehen kann. Bei der Bahn streikt manchmal eine Zugkategorie, daraufhin eine andere.

Während im 19. bis zur Mitte des 20. Jahrhunderts die häufigsten und wuchtigsten Arbeitsniederlegungen Industriestreiks waren, so bestehen während der jüngsten Jahrzehnte eigentlich nur noch die Streiks der öffentlichen Dienste. Nur die, die nicht riskieren, ihre Stelle zu verlieren, legen die Arbeit nieder. Die Ausnahme stellen die Verzweiflungsstreiks dar: Die Belegschaft eines von Pleite oder Verkauf bedrohten Betriebs macht einen letzten Versuch, die Öffentlichkeit und die Behörden zur Hilfe zu rufen, um auf den Unternehmer Druck auszuüben zur Rettung ihrer Arbeitsplätze. Im allgemeinen bringt ein solcher Streik so gut wie nichts, und neue Arbeitslose müssen auf die vergebliche Suche nach Arbeit gehen. Allerdings bestehen auch hier große Unterschiede. Wenn wichtige Industriebranchen betroffen sind, wie die Kohle, der Stahl, die Automobilfabriken, so erhalten die Entlassenen eine hohe Abfindung. Die arbeitslos gewordenen Textilarbeiterinnen bekommen ein mageres Minimum.

Lehrer dürfen streiken. Andere Beamten auch. Nur der gehobene Dienst hat kein Streikrecht. Die Polizei auch nicht, was Polizisten nicht daran hindert, den Dienst vernachlässigend in Demonstrationen ohne Uniform auf die Straßen zu gehen. Von Streiks im öffentlichen Dienst sind am meisten und am stärksten die Transportmittel betroffen. Die Benutzer, die zur Arbeit fahren und am Abend nicht nach Hause können, sind Opfer einer Art Geiselnahme. Aber jeder Versuch, ein *service minimum* einzuführen, ist bis jetzt gescheitert. Einer der Gründe dafür sind die Ergebnisse der Umfragen über die Streiks. Selbst die Betroffenen zeigen mehrheitlich Verständnis für die Forderungen der Streikenden und finden es letzten Endes normal, daß jeder für seine Berufsgruppe die Mittel anwendet, die ihm zur Verfügung stehen. Seien sie auch illegal: Man stöhnt über einen Streik der LKW-Fahrer und niemand (auch keine Zeitung) sagt, daß das doch gar kein Streik, sondern ein widergesetzliches Blockieren der Straßen und Autobahnen sei. Ein Streik hätte darin bestanden, die LKWs in der Garage zu lassen.

Die Streiks haben im allgemeinen das Ziel, die *acquis sociaux*, die sozialen Errungenschaften zu verteidigen. Keine Errungenschaft sollte rückgängig gemacht werden. Kein TGV-Lokführer riskiert, einen Kohlesplitter ins Auge zu bekommen oder leidet in seiner Kabine unter gesundheitsschädigender Hitze. Trotzdem darf er mit fünfzig in den Ruhestand gehen, weil seine kohlegeschwärzten Vorgänger diesen Vorteil errungen hatten. Die 35-Stunden-Woche ist von der sozialistischen Regierung von Lionel Jospin eingeführt worden. Die meisten, sogar die Sozialisten, sehen ein, daß die Konsequenzen, vor allem für die Krankenhäuser, schlimm sind. Rückgängig gemacht werden soll das Gesetz aber nicht, ebensowenig wie das Ruhestandsalter mit 60. Man sucht – und findet – lediglich Wege, um das Errungene zu umgehen. Daß solche Wege begangen werden müssen, wird an sich von allen eingesehen. Aber am Wahlabend des 28. März 2004, nach dem beeindruckenden Sieg seiner Partei bei den Regionalwahlen, sagte François Hollande, Generalsekretär der Sozialistischen Partei, im Fernsehen, er sei gegen jegliche Infragestellung der *acquis sociaux*. Am nächsten Tag äußerte er sich dann doch etwas vorsichtiger.

Der Druck zur Erhaltung oder zur Erweiterung der Errungenschaften wird auf unterschiedliche Weise ausgeübt. Es mag Streikdrohung geben. Die französische Finanzverwaltung ist zweigeteilt. Eine Hälfte ist damit beschäftigt, die Steuern auszurechnen und die Steuerzahler sowie die Ausgaben der Verwaltungen zu kontrollieren. In der anderen zieht man die Steuern ein. Keiner der beiden Teile hat mit dem anderen etwas zu tun. Die zwei Computersysteme sind inkompatibel. Ein sozialistischer Minister wollte das absurde System abschaffen und die Verwaltung vereinheitlichen. Eine Streikdrohung der Beamtengewerkschaften genügte, um den Reformversuch scheitern zu lassen. Der Druck kann auch durch offene Gewalt ausgeübt werden. Dies gilt vor allem für zwei sehr unterschiedliche Berufszweige, die Drucker und die Landwirte. Das *Syndicat du Livre*, die Buchgewerkschaft, ist weniger mächtig als zu der Zeit, als die Zeitungen noch Schriftsetzer benötigten. Aber sie kann immer noch durch gezielte Streiks das Erscheinen dieser oder jener Zeitung verhindern, wie das auch in Deutschland der Fall ist. Wenn jedoch eine vom Streik betroffene Zeitung an anderem Ort gedruckt wird, so kann es passieren, daß ein nächtliches Kommando der Gewerkschaft die Lastwagen angreift, die die Zeitung transportieren, und die Blätter in den Graben wirft. Dies bleibt ungestraft: Eine Anklage brächte neue Streiks.

Wenn Landwirte vor Gericht kommen, weil sie LKWs mit italienischem Wein oder holländischen Schweinen geleert haben oder in einen Supermarkt eingedrungen sind, um in ihren Augen zu billig verkauftes Fleisch aus den Regalen zu räumen oder zu vernichten, fällt die Strafe sehr milde aus, im Namen des sozialen Friedens – wenn die Tat überhaupt strafrechtlich verfolgt wird, was eine Seltenheit ist. Bis 2004, wo enorme finanzielle Unregelmäßigkeiten ans Licht kamen und das Prestige der FNSEA (*Fédération nationale des syndicats d'exploitants agricoles*, Dachverband der landwirtschaftlichen Gewerkschaften) angekratzt wurde, war diese Organisation die einflußreichste des ganzen französischen Sozialsystems. Die Tatsache, daß es immer weniger Landwirte gibt, spielt keine allzu große Rolle, und sei es nur, weil sich bei ständiger Konzentration die Mächtigen weiterhin hinter den Kleinen, den Schwachen verbergen, um behaupten zu können, sie verteidigten die Interesse aller Landwirte. Wer weiß schon außerhalb des Berufstands, daß die EU-Gelder bevorzugt an die Großen gehen?

Wie in anderen Ländern auch, versuchen die französischen Regierungen, die Berufsgruppen zu bevorzugen und zu verhätscheln, die ihnen bei der nächsten Wahl weglaufen könnten oder die sie gerne auf ihre Seite bringen möchten. Aber im Winter 2003/2004 hat die Regierung Raffarin dieses Prinzip so übetrieben eingesetzt, daß damit ihre Niederlage bei den Regionalwahlen verschärft wurde. Forschungsstellen durften massiv gestrichen werden im Namen der Haushaltssanierung, denn die Forscher bilden nur ein geringes Wählerpotential und beeinflussen kaum den Rest der Bevölkerung. Viele Wähler gehen aber in die Tabakläden, wo man auch die Briefmarken kauft und an der Theke Kaffee, Bier oder Wein trinkt. Andere essen im Restaurant. Also lohnt es sich, dem Verband der Tabakläden und dem der Gastwirtschaften Wahlgeschenke zu machen. Allein das Senken der Mehrwertsteuer für die Restaurants hat die Staatskasse viel mehr gekostet als das, was bei der Forschung eingespart worden war. Nun haben aber die Tabakverkäufer und die Restaurantinhaber nicht Wähler zugunsten der Regierung beeinflußt. Ganz im Gegenteil ist es den Forschern gelungen, durch Demonstrationen und gute Medienbearbeitung viele Wähler davon zu überzeugen, daß die Wahlgeschenke an die anderen skandalös waren.

Andere Skandale mögen auch eine Rolle gespielt haben. So z. B. die hohen Abfindungen für Betriebsleiter, die versagt hatten. In Deutschland haben die Erklärungen von Josef Ackermann beim Beginn des Mannesmann-Prozesses Aufsehen erregt: Enorme Gehälter und auch Abfindungen seien berechtigt, weil die Großbetriebe nur dank der schöpferischen Kraft der hohen Manager gediehen wären – als sei die Arbeit der Arbeiter, Angestellten, Ingenieure völlig zweitrangig, wenn nicht bedeutungslos. In Frankreich tritt eine schlimme Entwicklung immer mehr hervor, die dazu führt, daß die Bezüge der Bosse der vierzig Unternehmen des CAC 40 (des französischen Dax) im Jahre 2003 durchschnittlich um 15 % erhöht wurden, während die Unternehmen zwanzig Milliarden Euro verloren. Oder daß der Quotient Höchstverdienst/Durchschnittsverdienst sich innerhalb eines Jahrzehnts verdreißigfacht hat und nun 200 erreicht. Daß die Lage in den USA, in Großbritannien, in Deutschland ähnlich ist, schmälert nicht die Empörung, vor allem wenn Langzeitarbeitslose keine Entschädigung mehr bekommen sollen.

Vieles von dem, was die Unternehmer zu sagen haben, sollte als begründet und nützlich aufgenommen werden. Aber wenn sie darauf bestehen, daß die Sozialleistungen herabgesetzt werden, ohne selbst das geringste Opfer zu bringen, so wird ihre Rede unglaubwürdig. Am 4. August 1789 haben die beiden oberen Stände, Klerus und Adel, auf ihre Privilegien verzichtet. Das Datum steht in allen Schulbüchern als Symbol für die friedliche, unblutige Revolution. Man darf davon träumen, daß «die da oben» sei es nur ihre Sitzungsgelder, die sie aus Ämtern in den doch nichts kontrollierenden Aufsichtsräten beziehen, in eine Stiftung einbringen, die z. B. den Sozialarbeitern zusätzliche Mittel verschaffen würden, um ihren Beruf effizienter auszuüben.

Bis 1998 waren die größeren französischen Betriebe Mitglieder des CNPF (*Centre national du patronat français*). Der *patron* ist zugleich als Unternehmer und als Arbeitgeber organisiert, was in Deutschland lange nicht der Fall gewesen ist. Das Erscheinungsbild des CNPF und seine Arbeitsweise waren überaltert, so wie das Wort *patron*. Im Namen der Modernisierung wurde er also umgetauft und heißt nun MEDEF *(Mouvement des entreprises de France* – Bewegung der Unternehmen Frankreichs). Dessen Präsident, Ernest-Antoine Seillière, verkündet etwas zu oft und zu nachdrücklich, daß die Regierungspolitik «in der guten Richtung läuft». Zur Zeit der Regierung Raffarin hört es sich an wie eine ständige Bevormundung, die auf eine Abhängigkeit der Entscheidungen von dem MEDEF schließen lassen könnte.

Frankreich wie Deutschland bleiben, auch in der Wirtschaftskrise, Länder der gesellschaftlichen Solidarität, d. h. der Umverteilung. Niemand verlangt, daß die ganze Sozialgesetzgebung rückgängig gemacht werde, daß jeder von seinem Einkommen leben darf, wie er will oder wie er kann, ohne etwas abgeben zu müssen oder ohne Unterstützung zu empfangen. Niemand wird bestreiten, daß das Gesetz die Schwächsten schützen muß. Im Rückblick wird jeder erstaunt sein, daß erst 1841 das erste Sozialgesetz verkünden mußte, Kinder unter acht Jahren dürften nicht in Fabriken arbeiten, vom achten bis zwölften Lebensjahr nur acht Stunden pro Tag, vom zwölften bis sechzehnten nur zwölf Stunden. Dabei ist vielleicht der Gleichheitsgedanke in Frankreich stärker verankert, nicht selten mit einem Beigeschmack des neiderfüllten Willens zur Gleichstellung. Eine Strophe des revolutionären Lieds *La Carmagnole* lautete – ohne Ironie –

Il faut raccourcir les géants
Rendre les petits plus grands
Tous à la même hauteur,
Voilà le vrai bonheur !

(Die Riesen verkleinern / Die Kleinen vergrößern / Alle von gleicher Höhe, / Das ist das wahre Glück!)

Einige ultraliberale Professoren erklären zwar, daß jede Steuer, jede Abgabe eine Einschränkung der individuellen Freiheit bedeute und daß es der Gesellschaft besser gehen würde, wenn spontane Abgaben der Besitzer an die durch eigene Schuld weniger Wohlhabenden stattfänden. Aber die eigentliche Diskussion der letzten Jahre betrifft doch das Verhältnis zwischen Umverteilung und Wirtschaft. Nur durch die Umverteilung schafft man Verbraucher und kurbelt somit die Wirtschaft an. De Gaulle war nicht aus ethischen Gründen «sozial», sondern weil nur durch Umverteilung die Kräfte Frankreichs entfesselt werden konnten, die ohne sie brach liegen geblieben wären. Aber man kann nur verteilen, was man hat. Die Umverteilung bremst, verhindert sogar die wirtschaftliche Expansion. Beide Argumente haben ihre Richtigkeit. Wie kann man beiden gerecht werden? Diese Frage plagt Regierungen und Parteien noch mehr als die Theoretiker. Die Antwort sollte die tatsächliche Lage der Gesellschaft berücksichtigen. Wie es um diese bestellt sei, ist in Frankreich noch umstrittener als in Deutschland. Der bereits erwähnte Hinweis auf die allgemeine Bereicherung während der Jahrzehnte seit 1973 ist beeindruckend. Das Bruttoinlandsprodukt pro Kopf hat sich verdoppelt, der durchschnittliche Besitz pro Haushalt hat sich verdreifacht, die Arbeitszeit ist stark zurückgegangen, die Zahl der Abiturienten ist dreimal so hoch, fast alle Haushalte besitzen mindestens ein Telefon, gegenüber 35 % 1973, und 40 % eine Geschirrspülmaschine, damals waren es weniger als 10%. Da Armut am Vergleich zum Durchschnittseinkommen gemessen wird und dieses stark gestiegen ist, sollte man die Anzahl der Armen weniger heranziehen.

Heißt das, daß ein offizieller Bericht ohne weiteres beiseite geschoben werden sollte, der im Februar 2004 davon sprach, daß 7,8 % der Kinder und Jugendlichen unter achtzehn, d. h. ungefähr eine Million, unter der Armutsschwelle leben und somit in ihrer Gesundheit bedroht und in ihrer schulischen

Entwicklung eingeschränkt sind? Die Zahl der Langzeitarbeitslosen, die gewissermaßen in die Armut fallen, wächst ständig. Der *Secours catholique,* die beachtete und geachtete katholische Caritas, meldet, daß er sich um eine ständig anschwellende Zahl von am Rande des Elends Stehenden kümmern muß. Natürlich spielt da auch die steigende Zahl der Alten und der sehr Alten eine große Rolle. Wie weit soll, wie weit kann die Umverteilung gehen, wenn die Kassen leer sind, wenn der Staat immer mehr Schulden machen muß, wenn die Unternehmen klagen, die ihnen auferlegten Abgaben machten sie unfähig, der Konkurrenz des Auslands standzuhalten, was die zur Verfügung stehenden Ressourcen für die Umverteilung weiterhin einschränkt?

Ein Grund für die harte Niederlage der Regierung bei den Provinzwahlen vom März 2004 war die Antwort, die am 1. Januar auf diese Frage gegeben worden war. Eine Reihe von Maßnahmen waren in Kraft getreten, die Langzeitarbeitslosen aus dem Unterstützungssystem entließen und andere Hilfen begrenzten, ohne daß den Privilegierten Opfer abverlangt worden waren. Möglichkeiten wenigstens symbolischer Maßnahmen gibt es. Diese bleiben der Öffentlichkeit manchmal völlig unbekannt. Der sehr aktiven kommunistischen Ministerin für Jugend und Sport der Regierung Jospin war es gelungen, in das Haushaltsgesetz von 2001 einen Artikel einfügen zu lassen, der 5 % von den Fernsehrechten, die die Sportorganisationen (insbesondere der Fußball) einstreichen, den Amateurklubs zuführt, die die Jugendarbeit leisten. Die Medien – mit Ausnahme der Sportzeitung *L'Équipe* – haben über diese vernünftige Maßnahme der Umverteilung geschwiegen.

Mehr Beachtung findet eine negative Entwicklung auf dem Arbeitsmarkt. Das Verhältnis zwischen CDI (*contrats à durée indéterminée)* und CDD (*à durée déterminée*), zwischen unbefristeten und befristeten Arbeitsverträgen, verschlechtert sich ständig. Die Zahl der von Zeitarbeitsagenturen Abhängigen steigt ebenfalls, so daß die Unsicherheit am Arbeitsplatz und somit die ständige Angst um die persönliche und die familiäre Zukunft sich immer weiter verbreitet. Die demographische Entwicklung scheint hier bald zur Hilfe zu kommen. Der große «baby-boom» der Nachkriegszeit wird bis 2010 mehr Ruheständler zeitigen, ab 2005 mehr als 650000 pro Jahr im Vergleich zu 500000 heute. Aber viele werden im Namen der Rationalisierung gar nicht ersetzt werden, weder in der Privatwirtschaft, noch in den öffentlichen Verwaltungen. Dazu kommt, daß viele schon vor dem Rentenalter nicht mehr beschäftigt sind. In Frankreich noch mehr als in Deutschland haben die Betriebe die Möglichkeit gehabt, ihre Belegschaft, insbesondere im Bereich der leitenden Angestellten, zu verjüngen, weil der Staat das Vorruhestandsgeld bezahlt. Vor allem in den Technologie-Branchen glauben die Unternehmen, sie bräuchten die «Alten» nicht mehr. Wer mit 50 seinen Job verliert, findet keine neue Stelle. Er durfte hoffen, dann wenigstens mit 55 in den Vorruhestand zu kommen. Hatte er studiert, so war er nur etwa 25 Jahre berufstätig – und wird wahrscheinlich die gleiche Zeitspanne als Ruheständler verbringen. Für ihn materiell und psychologisch hart, für die Gesellschaft ruinös.

Je älter ein Mensch wird, desto mehr wird er auch die Krankenkasse in Anspruch nehmen. Die Lage ist hier der deutschen sehr ähnlich, wenn auch die Strukturen andere sind. Die *Sécurité sociale* (im Sprachgebrauch *la sécu*) ist viel zentraler organisiert als die deutschen Kassen. Das gleiche gilt für die Organisation der öffentlichen Krankenhäuser. Die *Assistance Publique* von Paris und Umgebung beschäftigt 90000 Ärzte, Pfleger, Verwalter, Köche. Wie in Deutschland wird das Haushaltsloch immer größer, und sei es nur, weil die Medizin einen immer größeren Platz im Leben der Gesellschaft einnimmt. 1973 stellten die Gesundheitsausgaben 5,4 % des Bruttoinlandsprodukts dar. 2003 war man bei 9,6 %, wobei die Gesamtausgabe pro Kopf ungefähr die gleiche ist wie in Deutschland: 2732 Euro pro Jahr 2003 gegen 2840 Euro

2002. Das Defizit der Krankenversicherung nimmt von Jahr zu Jahr zu und liegt bei zehn Milliarden Euro. Was nicht vorgesehen war, als 1945 die *Sécurité sociale* gegründet wurde, in Anlehnung an das britische Modell von Lord Beveridge, war, daß einige Jahrzehnte später jeder das «Recht auf Gesundheit» als ein elementares Menschenrecht empfinden und als berechtigten Anspruch einfordern würde. Frankreich hatte da im Vergleich zu Deutschland einige Verspätung. Als im Mai 2004 die sehr linksorientierte Monatszeitung *Alternatives économiques* einen langen Beitrag über die Geschichte der Sozialversicherung brachte, war ein fettgedruckter Absatz «Merci qui? Merci Bismarck» betitelt. Von den Gesundheitsausgaben (an die 160 Milliarden Euro, d.h. etwa 2 500 Euro pro Einwohner) entfallen 45 % auf die Krankenhäuser, 27 % auf die Medikamente, 21% auf die Honorare. Jeder der drei Posten steht mit mehr oder weniger Aufrichtigkeit zur Debatte. Die Privatkliniken beschuldigen die öffentlichen Krankenhäuser der Verschwendung und der schlechten Organisation. Die Antwort ist offenkundig. Viele der Schwerkranken würden von den Privatkliniken gar nicht aufgenommen, weil sie mittellos sind, schwere, sehr kostspielige Operationen mit neuen teuren Methoden benötigen und lange in schwieriger Behandlung bleiben. Auch werden viele sehr alte Menschen als Kranke weiter behandelt, obwohl sie eigentlich in einem Pflegeheim versorgt werden könnten – wenn es nur genügend Pflegeheime gäbe! Es mangelt überall an Krankenschwestern, an Ärzten, an Assistenten, weil man im Krankenhausdienst überarbeitet ist und schlecht bezahlt wird. Und auch, weil es überhaupt zu wenige Ärzte gibt – da sogar Fachärzte in der Chirurgie in ihrer Existenz bedroht sind. Wie in Deutschland wurde gesagt, es gäbe allzu viele Ärzte, also müßte die Zahl der Medizinstudenten begrenzt werden. Die Methoden zu dieser Begrenzung waren unterschiedlich. Das Resultat ist in Frankreich, daß nun abertausende Ärzte in das Pensionsalter kommen, während wegen der restriktiven Politik zu wenig

Nachwuchs bereitsteht. Es kommt hinzu, daß Frankreich einen ärztlichen «Drang nach Süden» kennt. In der nördlichen Hälfte des Landes, besonders in den ärmeren, immer menschenleereren Départements, ist der Ärztemangel dramatisch. Etwas weniger vielleicht als in Deutschland beugen sich die Ärzte der Macht der pharmazeutischen Industrie und verschreiben allzu oft nutzlose Medikamente. Das Problem der Kontrolle der Verordnungen stößt auf eine kontroverse Frage: Wie läßt sich die Freiheit des Arztes mit seiner Verantwortung der Gemeinschaft gegenüber verbinden, die durch die Krankenkasse vetreten ist? 2004 standen Ärzte vor Gericht, weil sie die vorgeschriebenen Honorare willkürlich überschritten hatten. Ihrerseits wiesen sie darauf hin, daß sie sehr ungenügend bezahlt werden und daß die Honorarbegrenzung seit langen Jahren unverändert geblieben ist.

Im selben Jahr ist das Loch der *Sécurité sociale* zu einem Zentralproblem der Politik geworden. Wie kann man es stopfen, ohne eine Medizin für die Reichen und eine für die Armen einzurichten?

Nach der Wahlniederlage der Seinen im März 2004 hat Präsident Chirac plötzlich im Fernsehen verkündet, das neu ernannte dritte Kabinett Raffarin sei von ihm beauftragt worden, die Irrtümer seiner ersten Amtszeit wieder gut zu machen: darunter Einsparungen in den Sozialausgaben zuungunsten der Arbeitslosen und der Kranken. Aber mit welchen Mitteln, wenn die Staatsverschuldung nicht noch erhöht werden sollte?

Es ist schwer, Bilanz zu ziehen. Eine böse ironische Aussage gibt der Klage eine harte Antwort, die natürlich stimmt: «Neunzig Prozent der Weltbevölkerung möchten so unglücklich sein wie wir!» Aber eine solche globale Betrachtungsweise trifft nun doch nicht die Realität menschlicher Nöte in unseren Gesellschaften, der französischen wie der deutschen. Also sollte man sich die Bewunderung für all jene verbieten lassen, die sich für andere tatkräftig und verständnisvoll einsetzen. Es mag sich um Sozialarbeiter handeln, die aus freier Wahl einen harten, oft undankbaren Beruf ausüben, oder um Freiwillige, die im Rahmen gemeinnütziger Organisationen handeln. Zwei Beispiele mögen die so verschiedenen und doch so ähnlichen Lagen veranschaulichen: Marianne ist noch jung. Während ihr befreundeter Mitabiturient den harten Wettbewerb zur *École polytechnique* bestanden hat und nun zur Elite gehört, während ein anderer eine Graphikerausbildung abgeschlossen hat, hat sie sich vier Jahre lang als *assistante sociale,* zur staatlich geprüften Sozialarbeiterin ausbilden lassen und arbeitet angestellt in ihrem Beruf. In einem armen Viertel hilft sie Menschen im Umgang mit den Behörden, ermuntert Eltern, die Schulpflicht der Kinder nicht zu vernachlässigen, wird zu Rate gezogen, ihre Hilfe wird benötigt, mitunter wird sie auch beschimpft, und sei es nur als Vertreterin des Staats, der ihr ein sehr mageres Gehalt zahlt. Nach einigen Jahren sagt sie noch, ihr Beruf mache sie glücklich. Francine ist viel älter, ist im Rentenalter, aber hat sich doch nicht von ihrem Wirkungsfeld entfernt. Sie stammt aus einer wohlhabenden bürgerlichen Familie, hat aber entdeckt, was Armut bedeutet, wie sehr die Kinder der Armen in der Armut stecken bleiben, und ist Mitglied der Gruppe geworden, die der selbst aus der Armut kommende Pater Joseph Wrezcinski in den Slums bei Paris gegründet hatte. Aus der Gruppe ist die europaweite Vierte-Welt-Gesellschaft geworden. Francine hat ihr Leben lang in solchen Vororten gearbeitet, ihre Kinder sind mit den Vernachlässigten in die Schule gegangen. Sie hat vielen geholfen, Selbstachtung zu erlangen, einen Willen zu finden, wenigstens zu versuchen, ihr Schicksal zu verändern. Sie hat Außenstehende dazu gebracht zu verstehen, wer und was die Ausgeschlossenen der Gesellschaft sind, die weder für die Politiker noch für die Demoskopen noch für die Werbeagenturen interessant sind, weil sie nicht wählen gehen, ihre Meinungen, vor allem über Konsumprodukte, nichts gelten, weil sie auch kein Geld haben, um diese zu kaufen.

Eine deutsche Bevölkerungsgruppe ist in Frankreich nicht mehr vorhanden, nämlich die der Kriegsdienstverweigerer, die im Ersatzdienst wirkungsvolle und bewunderungswürdige Hilfe leisten in Pflegeheimen oder in psychiatrischen Anstalten. Auch als die Wehrpflicht noch nicht abgeschafft war, halfen die nur sehr bedingt anerkannten französischen Wehrdienstverweigerer eher im Sekretariat karitativer Verbände. Der Verlust ihres *objecteur de conscience* traf diese Vereine hart, weil ihre Ressourcen viel geringer sind als die der entsprechenden deutschen Vereine, vor allem wenn sie kirchlich gebunden oder orientiert sind. Das grundlegende Gesetz von 1901 hat freien Raum für die *associations,* die Vereine geschaffen, die sich problemlos eintragen lassen können. Angler- und Boulevereine sind zahlreicher als die kulturellen oder karitativen, aber von diesen gibt es doch viele. Manche sind äußerst bekannt und wirksam geworden. Das ist der Fall der *Restos du cœur*, die Restaurants des Herzens. Der Gründer war der populäre Komiker Coluche. Seine Witwe hat die über ganz Frankreich verbreitete Initiative weitergeführt, die jeden Winter an leider immer mehr bedürftigte Menschen kostenlose Mahlzeiten austeilt. Viel populärer ist seit genau einem halben Jahrhundert der Abbé Pierre. Der 1932 zum Priester geweihte Henri Grouès, während der deutschen Besatzung als Abbé Pierre im kämpfenden Widerstand, 1945 christdemokratischer Abgeordneter, hatte am 1. Februar 1954 seine Mitbürger aufgerufen, sich der furchtbaren Wohnungsnot bewußt zu werden und durch Direkthilfe und Gesetzgebung diese Not wenigstens zu mildern. Ein halbes Jahrhundert später hat der 91jährige in einer vehementen, im Fernsehen übertragenen Erklärung auf all das hingewiesen, was seitdem nicht getan, nicht vollbracht worden war. Zugleich weigerte er sich, weiterhin auf der Popularitätsliste zu stehen, obwohl die Umfragen ihn seit Jahrzehnten immer auf Platz 1 gestellt hatten, vor Schauspielern, Sängern oder führenden Politikern. Vielleicht kam das daher, daß er auch oder eher besonders in den

Augen der Nicht-Gläubigen ein wirklich gelebtes Christentum vertrat. Der von ihm gegründete Verein *Les compagnons d'Emmaüs* – die Gefährten von Emmaus – sammelt gespendete Gegenstände aller Art, repariert sie gegebenenfalls, verkauft sie dann und schafft somit Arbeitsplätze und Hilfsmöglichkeiten. Andere karitative Vereine und Einrichtungen arbeiten fern vom Rampenlicht, wirken aber ebenfalls mit, um die Härten der Gesellschaft etwas zu mildern. Viele erhalten vom Staat oder von den Gemeinden eine – immer ungenügende – finanzielle Unterstützung. Sie sollten als «Stützen der Gesellschaft» betrachtet werden und nicht als stets unzufriedene Querulanten.

Viertes Kapitel
Welche Kultur für wen?

Neben der Politik, hinter der Politik, verwoben in die Politik steht die Kultur – mit mindestens drei sehr unterschiedlichen Begriffsbestimmungen. Zu diesen gehört weder der so oft beschworene deutsch-französische Gegensatz zwischen «Kultur» und «Zivilisation», der heute die Unterschiede kaum noch kennzeichnet, noch das ständige typisch deutsche Gegenüberstellen von Geist und Macht. Als sei der Geist nur bei den «Kulturträgern» beheimatet, während u.a. die politischen Schöpfer der Europäischen Union geistlos gewesen seien. Und als hätten die Gedankenreichen, die Dichter und Denker, nie die Politik mitgestaltet. Der erste Begriff der Kultur beinhaltet eben das, was diese Kulturträger als Kultur bezeichnen: die Literatur, die Musik, die Malerei und auch, jedenfalls in Frankreich, der Film. Der zweite gehört eher den Anthropologen, den Ethnologen, den Soziologen. Die Kultur einer Menschengruppe, das ist die Summe der Traditionen, der Symbole, der Werte, auf die sich ihre Mitglieder berufen und die ihren Zusammenhalt untermauert. Der dritte ist der der Aufklärung: Der Höhepunkt der Kultur einer Person, das ist die Fähigkeit, zur zweiten Kultur auf Distanz zu gehen, sich gewissermaßen mit dem Blick des Anderen zu betrachten, das Denken über das eigene Denken als friedenstiftende geistige Tätigkeit zu betrachten.

Man denkt aber in seiner Sprache, und diese gehört zu den beiden ersten Kulturbegriffen, und sei es nur, wie Ludwig Börne sagte – der mit diesen Sätzen Heinrich Heines Vorwurf begegnen wollte, er schreibe schlecht: «Ich wollte nie für einen Schreibkünstler gelten. Meine Natur hat mir ein heiliges Amt aufgetragen, das ich verrichte, so gut ich kann. Gedanken, Worte sind meine Werkzeuge, die ich nur schätze, so lange ich sie brauche.» Ist die gewollte Verbindung zwischen schöpferischer Sprachbeherrschung und -verwendung mit dem Willen zur politisch-gesellschaftlichen Aussage in Frankreich stärker als in Deutschland? Aber dürfen nicht die deutschen Nobelpreisträger Böll und Grass in dieser Beziehung getrost mit den französischen, von Anatole France und Roger Martin du Gard bis zu Mauriac, Camus und Sartre verglichen werden?

Es geht eher um eine größere französische Liebe der Franzosen zur eigenen Sprache, um eine Art Anhänglichkeit an die Sprache. Das mag eine in der Außenpolitik nicht unwichtige Überheblichkeit zeitigen und auch das Verkennen der heutigen Notwendigkeit, andere Sprachen zu beherrschen. Dabei nehmen in ganz Europa verbreitete Erscheinungen einen stetig wachsenden Platz ein: die Verwendung amerikanischer Vokabeln – sei es nur in den neuen Technologien, das Verarmen des Wortschatzes durch die Verwendung der neuesten Ausdrucksweisen der elektronischen Kommunikation, um mit Freunden *messages* auszutauschen. Aber es ist unwahrscheinlich, daß ein Büchlein wie *La grammaire est une chanson douce* («Die Grammatik ist ein zartes Lied») viel Erfolg haben würde. Erik Orsenna (unter seinem wahren Namen Erik Arnoult ehemaliger Mitarbeiter und *ghostwriter* von François Mitterrand, 1998 mit 51 jüngstes Mitglied der ehrwürdigen *Académie française* geworden) durfte 2001 mit diesem kleinen Werk einen großen Erfolg feiern (275 000 Exemplare + 200 000 als Taschenbuch), weil es mit liebevollem Charme geschrieben war – und weil der Inhalt, nämlich die Verklärung der Wörter und ihrer Verwendung im Satz sowie die Bekämpfung der pseudo-wissenschaftlichen Ausdrücke, die das Erziehungsministerium den Lehrern auferlegen will, hunderttausenden Lesern aus der Seele sprach. Sein Erfolg bleibt dabei hinter dem zurück, der seit bald zwanzig Jahren Bernard Pivot und seinen Diktaten beschieden ist. 1986 schuf der 1935 geborene Fernsehjournalist eine «Weltmeisterschaft der Orthographie der französischen Sprache». Seitdem schreiben Hunderttausende jedes Jahr schwierige Texte nach seinem Diktat. Politiker und Schriftsteller scheuen sich nicht, mitzuschreiben und Fehler zu machen. Seine *Dicos d'or* («Goldene Wörterbücher») sind große Bucherfolge. Seine Berümtheit geht jetzt weit über die hinaus, die er bereits durch seine doch schon sehr bekannte und verkaufsfördernde literarische Sendung *Apostrophes* errungen hatte. (Im Gegensatz zum *Quartett* von Marcel Reich-Ranicki ging es dabei weniger um Kritik als um Selbstdarstellung der Autoren.) Die Diktate setzen voraus, daß es eine eindeutige Rechtschreibung gibt. Der deutsche, 1996 entfachte und schier endlose Kampf ist von Frankreich aus unverständlich. Hier gibt es auch offizielle Vorschriften, diese aber zur Reinheit der Sprache. Und sie bleiben im allgemeinen unbekannt. Das Wort *bulldozer* wird von jedem verwendet. Kaum jemand weiß, daß es *bouteur* heißen sollte. Aber die *Académie française* wirft jedes Jahr dem maßgebenden Wörterbuch *Le Robert* vor, zu viele neue, vor allem aus dem Amerikanischen stammende Wörter aufzunehmen.

Dabei erleiden die Sprache und auch das Verständnis der klassischen Literatur einen Niedergang, der manchmal einem Untergang zu gleichen scheint. 1974 hatte ein witziger Text einen großen Verkaufserfolg und wurde oft zitiert. In der Aufmachung der Schulklassiker, mit lehrerhaften Fußnoten, erschien eine klassische Tragödie, in Corneille und Racine ähnlichen Alexandrinern, über die Präsidentschaftswahl: *Les Voraces*, «Die Gierigen», amüsierte als Satire, weil die Leser in der Schule die Klassiker gelesen und oft sogar geliebt hatten. Es ist unwahrscheinlich, daß dreißig Jahre später ein ähnlich ironisches Stück eine große Leserschaft finden würde. Die Jugendlichen lesen jedoch mehr als oft behauptet wird. Die dikken, bilderlosen Bände von *Harry Potter* werden in Frankreich ebenso verschlungen wie in Deutschland. Daß man zur Lektüre anregen kann, zeigt auch der Erfolg des *Prix Gon-*

court des Lycéens. Bis 1996 wurde nur der echte *Prix Goncourt* verliehen, der seit mehr als einem Jahrhundert jedes Jahr dem Erwählten zwar nicht direkt eine Siegesprämie einbringt, aber einen großen Publikumserfolg: Abertausende kaufen, für sich oder als Weihnachtsgeschenk, *le Goncourt,* sei es nun ein gutes oder ein schlechtes Buch. Die Mitglieder der Jury krönen meist einen Roman, der in einem der drei großen Verlage Gallimard, Grasset oder Le Seuil erschienen ist. Langsam hat das Prestige des *Prix Goncourt* abgenommen, während das des von Gymnasiasten seit 1997 verliehenen Preises wächst. Am Anfang stand die Initiative eines Lehrers in der Bretagne. Nach und nach wuchs die Beteiligung mit Unterstützung des Erziehungsministeriums und mit dem Wohlwollen der echten Goncourt-Kommission. Zwölf neue Werke werden verbreitet. Es gibt regionale Vorentscheidungen, oft nach Diskussion mit den Autoren. Nach und nach wurde der Preis so bekannt und so angesehen, daß die preisgekrönten Werke ein breites Publikum finden. 2002 hatte der kleine Verlag des unbekannten Laurent Gaudé 9 000 Exemplare von dessen Roman *La mort du roi Tsongor* verkauft. Nach der Preisverleihung durch die Gymnasiasten schnellte die Zahl auf 100 000 hoch. Im selben Jahr erreichte der mit dem «erwachsenen» Prix Goncourt ausgezeichnete Titel, bei Grasset erschienen, nur 106 000 Exemplare. Im Oktober 2004 hat nun Gaudé, mit einem neuen Roman, den «echten» *Prix Goncourt* erhalten!

Dieser Literaturpreis ist auch ein Beweis dafür, daß die Dezentralisierung des Kulturlebens eine Realität ist. Das gilt insbesondere für die Musik. Es wird oft zu Recht betont, daß die Musik im französischen Schulunterricht ebenso zu kurz kommt wie die anderen Künste. Aber daneben hat sich ein erstaunliches Musikleben entwickelt, weitgehend durch staatliche Politik eingerichtet. Der große Mann der musikalischen Dezentralisierung war von 1964 bis 1975 der 1915 geborene Komponist und Leiter der Musikabteilung im Erziehungs-, dann im Kulturministerium Marcel Landowski. Sein Verdienst ist es, wenn heute in jedem Département ein *directeur de la musique* Initiativen ergreift oder unterstützt, Konservatorien einrichtet oder erweitert. Seine Feindschaft mit Pierre Boulez hat ihm viel geschadet, weil der autoritäre und intolerante Komponist (und hervorragende Dirigent) in Paris die politische und gesellschaftliche Macht hat und somit über Ruhm und und viel öffentliches Haushaltsgeld verfügt. Er hat mindestens soviel Macht wie Lully am Hof von Ludwig XIV., nur daß Lully viel komponiert hatte und daß der König seine Musik wirklich liebte, während die Gönner von Boulez zu Hause wahrscheinlich kaum eine der wenigen CDs von Boulez auflegen. Es ist diesem aber nicht gelungen, die Verbreitung der von ihm gebrandmarkten Barock-Musik zu verhindern. Die Aufführungen von Händel-Opern vermehren sich ständig. Unzählige Chöre singen Schütz und Buxtehude. Zugleich ist Brahms inzwischen so beliebt, daß junge Musiker mit den drei Trios für Klavier, Geige und Cello ohne weiteres einen großen Konzertsaal füllen können. Die gegenwärtige Gustav Mahler-Begeisterung ist ihrerseits eigentlich erst durch den Visconti-Film *Tod in Venedig* entfacht worden.

Die größten und interessantesten Musikereignisse finden in der Provinz statt. Wie bringt man klassische Musik einem jungen, zu Beginn ablehnenden Publikum näher? Das hat Jean-Claude Casadesus in Lille gezeigt. Er hat nicht nur aus seinem Orchester ein hervorragendes «Musikinstrument» gemacht. Er hat es nicht nur in Kleinstädten, in Fabriken, in Schulen spielen lassen und der Musik ein neues Publikum zugeführt. Er hat auch seine Musiker überzeugt, sich an einem wirkungsvollen Experiment zu beteiligen: Neben jedem Musiker sitzt bei den Proben ein «verwahrloster» Jugendlicher. Nach und nach steht dieser im Bann der Musik, versteht, was ein Orchester ist, lernt die Musik zu lieben und wird auch oft dazu geführt, selbst ein Instrument zu spielen. In Nantes ist etwas Bedeutendes gelungen. René Martin, der bereits im südfranzösischem La Roque d'Anthéron Klavier-Festspiele begründet hatte, die zum Welterfolg werden sollten, ist beim Anhören eines Konzerts der Rockgruppe *The Who* auf die Idee gekommen, ebenfalls Tausende zur klassischen Musik zu führen. *La folle journée* – der närrische Tag – (heute im Plural) ist zur ständigen Einrichtung geworden. Es lohnt sich, den Erfolg in einer Tabelle darzustellen:

		Konzerte	verkaufte Karten
1995	Mozart	34	18 238
1996	Beethoven	49	30 159
1997	Schubert	74	40 278
1998	Brahms	82	48 520
1999	Französische Musik	105	64 100
2000	Bach	170	74 518
2001	Russische Musik	191	85 122
2002	Haydn/Mozart	167	82 122
2003	Italienische Musik	235	103 970

Die großen und kleinen Säle der städtischen Festhalle sind alle gefüllt. In den kleinen findet jede Stunde eine andere Veranstaltung statt. Die Eintrittspreise sind niedrig. Das Publikum, das aus allen Gesellschaftschichten kommt, kann den Künstlern begegnen und mit ihnen diskutieren. Man spricht tatsächlich viel miteinander in einer freundlichen, entspannten Atmosphäre. Die Künstler selbst kommen gern, trotz der geringen Gage. Am Anfang war es ihnen hoch anzurechnen, daß sie kamen. Heute ist es eher eine Ehre, nach Nantes eingeladen zu werden.

Im Theaterleben entfaltete sich der Gedanke der Dezentralisierung bald nach Kriegsende, dank einer Ministerialrätin, die von 1946 bis 1952 für Schauspiel und Musik verantwortlich war. Jeanne Laurent hat insbesondere dadurch eine erfolgreiche Verbindung zwischen Paris und der Provinz hergestellt, daß sie dem Schauspieler und Regisseur Jean Vilar, der seit 1947 die Theaterfestspiele von Avignon veranstaltete, die Leitung des Theaters auf dem Chaillot-Hügel über dem Eiffel-

Turm anvertraute, das nun zum *TNP – Théâtre national populaire* wurde. 1951 wurde zum großen Jahr des TNP, mit Gérard Philipe in Corneilles *Cid* und als Kleists Prinz von Homburg. Das TNP und Avignon haben den Tod des großen Schauspielers 1959 überlebt. Vilar und sein erster Nachfolger Georges Wilson sind ihrer Grundeinstellung treu geblieben. Weil man kaum Mittel hatte – aber nicht nur deswegen –, baute man keinen kostspieligen Dekor, sondern ließ Licht und Schatten den Schauplatz darstellen, so wie es zur gleichen Zeit Wieland Wagner in Bayreuth tat. Aber im Gegensatz zu Bayreuth öffnete man den Weg zum Theater einem neuen, breiteren Publikum. Der Erfolg des TNP war auch den Betriebsräten zu verdanken, die Karten in großer Zahl für die Belegschaften kauften. Wie andere bedeutende Regisseure seiner Zeit, insbesondere Jean-Louis Barrault, der auch ungewöhnliche Beziehungen zu den Zuschauern herstellte, ging es Vilar darum, durch die Regie den Dichtern treu zu dienen und ihre Werke neuen Zuhörern bekanntzumachen. Nach dem Triumph des *Cid* fragte eine snobistische Rundfunkjournalistin Gérard Philipe: «Wem ist die erstaunliche Gegenwartswirkung des Stückes zu verdanken?» Er zögerte keinen Augenblick: «Mais à Pierre Corneille, Madame!»

Es ist genau diese Grundeinstellung, die seit den siebziger Jahren beiseite geschoben wurde und heute mehr denn je vernachlässigt wird – in Frankreich wie in Deutschland. Im Theater wie in der Oper. Als 1986 einer der bekanntesten sich selbst als avantgardistisch betrachtenden Regisseure, Daniel Mesguich, die Tragödie *Lorenzazzio* inszenierte, sagte er in einem Interview: «Vom Text von Alfred de Musset habe ich nur die erhabensten Momente beibehalten ... Man muß wissen, daß wir ein Stück aus dem 19. Jahrhundert spielen, das eine Aktion aus dem 16. darstellt, nachdem wir nun Einstein, Freud und Marx gekannt haben.» Mit dieser Auffassung ist man seit mehreren Jahrzehnten auf den meisten Bühnen am Werk. Wäre es da nicht besser, auf den Plakaten und in den

Programmen zu schreiben: «Eine Tragödie von (Name des Regisseurs), nach Corneille, oder Molière, oder Lessing»? Wenn ein Pianist es wagen würde, in einer Schubert-Sonate plötzlich Rockmusik zu spielen, so würde er ausgepfiffen. Wenn Jazz-Musik mit Klassik verbunden sein soll, so entstehen die Klavier-Konzerte von Maurice Ravel: Es ist der Komponist, nicht der Interpret, der das Wagnis der Verbindung eingeht. Natürlich kann der Regisseur auch mit Geschick und zugleich Respekt gegenüber dem Willen des Autors das Werk neu deuten oder durch seine Gestaltung für heute zugänglicher machen. 2002 und 2004 gab es einen berechtigten Triumph für Offenbachs *Schöne Helena*, mit viel Erfindungskraft und Witz aufgeführt, aber mit hervorragenden Sängern und ausgezeichnet dirigiertem Orchester. Genau das Gegenteil u. a. bei der Salzburger *Fledermaus*, bei der, neben Veränderung und Verstümmelung der Partitur, auch einer anderen Mode gehuldigt wurde: Wenn auf der Bühne nicht Blut und Sperma fließen, dann ist man nicht mehr modern! Hier ist die gegenseitige deutsch-französische Beeinflussung besonders stark. Im Sommer 2004 zogen die neuen Leiter der Festspiele von Avignon den deutschen Regisseur Thomas Ostermeier als Hauptgestalter heran. Die FAZ setzte als Titel: «Verlorene Illusionen in Avignon. Das deutsche Schreien, Lallen und Stampfen infiziert Europa.» Im linksintellektuellen *Nouvel Observateur* verurteilte ein Leitartikel scharf, was eigentlich im allgemeinen von der Zeitung gutgeheißen worden war: «Die kleinen Provokationen des Chefs der Schaubühne beeindrucken niemand, außer ein paar Einfaltspinsel (*gogos*) ... Bei Büchner schneidet der Soldat Woyzeck den Bart des Kapitäns; bei Ostermeier rasiert er ihm die Arschhaare.» Der Kritiker verreißt auch die *Traviata*-Inszenierung von «einem anderen deutschen Peter Mussbach» und erinnert schließlich an die Zeiten von Jean Vilar und Gérard Philipe, «wo der Text König war, dem zu dienen die Schauspieler stolz waren und den die Regisseure nicht verraten wollten».

In den mehr als hundertundvierzig großen und kleinen Theatersälen von Paris werden selbstverständlich auch viele alte und neue Stücke lustig oder ergreifend aufgeführt, mit Respekt gegenüber dem Dichter und nicht mit den Entstellungen und Erniedrigungen durch die nun schon Jahrzehnte alte Avantgarde. Das gilt ebenso für das relativ neue Theaterleben der nicht notwendigerweise gutbürgerlichen Vororte. Ibsens *Puppenhaus* in Boulogne-Billancour, Lessings *Nathan* in Gennevilliers, die Truppe des Londoner Covent Garden in Bobigny für Benjamin Brittens *Turn of the screw* – das Kulturleben in und um Paris hat doch nicht den alten Glanz verloren.

Verführerisch ist die Vielfalt des Theaterlebens. Noch mehr die Vielfalt der angebotenen Filme, seien sie – mit Untertiteln – in koreanischer, japanischer, persischer Sprache. Diese Vielfalt entspricht dem Platz, den *le cinéma* in der französischen Kultur einnimmt, ganz im Gegensatz zu Deutschland. Wenn Intellektuelle oder gesellschaftliche Eliten zusammen bei Tisch sitzen, so wird in ihrem Gespräch den jüngsten Filmen mehr Zeit gewidmet als der Literatur oder dem Theater. Jemand, der nie ein Buch liest, aber weiß, daß Ozu immer dieselbe Kameraeinstellung beibehalten hat oder daß Hitchcock in seinen Filmen immer selbst ganz kurz auftritt, gilt als kultiviert. Wim Wenders wurde bereits 1984, 39 Jahre alt, mit dem Ehrendoktor durch die Universität Paris III-Sorbonne nouvelle geehrt. Welche deutsche Universität hat einem Filmemacher (wie es unschön auf deutsch heißt) eine solche Ehrung widerfahren lassen? Der Film erhält auch direkte oder indirekte staatliche Unterstützung, im Namen der *exception culturelle,* der französischen «kulturellen Ausnahme», die dafür sorgt, daß Kulturproduktionen, darunter eben der Film, nicht den üblichen Regeln des freien Markts unterworfen werden, vor allem mit dem Ziel, sie vor der amerikanischen Übermacht zu schützen. Für das Kino gilt das solide Argument der Größe des amerikanischen Markts, der es erlaubt, die Filme nach ihrer Amortisierung in Europa billig zu verbreiten.

Einer der Nachteile des Systems liegt in der Bevorzugung junger Regisseure, die sich der Mode anpassen, um Vorschüsse zu erhalten, die sie nie zurückzahlen werden, weil ihr «Avantgardismus» weitgehend darin besteht, den Publikumserfolg zu verschmähen. Die französische «intellektuelle» Filmkritik, so wie sie lange mit großem Einfluß in der Monatszeitschrift *Les Cahiers du Cinéma* zum Ausdruck gekommen ist und noch heute die erfolgreiche Fernseh- und Kulturwochenzeitung *Télérama* (Auflage über 600 000) beherrscht, verschmäht oder (und) zerreißt erfolgreiche Filme eben wegen ihres Erfolgs, besonders, wenn sie weder der Abstraktion noch dem Sex oder der Grausamkeit gewidmet sind, mit Ausnahme von Werken, die bereits vor einigen Jahrzehnten geschaffen worden sind. Kaum ein Regisseur ist von der snobistischen Kritik mehr verachtet worden als Marcel Carné. Heute gilt doch im Rückblick *Les Enfants du Paradis – Die Kinder des Olymp* auch bei strengen Verehrern von Jean-Luc Godard und François Truffaut als der schönste französische Film des 20. Jahrhunderts. Zu Beginn des 21. wurden zwei Filme mit Verachtung behandelt: Bei *Amélie Poulain – Die fabelhafte Welt der Amélie* blieb eine lange, sehr intellektuelle und filmtechnisch begeisterte Rezension in der Zeitschrift *Esprit* (September 2001) von den anderen erfolgsfeindlichen Filmkritikern unbeachtet. Der Triumph der poetisch-optimistischen Geschichte von Jean-Pierre Jeunet wurde mit Verachtung behandelt, weil eben der Optimismus nur eine Verschleierung der Realität sein kann und weil nur das Erniedrigende, das Entwürdigende als das Erhebende, das Erhabene gelten darf. 2004 strömten Millionen Zuschauer in *Les Choristes – Die Kinder des Monsieur Mathieu*, die von Christophe Barratier dargestellte Geschichte eines unbedeutenden neu eingestellten Aufsehers in einer unbarmherzigen Erziehungsanstalt, der durch seine menschlichen Methoden und seine Aufforderung, am Chorgesang teilzunehmen, hartgesottene Knaben verwandelt oder eher ihre positiven Grundanlagen zu enthüllen hilft. Und dies weder heute noch in einem exotischen Land, sondern im Frankreich von 1949. Die intellektuelle Kritik zeigte sich wieder voller Verachtung. Daß viele junge, gerührte Zuschauer dabei die Musik von Rameau entdeckten und sogar selbst Chorsänger werden wollten und oft auch wurden, erschien unerheblich. Der Produzent aber konnte sich freuen. Wieder einmal hatte sich das Risiko gelohnt. Sein Fall ist allerdings ungewöhnlich. Jacques Perrin war und ist zunächst ein ausgezeichneter Schauspieler. Er ergriff die Funktion des geldsuchenden, -findenden und -riskierenden Produzenten in einem Moment, als Costa-Gavras vergeblich nach einer Finanzierung für den dann so gelungenen und erfolgreichen politischen Film *Z* (der Geschichte des griechischen linken, von Yves Montand gespielten Politikers, den Generäle ermorden lassen). Später hat er es gewagt, jahrelang Insekten und andere kleine Tiere beobachten und filmen zu lassen. Niemand hatte vorausgesehen, daß dann *Microcosmos* zum internationalen «Hit» werden würde. Jedenfalls entstehen immer mehr französische Filme, so daß das ständige Klagelied des Berufsstandes ziemlich übertrieben scheint. 1995 wurden 63 rein französische Filme produziert, 1996 waren es 74, 1997 86, 1998 102, 1999 115, 2000 111, 2001 126. Dazu kamen 2001 46 Koproduktionen mit mehrheitlich französischer Beteiligung. Daneben ist jedoch die finanzielle Lage der zahlreichen *cinémas d'art et d'essai* (Filmkunsttheater) immer schwieriger.

Jeder Intellektuelle geht ins Kino und spricht über Filme. Aber natürlich ist nicht jeder Kinogänger ein Intellektueller. Das beantwortet nun nicht die Frage nach der Definition des Intellektuellen in Frankreich. Seit dem Ende des 19. Jahrhunderts häufen sich Studien und Artikel, die auf diese Frage eine Antwort geben wollen. Interessant ist hier das Vorwort des dikken *Dictionnaire des intellectuels français*, das 1996 unter der Leitung von Jacques Julliard und Michel Winock erschienen ist. Ein Nobelpreis-Träger für Physik oder für Medizin sei nur dann ein Intellektueller, wenn er wenigstens hin und wieder «sein Laboratorium verläßt, um an einer Demonstration teilzunehmen, eine Petition zu unterschreiben, seine Meinung über die Zukunft des Sozialismus oder den Niedergang der Religion oder die Grausamkeit einer asiatischen Diktatur zu äußern». Also wenn er sich auch um das kümmert, was ihn eigentlich nichts angeht. Ohne *engagement* kein *intellectuel.* Er gibt oder vielmehr leiht mindestens seinen Namen, d.h. seine Bekanntheit beispielsweise als Physiker oder Mediziner oder als Romancier, als Philosoph, als Künstler, um in einer mit der Gesellschaft und/oder Politik verbundenen Sache als Mitstreiter aufzutreten. Insbesondere in den Medien. Mehr als in Deutschland ist es in Frankreich üblich, daß ein Professor ständiger Mitarbeiter einer Zeitung ist. Gleichwohl ist Jacques Julliard ein Sonderfall, da er zugleich Geschichtsprofessor und Stellvertretender Direktor der sehr intellektuellen Wochenzeitung *Nouvel Observateur* ist. Die großen Vorgänger waren Voltaire und Emile Zola. Als Jean-Paul Sartre wegen seiner Revolte gegen den Algerien-Krieg inhaftiert werden sollte, verhinderte dies das Staatsoberhaupt Charles de Gaulle, indem er sagte: «Man verhaftet nicht Voltaire.»

Er zeigte somit Großmut und auch eine gewisse Verbundenheit. War er nicht auch ein Intellektueller – mit umgekehrter Definition, nämlich ein Offizier und ein Staatsmann, der auch als Schriftsteller gewirkt hatte, vor dem Krieg als Militärtheoretiker, während und nach seiner Präsidentschaft als Schriftsteller, der keinen Ghostwriter brauchte, um seine Reden und Memoiren in hohem Stil zu schreiben. Schlug man das deutsche *Who's who* in den fünfziger Jahren auf, so fand man unter «Konrad Adenauer» die endlose Liste seiner «Dr. h.c.». Im französischen fiel die Rubrik «Auszeichnungen» bei Charles de Gaulle weg. Dafür gab es die Liste seiner Werke, so am Anfang «*Une mauvaise rencontre* (Eine schlimme Begegnung), pièce en vers 1906». Es handelt sich um ein kurzes, von Schillers «Räubern» angeregtes Stück, das er im Alter von sechzehn Jahren geschrieben hatte. Auch François Mitterrand hat viele politische Bücher und Artikel geschrieben. Während der letzten Jahrzehnte haben sich viele Politiker bemüht, als Intellektuelle zu gelten, indem sie historische Bücher veröffentlichten – die aber meist von *nègres* geschrieben worden waren. Dabei ist allerdings das Phänomen der «Neger» nicht auf die Politiker beschränkt. Bekannte Namen lassen ihre Memoiren oder andere Werke von jungen Historikern oder Journalisten schreiben – und sind mitunter beleidigt, wenn die groben Fehler, die man nachher entdeckt, ihnen zugeschrieben werden. Einen Höhepunkt erreichte ein wegen seinen kritischen Äußerungen verstoßener katholischer Bischof, der auf Vorwürfe und Kritik gegen ein unter seinem Namen erschienenes Buch antwortete, er fühle sich unschuldig, da er ja das Buch nicht einmal gelesen habe!

Der Begriff des Intellektuellen betrifft im allgemeinen die Linksintellektuellen, obwohl es in Frankreich stets Rechtsintellektuelle gegeben hat, die im allgemeinen für die Nation und für die Bewahrung der gesellschaftlichen und moralischen Ordnung eingetreten sind. Auf der anderen Seite ging und geht es mehr um Menschenrechte, vor allem wenn sie von den politischen oder gesellschaftlichen Mächten verneint oder in Frage gestellt werden. Der erste große Kampf, auf den sich im Rückblick jeder bezieht, war die Dreyfus-Affäre. Ein jüdischer Offizier war des Verrats schuldig gesprochen worden. Durfte die Armee, Verkörperung des Vaterlands, beschuldigt werden, Dokumente gefälscht zu haben? Seit dem 13. Januar 1898, als der Aufruf von Emile Zola *J'accuse* (Ich klage an!) in der Zeitung *L'Aurore* erschien, träumen viele Intellektuelle davon, auch einmal so mutig für die Gerechtigkeit eintreten zu dürfen. Nicht immer gehört soviel Mut dazu: Trotz vieler ihn unterstützender Unterschriften ist Zola zum Opfer seines Engagements geworden, mit allen Konsequenzen: Diffamierung, körperliche Angriffe, Zwang zum Exil und vielleicht schließlich sogar seine Ermordung, wobei letzteres bis heute nur eine nicht unwahrscheinliche Mutmaßung geblieben ist. Andere Stellungnahmen waren auch mit einem gewissen Risiko verbunden. So das «Manifest der 121» von 1960 für «das Recht auf Wehrdienstverweigerung (mit Desertion) im Algerien-Krieg», oder auch der Text der «343 Schlampen (*salopes*) für die Abtreibung», in dem die unterzeichnenden Filmstars, Schriftstellerinnen und unbekannten Frauen bekannten, alle schon die unter Strafe stehende Tat am eigenen Leib vollbracht zu haben. Ihr Aufruf stammt von 1971. Er war bedeutungsvoller als die 488 Petitionen und Manifeste, die zwischen 1958 und 1969 in *Le Monde* veröffentlicht worden sind. Die Magisterarbeit zeigt, daß Jean-Paul Sartre dabei Rekordträger mit 91 Unterschriften gewesen ist, weit vor dem Physiker Laurent Schwartz mit 77 und Simone de Beauvoir mit 72. François Mauriac war neunter mit 47. Und es handelt sich nur um ein Jahrzehnt, wo es doch vorher und nachher eine große Anzahl von Unterschriftensammlungen gegeben hat!

Politisch und geistig brauchen viele Intellektuelle Vorbilder, die zu Abgöttern werden können. Für diejenigen, die bereits kurz nach dem Krieg Stalin verwarfen, wurde Marschall Tito nach seinem Bruch mit Moskau 1948 der Held, der den antistalinistischen Sozialismus verkörperte. Später galt die Bewunderung Mao und auch Ho Chi Minh, dann Che Guevara und Fidel Castro. Die Ernüchterungen traten nur langsam ein. Viel tiefer, viel dauerhafter war der Druck der Kommunistischen Partei auf das intellektuelle und kulturelle Leben in Frankreich. Am 18. April 2004 hat die Tageszeitung *L'Humanité* ihren 100. Geburtstag gefeiert. Sie bezog sich dabei vor allem auf ihren Gründer Jean Jaurès und seine Kämpfe für den Frieden, gegen die Todesstrafe, für das Wahlrecht der Frauen. Aber in den 196 Seiten der Sondernummer wird vieles verschwiegen oder geschönt. Offiziell ist die Zeitung seit 1999 nicht mehr das Organ der Partei, aber der Bezug zur Vergangenheit ist derselbe geblieben, sowie auch die Vorsicht und die

Nachsicht der Medien bei der Behandlung so vieler Verleugnungen und sogar Verherrlichungen des Schreckens. Das öffentliche Fernsehen FR3 bringt zwei nostalgische, entstellende und letzten Endes verherrlichende Filme über die Geschichte der *Humanité*. Der sehr konservative und antisozialistische *Figaro* veröffentlicht ein Interview mit Roland Leroy, der das Blatt von 1974 bis 1994 geleitet hat, ohne Fragen über den Dogmatismus, über die Anbetung des Gottes Stalin noch lange nach dessen Tod zu stellen. Die verkaufte Auflage liegt nur noch bei 47 000 Exemplaren. Das Überleben von *L'Humanité* wird daurch erleichtert, daß sie seit langem, wie die katholische Tageszeitung *La Croix*, eine staatliche Unterstützung erhält, weil sie wenig Werbung enthält. Die Wählerschaft ist geschwunden. Die Sowjetunion ist zusammengebrochen. Aber es bleibt eine gewisse geistige Hoffähigkeit.

Allerdings sind die Zeiten seit langem vorbei, als ein Jean-Paul Sartre sich anbiederte, obwohl die Partei ihn, der er sich doch als *compagnon de route*, «fellow traveller» erwiesen hatte, bald wüst beschimpfte, was seine einseitige Anhänglichkeit kaum beeinträchtigte. Erst nach dem Einsatz der sowjetischen Panzer in Budapest 1956 wurde er kritisch. Noch 1964 jedoch schreibt er, daß «die Sowjetunion das einzige große Land ist, in dem das Wort Fortschritt noch einen Sinn hat», und 1966 lehnt er den Nobelpreis für Literatur u. a. deswegen ab, weil er Pasternak verliehen worden war und damit das einzige preisgekrönte sowjetische Werk ein «im Ausland veröffentlichtes und in seinem Land verbotenes» gewesen sei. Die kulturtragenden Parteimitglieder waren noch weiter gegangen. Als Stalin kurz vor seinem Tod jüdische Ärzte beschuldigte, versucht zu haben, ihn zu ermorden, erklärten sogar jüdische Ärzte, die in der KP waren, daß Stalin recht hatte. Nach Budapest schrieb André Stil, von 1950 bis 1959 Chefredakteur der *Humanité*: «Wer schlägt sich? Zunächst die Faschisten, die Gegenrevolutionäre ... Dann dieses besondere Lumpen-Proletariat, das die Plage der Hauptstädte der Volksdemokratien bleibt ... Die sowjetische Armee hat sich nicht als Feind betragen, sondern, wie immer, als Stütze und Verteidiger des Volkes». Später wurde Stil, als geachteter Schriftsteller, eins der neun Mitglieder der Académie Goncourt. Fast stets wird die furchtbare Vergangenheit intellektueller Kommunisten verharmlost und gewissermaßen als Jugendsünde behandelt. Die Tatsache, daß man die sowjetischen Lager leugnete oder sogar verherrlicht hatte, wird beiseite geschoben.

Bemerkenswert ist dabei, daß manche ehemalige Begeisterte sich mit derselben Begeisterung zum Ultraliberalismus bekehrt haben, unter Beibehaltung der gleichen Intoleranz. Das beste Beispiel war da die 1995 verstorbene Annie Kriegel. Nach dem Krieg hatte sie die wüstesten Anschuldigungen gegen den Sozialistenführer Léon Blum geschrieben und auch die Partei dafür gelobt, daß Ehefrauen gezwungen wurden, ihren Gatten zu verlassen, sobald dieser von der Partei als Ketzer und Verräter ausgestoßen worden war. Nach ihrer Bekehrung wurde sie zur besten wissenschaftlichen Expertin über die Partei, fuhr aber im gleichen Stil fort, nun ihre neuen Gegner zu brandmarken. In ihren Memoiren antwortet sie in einer Fußnote auf die Vorwürfe, die sich auf ihre alten Texte bezogen: «Ich habe doch nur das geschrieben, was mir die Partei befohlen hatte.» Manche heutigen Größen der französischen Intelligentsia haben ihren aggressiven Ultramarxismus anscheinend vergessen. Manche – nicht alle – haben die anfängliche Vehemenz beibehalten. 1955 hatte Raymond Aron ein streitbares Buch *L'Opium des Intellectuels* genannt, so wie Karl Marx die Religion als «Opium für das Volk» bezeichnet hatte. Heute wirkt das Opium nicht mehr, aber die, deren kritischer Geist von ihm vernebelt wurde, dürfen die Nachsicht genießen, die den Drogenkonsumenten erwiesen wird.

Allerdings nur, wenn sie dem Milieu angehören, das die intellektuelle Szene beherrscht. In seinem großen Erziehungsroman *Jean-Christophe*, der zwischen 1903 und 1912 erschien, betitelte Romain Rolland den 1908 veröffentlichten

Teil *La Foire sur la place* – «Der Jahrmarkt». Seine kritische Beschreibung des maßgebenden Pariser Milieus gilt noch weitgehend für die jüngsten Jahrzehnte. Nur daß es vor einem Jahrhundert noch keinen Rundfunk, kein Fernsehen, auch nicht so viele ruhmverbreitende Tages- und Wochenzeitungen gab. Einer der sogenannten «neuen Philosophen» sagte einmal: «*Nous savons nous servir des medias* – Wir wissen, wie man sich der Medien bedient», was in der Bundesrepublik weitgehend für die Gruppe 47 zutreffend war. Jedes Jahr werden die Gymnasiallehrer für Philosophie wie in den anderen Fächern durch einen nationalen Wettbewerb, die *agrégation,* rekrutiert. *Agrégés de philosophie* waren die «neuen Philosophen», sowie die Cheflektorin beim Verlag Grasset, die sie auf den Markt gebracht hat. Françoise Verny hat von 1964 bis 1982 das intellektuelle Pariser Leben durch ihre Stellung bei Grasset beeinflußt, bis sie dann – weniger einflußreich –, zu Gallimard, später zu Flammarion gegangen ist. Wer dem Milieu angehört, ist sicher, alles und das Gegenteil von allem sagen und schreiben zu dürfen, mit großen, lobenden Rezensionen, die dank eines guten «*plan medias*» an bester Stelle erscheinen oder ausgestrahlt werden, mit langen Interviews voller Eigenlob. Wenn in anderen Ländern ein Buch erscheint, das voller grober Fehler ist, so wird der Autor als inkompetent oder sogar als Lügner oder Fälscher kritisiert. In Paris heißt es eher: «Natürlich stimmt es nicht, *mais c'est si stimulant!* – Aber es ist so anregend!» Ein besonders prägnantes Beispiel ist das von Jacques Attali. Absolvent der École Polytechnique und der ENA, Professor für Wirtschaftskunde, langjähriger Mitarbeiter von François Mitterrand als ständiger Berater des Präsidenten und dessen «sherpa» bei großen internationalen Verhandlungen, hat er viele Bücher über die verschiedensten Themen veröffentlicht. Als 1977 *Bruits* «Geräusche» erschien, widmete das *Times Literary Supplement* dem Buch eine kurze, aber vernichtende Kritik, die elementare Fehler und tiefes Unwissen aufzeigte, und eine längere Überlegung, warum ein solches Werk dennoch in Frankreich gut rezensiert und erfolgreich sein konnte. Seitdem hat der 1943 geborene Autor viele andere Themen behandelt. Manchmal wagte es ein kompetenter Historiker, grobe Fehler aufzuweisen, unterschrieb die Rezension aber nicht mit seinem Namen. Ganz selten, zuletzt für sein 2004 erschienenes Buch *L'homme nomade*, gibt es einen längeren Verriß mit dem Titel «Attali, Attila der Geschichte». Wie in anderen Werken oder Artikeln prophezeit er, wie die Welt morgen aussehen wird. Sein Fall ist besonders eklatant, stellt aber keine Ausnahme dar. Dabei ist es wichtig, zu den Freunden der einflußreichen wöchentlichen Beilage von *Le Monde,* «Le Monde des Livres», zu zählen, die nach dem Prinzip funktioniert, das eine von Molières *Femmes savantes* in einem schönen Alexandriner formuliert hat: «*Nul n'aura de l'esprit, hors nous et nos amis.*»

Das gilt nicht nur für Schriftsteller, sondern auch für Philosophen und Soziologen. Kritisches über Vergötterte wird kaum zugelassen. Erst seit kurzem wird Kritik am Papst der französischen Psychoanalyse Jacques Lacan geäußert. Seine Jünger streiten sich noch wütend um sein Erbe, während seine Methode, seine absichtlich undurchdringliche Sprache, sein Umgang mit den Patienten allmählich nüchtern in Frage gestellt werden. Auch in Deutschland war und bleibt der Ruhm des Soziologen Pierre Bourdieu groß. Ob er berechtigt ist, darf bezweifelt werden. Im Universitäts- und Forschungswesen agierte er jedenfalls mit einer Intoleranz und Machtgewißheit, die mit dem Auftreten von Pierre Boulez in der Musik verglichen werden kann. Seine wissenschaftliche Grundeinsicht darf auch als unwissenschaftlich betrachtet werden. Die Marxianer «erklärten» alle menschlichen Phänomene durch die wirtschaftlichen Machtstrukturen. Für Bourdieu war die gesellschaftliche Ausgangsposition des Einzelnen allerklärend. Wer aber behauptet, daß es einen Schlüssel gibt, der alle Türen öffnet, der leugnet die Multikausalität der menschlichen Gegebenheiten. Unwissenschaftlich ist auch die Methode, die dem bekanntesten und international berühmtesten Buch, das er herausgegeben hat, zugrunde liegt. Die 1993 erschienene Untersuchung *La misère du monde* («Das Elend der Welt») beruht auf der Auswertung von Gesprächen, die dem Befragten keine Freiheit lassen. Er gilt erst als «befreit» und deshalb glaubwürdig und seine Aussage erst dann als verwertbar, wenn er im Sinne der vorgefaßten Einstellung des fragenden «Wissenschaftlers» antwortet. Alles, was auf eine andere Erklärung hindeutet als die der objektiven sozialen Gegebenheiten, wird als uninteressant oder unglaubwürdig abgetan. «Erst wenn die Forschung auf vorheriger Kenntnis der Realität fußt, kann sie die Realitäten auftauchen lassen, die sie festhalten will», schreibt Bourdieu. Ein anderer Soziologe, Raymond Boudon, hat in seinem grundlegenden Buch *L'inégalité des chances* (1973, erweiterte Neuausgaben 1985 und 2001) die Vielfalt der Ursachen gezeigt, die die gesellschaftliche Chancengleichheit verhindern. Raymond Aron und seine Tochter Dominique Schnapper, Professorin der Soziologie und nun Mitglied des Verfassungsrats, haben sich selbst und alle Menschen, die die Gesellschaft bilden, als in ihren vielfältigen und unter äußeren Einflüssen ständig neu gewichteten Identitäten dargestellt. Aber die monokausale Deutung von Pierre Bourdieu ist lange herrschend geblieben.

In vielen Gebieten der Geisteswissenschaften verwendet man in Frankreich eine Sprache, die für den Laien unverständlich ist. So wirkt man tiefsinnig. In Deutschland ist das nicht anders. Auf einem Parteitag der SPD hat Willy Brandt seinen ultralinken Soziologen vorgeworfen, sie sprächen umso unverständlicher für das Volk als sie sich volksnäher wähnten. Wörter und Begriffe werden von den «harten» Wissenschaften übernommen, die der Autor entweder selbst nicht versteht oder die er widersinnig verwendet. Wenn jemand dies bemerkt und seine Kritik gar veröffentlicht wie etwa der Amerikaner Alan Sokal und der Belgier Jean Bricmont 1997 in ihrem Buch *Impostures intellectuelles* («Intellektuelle Hochstapelei»), so braust in den Medien eine Welle der Empörung hoch zur vehementen Verteidigung der Betroffenen.

Nicht wenige Intellektuelle haben es aber verstanden, wissenschaftlich Neues zu erarbeiten und dies zugleich zur Grundlage ihres gesellschaftlichen Engagements zu machen. Michel Foucault hat, bevor er 1984, mit nur 58, an Aids gestorben ist, die Genugtuung gehabt, daß zwei seiner zentralen Themen, die Gefängnisse und die Irrenanstalten, von der Gesellschaft mit anderen Augen betrachtet wurden, dank seiner Werke (*Histoire de la folie à l'âge classique, Surveiller et punir*; Wahnsinn und Gesellschaft. Eine Geschichte des Wahns im Zeitalter der Vernunft; Überwachen und Strafen. Die Geburt des Gefängnisses) und dank seiner Mitwirkung an den Aktionen von Bürgerinitiativen, die für die Veränderung beiderlei Art Anstalten eintraten.

In manchen Gebieten darf man französischer intellektueller Größe internationale Bedeutung zusprechen, wobei ein Teil der Wissenschaftler am öffentlichen Leben teilnimmt und ein anderer nicht. Das beste Beispiel ist hier das der Historiker. Von alter Polemik ist wenig übrig geblieben. Der Einfluß der 1929 von Marc Bloch und Lucien Febvre gegründeten Zeitschrift *Annales d'histoire économique et sociale* besteht weiterhin, aber niemand würde die Geschichte auf die der Wirtschaft und der Gesellschaft beschränken. Hingegen würde kein Historiker, der politische Ereignisse und dramatische Geschehnisse wie die Kriege untersucht, es unterlassen, die gesellschaftlichen und wirtschaftlichen Grundlagen oder Hintergründe einzubeziehen. Fast allen Epochen haben sich schöpferische Historiker gewidmet. Über das griechische Altertum hat Jacqueline de Romilly gearbeitet, über das römische Claude Nicolet, über beide Henri-Irénée Marrou, das Mittelalter wurde von Georges Duby und Jacques Le Goff, das 14. und 15. Jahrhundert von Bernard Guénée, das 17. und 18. von Daniel Roche erforscht. Nicolet hat auch über die Politik der Gegenwart geschrieben und sich an der Politik beteiligt. Marrou hat gegen die französischen Vergehen im Algerien-Krieg vehement protestiert. Jean Delumeaus Werke zur Geschichte der Religion sind nicht kämpferisch gedacht und geschrieben, haben aber die Entwicklung des französischen Katholizismus im Sinne des Konzils Vatikanum II mitbestimmt. René Rémond hat viel zur politischen Geschichte Frankreichs im 20. Jahrhundert veröffentlicht. Er hat auch, sei es nur durch seine Fernsehkommentare an den Wahlabenden, seinen Landsleuten das Verstehen des politischen Geschehens und der politischen Strukturen erleichtert. Als engagierter Katholik hat er nicht nur über Kirche und Gesellschaft wissenschaftlich gearbeitet und geschrieben. Er hat auch zur Entwicklung der katholischen Kirche in Frankreich und zum Verständnis dieser Kirche durch die Außenstehenden viel beigetragen.

Sich der Medien gut zu bedienen ist der beste, beinahe der einzige Weg, um bekannt zu werden. Und das beste Medium, das die anderen weitgehend beherrscht, ist die Werbung. Das wußte der Politiker und erfolgreiche Autor Alain Peyrefitte, als er in seine Verträge schreiben ließ, der gesamte Ertrag der ersten Auflagen sollte ihm nicht ausbezahlt, sondern in die Werbung investiert werden. Die Tatsache, daß seine Bücher über China oder über die französische Gesellschaft Auflagen von mehreren hunderttausend Exemplaren erfuhren, war mit dieser Werbung in Beziehung zu bringen. Heute ist die Abhängigkeit der Presse und des Fernsehens von der Werbung ständig im Wachsen.

Was Werbung ist, braucht hier nicht näher beschrieben zu werden. Es geht darum, die Konsequenzen daraus zu ziehen, daß Käufer keine Waren kaufen, sondern sich eher Wünsche erfüllen. Nicht nur der Käufer selbst: *L'enfant prescripteur* – «das verordnende Kind» ist bereits ein altbekannter Faktor, der sogar den Kauf des Autos betrifft. Was ein Bedürfnis ist, das sollten die Wirtschaftswissenschaftler immer mehr als etwas durch die Werbung Geschaffenes definieren. Daß sie nach Alter, Besitz, Geschlecht, Wohnbezirk auf diese oder jene Zielgruppe schließt, sollte heute jedem bewußt sein. Aber die Folgen der durch die Werbung angehäuften Wirtschaftsmacht werden allzuoft übersehen oder absichtlich verschwiegen. In Frankreich wie in Deutschland ist die Existenz vieler Zeitungen bedroht, weil die Wirtschaftskrise die Werbung zurückgehen ließ. Eine der redaktionellen Konsequenzen besteht darin, daß der Verbraucher immer weniger geschützt ist. Welche Zeitung riskiert es noch, die Quellen der Werbung dadurch zum Versiegen zu bringen, daß man die angepriesenen Produkte als nicht preiswert oder sogar als schädlich darstellt? Der Kampf der *Union fédérale des consommateurs* (Föderale Verbraucherunion) mit ihrer mutigen, ohne Werbung veröffentlichten Monatszeitschrift *Que choisir?* («Was auswählen?») klärt ihre Mitglieder und Leser gut auf und hat manche Erfolge vor Gericht. Aber ihre Möglichkeiten und ihr Einfluß bleiben sehr begrenzt.

Der Einfluß der Werbung auf die Medien ist im Fernsehen noch größer als in den Zeitschriften. Nicht, daß die französische Presse nicht weiterhin den größten Anteil am Werbemanna hätte. 2002 gingen 4,7 Milliarden Euro an die Presse (inklusive der Anzeigen), nur 2,9 Milliarden an das Fernsehen und 0,7 an den Rundfunk, wobei der Vergleich mit Deutschland zeigt, daß die Presse im Nachbarland einen noch größeren Anteil hat. 2001 erhielten die deutschen Zeitungen 67,1 % der Werbung, 24,4 % gingen an das Fernsehen und 3,6 an den Rundfunk, gegen 50,9 %, 29,8 und 6,8 in Frankreich. Aber der Inhalt der Sendungen wird durch den Ruf nach der Werbung viel mehr beeinflußt, viel direkter bestimmt als der redaktionelle Teil der Zeitungen. 2004 hat der allmächtige Intendant von TF1, Patrick LeLay, in seinem Beitrag zum Band *Les dirigeants face aus changement* provokativ und zynisch geschrieben: «Wenn es um business geht, seien wir doch Realisten. Die Aufgabe von TF1 besteht doch darin, z. B.

Coca Cola zu helfen, sein Produkt zu verkaufen. Damit aber der Werbespot wahrgenommen wird, muß das Gehirn des Fernsehzuschauers verfügbar sein. Unsere Sendungen dienen dazu, es verfügbar zu machen ... Was wir an Coca Cola verkaufen, das ist verfügbare Zeit des menschlichen Gehirns.»

Wenn auch die deutschen und französischen öffentlichrechtlichen Anstalten weitgehend von den Gebühren leben, so starren doch alle auf die Einschaltquote. In Frankreich sind die Gebühren niedriger und der Anteil der Werbung größer: 37 % der Einnahmen bei France, 2,25 % bei France 3, während die bei weitem erfolgreichste Fernsehanstalt, TF1, als Privatsender allein durch die Werbung finanziert wird. Welche vielfältigen Konsequenzen sich daraus ergeben, das wurde 2004 in dem nüchternen, wohlinformierten Buch von Hélène Risser *L'Audimat à mort* («Die Quote zu Tode») klar und entmutigend gezeigt. Der Zuschauer soll nicht gelangweilt werden. Deutschland, Europa, das nicht-exotische oder «unblutige» Ausland sind schlechthin «beschissene» (*chiants*) Themen. Sollten sie durch ein dramatisches Ereignis interessant werden, so genügt es, Reporter zu schicken, die durchaus nicht Experten des Landes zu sein brauchen. Also kann man getrost die Auslandsabteilungen in den Redaktionen sowie die Auslandsbüros, u.a. in Berlin und in Brüssel, schließen. Der deutsche Fernsehzuschauer wird besser behandelt. Aber auch in Deutschland geht dabei das Kulturelle zugrunde. Es ist unwichtig, daß eine Einschaltquote von wenigen Prozent einem Stück von Racine oder Schiller dem Werk mehr Zuschauer bringt als bei allen Aufführungen seit dem 17. oder 18. Jahrhundert zusammen. Vor Mitternacht soll es nicht auf den Bildschirm, wenn auch die Sendung zur *Prime time*, wie man auf französisch und auf deutsch sagt, eine bessere Einschaltquote hätte.

Als am 7. April 1987 die Kandidaten zum Kauf des zur Privatisierung bestimmten TF1 vor der *Commission nationale de la communication et des libertés* auftraten, die unter ihnen auswählen sollte, so besiegte der große Bauunternehmer Francis Bouygues das Verlags- und Presseimperium Hachette zur allgemeinen Überraschung, weil der zukünftige Generaldirektor Patrick Le Lay – bis heute erfolgreich im Amt – feierlich versprochen hatte, daß es viele anspruchsvolle Sendungen geben würde, mit wertvollen Filmen, Theateraufführungen, Opernfestspielen, Jugendprogrammen, die die Zuschauer zur Wissenschaft und zur Kunst führen sollten. Die satirische Zeitung *Le canard enchaîné* («Die gefesselte Ente») erinnert ständig daran, daß ein Versprechen nur den bindet, der daran glaubt. Seit 1987 ist nicht nur das Anspruchsvolle nach und nach verschwunden. Immer mehr Sendungen in fast allen Ländern greifen immer niedriger, insbesondere bei immer entwürdigerenden «Spielen». Die Zeitung *Libération* hat das Wort *écoeurtainment* («Ekeltainment») lanciert. 1981 war ein ausgiebiger Bericht zu einer Reform des Funk- und Fernsehwesens erschienen, den eine vom Premierminister eingesetze Kommission zusammengestellt hatte. Auf der vierten Umschlagseite des Heftes prangte ein Zitat der großen Schriftstellerin Marguerite Yourcenar (der ersten Frau, die Mitglied der *Académie française* wurde). In einem 1977 erschienenen Buch hatte sie geschrieben: «Massive Kommunikationsmittel, im Dienste von mehr oder weniger getarnten Interessen, werden die Welt überschütten mit einem Opium für das Volk, das heimtückischer sein wird, als das, dessen je eine Religion beschuldigt worden ist.» Die *Commission Moinot* hatte als Sinngebung für ihren Bericht hinzugefügt: «Damit die Zukunft nicht dies sei!»

Die Reform war jahrzehntelang auf der Tagesordnung der öffentlichen Diskussion. Es ging um das Verhältnis von Rundfunk und Staat. In der Bundesrepublik war es seit dem Urteil des Bundesverfassungsgerichts vom 28. Februar 1961 klar, daß die Bundesrepublik eine Sendeanstalt beherrschen durfte und daß Funk und Fernsehen Ländersache seien. Damit sei nicht gesagt, daß die Verwaltungsräte und die Intendanten von ZDF und der in der ARD vereinten Anstalten fern jeder politischen Beeinflussung wirken. Aber in Frankreich hat es eine ständige Vermischung, Verwechslung von «*public*» und «*politique*» gegeben. Noch 1959 bleibt die RTF (*Radiodiffusion-Télévision française)* trotz neu erworbener Autonomie in Verwaltungsangelegenheiten der Regierung völlig unterworfen. Das Gesetz vom 27. Juni 1964 verwandelte das RTF in ORTF (*Office de radiodiffusion-télévision française)*, mit einem an sich mächtigen Verwaltungsrat und einem Intendanten *(directeur général)*, die alle von der Regierung ernannt waren, was doch auch die Lage bei der BBC war. Diese hatte sich jedoch seit den zwanziger Jahren an echte Unabhängigkeit gewöhnt, während die Regierung in Frankreich nicht ohne Erfolg weiterhin auf Gehorsam pochte. Im Juli 1949 hatte der damalige Staatssekretär für Information, François Mitterrand, in der Nationalversammlung gesagt: «Die *Radiodiffusion française* hat jeden Tag Politik zu betreiben, nämlich eine nationale Politik der Interessen Frankreichs ... Unter denen, die befugt sind, zu Frankreich und zu der Welt zu sprechen, stehen da nicht an erster Stelle diejenigen, die unsere demokratischen Institutionen vertreten?» De Gaulle machte das persönlicher. Er schrieb an seinen Informationsminister Alain Peyrefitte im Mai 1964: «Ich kann nicht akzeptieren, daß man die Radio Télévision française einem Kritiker zur Verfügung stellt, oder einem Autor oder einem Politiker, der de Gaulle zum Thema nimmt, ohne daß ich dem zugestimmt hätte.» 1972 sagt Präsident Pompidou, ein Fernsehjournalist sei kein Journalist wie die anderen. «Er hat zusätzliche Verantwortungen ... Das französische Fernsehen wird von den Franzosen und vom Ausland als Stimme Frankreichs betrachtet. Und dies legt eine gewisse Zurückhaltung auf.» Noch im Januar 1982 erklärt Jack Lang, Minister für Kultur, in einem Interview, daß «das Parlament und die Regierung den Verantwortlichen der Rundfunk- und Fernsehanstalten genaue Verpflichtungen auferlegen, ja ich sage auferlegen müssen.» Er nimmt als Beispiel die Politik der Musik. «Wenn die Regierung eine bestimmte Politik macht, wie kann es dann sein, daß mit den vom Bürger bezahlten Gebühren Rundfunk oder Fernsehen eine andere Politik machen?»

Es handelte sich da immer um staatliche Anstalten. Private durfte es keine geben. Private Rundfunkanstalten durften zwar Büros und Studios in Paris haben, aber sie mußten von außerhalb Frankreichs senden – das 1931 gegründete RTL aus Luxemburg, das seit 1955 aus dem Saarland sendende *Europe I*. Auch das störte de Gaulle, der im März 1965 dem Ministerrat mitteilte, daß die *stations périphériques* eine das Monopol brechende Anormalität seien, die man auf Dauer nicht dulden sollte. Erstaunlich ist, daß es die erste sozialistische Regierung der V. Republik war, die einem neuen, am 29. Juli 1982 verkündeten Gesetz einen Artikel 1 gab, dessen Tragweite sie wahrscheinlich nicht voll begriff: «Die audiovisuelle Kommunikation ist frei.» Also durfte es «*radios libres*», freie, sehr unterschiedliche Rundfunkanstalten und lokales Fernsehen geben. Das Öffentlich-Rechtliche blieb die Regel, mit mehr Unabhängigkeit für die drei getrennten öffentlichen Anstalten. Zu den 1964 geschaffenen Ersten und Zweiten war 1973 der Sender der Regionen hinzugekommen.

1987 wollte die Regierung von Jacques Chirac, der Präsident Mitterrand auf diesem Gebiet nicht hatte widerstehen können, eine der drei Anstalten privatisieren. Nach einigem Zögern wählte man die Erste, was eine enorme Begünstigung bedeutete. Lange hatte es ja nur ein Programm gegeben. Wenn jemand *la télé* sagte, so war dieses gemeint, auch nach der Schaffung der beiden anderen. Auch blieben die Fernsehapparate so eingestellt, daß, wenn man sie einschaltet, das Programm der Ersten, ab 1987 TF1, auf dem Bildschirm erscheint. TF1 ergatterte 2003 54,6 % der gesamten Fernsehwerbung mit einer durchschnittlichen Einschaltquote von 31,5 %, trotz der Konkurrenz von Kabel, Satellit und kleineren Sendern. Seine Sendungen stehen meist an der Spitze des

Erfolgs. Von den hundert Sendungen mit Höchstzahlen von 2003 (zwischen 12,2 und 8,3 Millionen Zuschauer) waren 95 auf TF1 gelaufen. Die Zuschauerzahlen der Informationssendungen um 20 Uhr sowie die um 13 Uhr übertreffen ständig die von *France 2* und *France 3*. Wie in Deutschland, laufen nun die Öffentlich-Rechtlichen den Privaten nach, d.h. daß auch sie *Undertainment* als bestes Mittel der Quotenverbesserung betrachten, obwohl die Ressourcen der Gebühren ihnen die Möglichkeit geben, andere Programme zu gestalten. Selbstverständlich werden auch gute, informative oder künstlerisch schön gestaltete Sendungen ausgestrahlt, aber eher als rechtfertigende Ausnahmen. Beinahe völlig verschwunden sind in Deutschland die medienkritischen Reihen, wie das ehemalige «Glashaus» bei ARD oder «Betrifft Fernsehen» im ZDF, wohingegen sich in Frankreich jeden Sonntag immerhin 5 % der Zuschauer mit Interesse die Sendung *Arrêt sur image* («Standbild») von Daniel Schneidermann im öffentlich-rechtlichen *France 5* ansehen, «das Fernsehen des Wissens, der Ausbildung und der Beschäftigung». Die Zahl wäre viel größer, wenn in den Schulen die Kinder und Jugendlichen lernen würden, das Fernsehen kritisch zu betrachten, anstatt zu glauben, daß das Gesehene auch wahr ist.

Beim Rundfunk ist die Lage eine andere. Gewiß steht RTL mit 12,4 % an der Spitze, vor den Jugendmusiksendern und vor *Europe I*, wenn man die verschiedenen Sender von *Radio France* einzeln nimmt. Aber die öffentlich-rechtliche Anstalt, die 90 % ihrer Ressourcen von den Gebühren bezieht, ist führend, wenn man *France Inter* (10,8 %) und *France Info* (10,4 %) zusammen nimmt und noch *France Bleu*, *France Musiques* und *France Culture* hinzufügt. *Europe I* hat ausgezeichnete Informationssendungen, vor allem am Morgen, aber die Ausgaben für den Bereich Information liegen bei *Radio France* bei 110 Millionen Euro gegen 18,6 bei RTL und 19,5 bei *Europe 1*. Wie in Deutschland besteht noch ein weiter Kreis einer informationshungrigen Hörerschaft. TF1 finanziert aber auch einen Kabel-Sender – LCI –, der 24 Stunden am Tag gute Sendungen zu Politik und Gesellschaft bringt, mit einer Überbetonung der Wirtschaft und der Börse, die beinahe so stark ist wie in Deutschland bei n-tv.

Trotz des Einflusses des Fernsehens bleibt die Presse das wichtigste Mittel nicht nur der Information, sondern der Einsicht in die Hintergründe der Nachrichten. Nicht, daß die Franzosen große Zeitungsleser wären. Mit 164 Tageszeitungsexemplaren auf tausend Einwohner steht Frankreich nur auf Rang 31 der von Norwegen (704) und Japan (653) geführten Weltliste. Aber während es einen langsamen Abstieg der Tagespresse gibt, sind die Wochenzeitungen weiterhin erfolg- und einflußreich. Im Vergleich mit Deutschland bestehen wenigstens zwei große Unterschiede. Der erste ist ein doppelter: Der deutsche Leser ist aus Wahl und aus Zwang treuer als der französische. Der Straßenverkauf wiegt in Frankreich mehr als das Abonnement. Sogar *Le Monde* (Vertrieb 2003 399 000 Exemplare) und *Le Figaro* (359000) haben relativ wenige Abonnenten. Nur *La Croix* und die Wirtschaftstageszeitung *Les Echos* verteilen über 90 % ihrer eher niedrigen Auflage (98 000 und 141 000) durch Abonnement. Die Kosten der Verteilung durch die Zeitungsstände erhöht noch die Abhängigkeit von der Werbung. Der deutsche Leser kann sich von seinem Abonnement nur trennen, wenn er rechtzeitig abbestellt. Wie bei der Kirchensteuer bleibt die Verpflichtung zu zahlen, solange man nicht den Akt des Austritts vollzogen hat. In Frankreich stellt man einfach die Zahlung ein. Wenn eine französische Zeitung oder Zeitschrift dem nicht mehr zahlenden Abonnenten ihre Veröffentlichung weiterhin zustellt, so ist es ihre Sache und der Verlust belastet ihre Bilanz.

Der zweite Unterschied betrifft den Inhalt. Die *presse quotidienne nationale* (auf deutsch heißt es bescheidener «überregional») hatte im Jahr 2000 eine tägliche Auflage von durchschnittlich 2,2 Millionen Exemplaren. Die *presse quotidienne régionale* 6,7 Millionen (mit einem höheren Anteil von Abonnenten. Auflage und Verkauf klaffen in Frankreich weiter auseinander als in Deutschland). Die Qualität der meisten Provinzzeitungen liegt weit unter der von Zeitungen, die in Stuttgart, Köln oder Hannover erscheinen. Die größte französische Tageszeitung, *Ouest-France,* die mit ihren 783 000 Exemplaren weit mehr als die Bretagne beherrscht, ist da eine – begrenzte – Ausnahme. Den Ausgleich schafft die Tatsache, daß keine französische Tageszeitung eine Ähnlichkeit mit *Bild* hat, weder durch eine Auflage von 4 Millionen, noch – glücklicherweise – im Inhalt.

Die Verbreitung der Pariser Tageszeitungen außerhalb der Hauptstadt ist recht begrenzt. Nur eine gesellschaftliche Elite liest regelmäßig *Le Monde* oder *Le Figaro.* Aber die großen «news» – *L'Express, Le Nouvel Observateur, Le Point* – werden im ganzen Land gelesen, mit ihrem im großen ganzen informativen und nüchternen Inhalt. Recherchierte Berichterstattung bleibt dabei begrenzter als die des *Spiegel,* aber breiter als in *Focus.* In ganz Frankreich gelesen wird auch das zur Zeit der Zensur im Ersten Weltkrieg geborene satirische Wochenblatt *Le Canard enchaîné* («Die gefesselte Ente» – ein Wort, das im Slang zugleich Zeitung und Falschnachricht bedeutet). 2003 hat das achtseitige Wochenblatt im Durchschnitt je 403 000 Exemplare verkauft. Obwohl es keine Werbung aufnimmt, gehören seine Journalisten zu den bestbezahlten. Viele der von der Regierung, der Opposition, den Großunternehmern verschwiegenen Fakten und Daten werden der Zeitung zugespielt, z. B. von Beamten, die feststellen mußten, daß kompromittierende Akten, die sie ihren Vorgesetzten übergeben hatten, nicht mehr aufgetaucht waren. Wie der *Spiegel* verkörpert *Le canard* zugleich die Pressefreiheit und die Verbreitung der Verachtung für die Politik durch ständige Herabsetzung der Politiker.

Keine deutsche Zeitung verkörpert allein eine politische Macht, die der von *Le Monde* gleicht. Zunächst stellen weder die *FAZ* noch die *Süddeutsche* den Ort dar, wo das politische

Milieu mit sich selbst verkehrt. Wenn eine prominente Persönlichkeit der Regierung oder einer Partei ihren Gegnern oder ihren befeindeten Parteifreunden etwas zu sagen hat, so schreibt sie einen Beitrag für *Le Monde* oder gibt der Zeitung ein Interview. Das gleiche gilt für Gewerkschaftsführer oder Ärzteverbände. Darüber hinaus bringt *Le Monde* die wahrscheinlich breiteste Information der Weltpresse über das Geschehen auf allen Kontinenten. Seit ihrer Gründung vor sechs Jahrzehnten ist sie im Land immer einflußreich geblieben und hat ihre Informationen und Kommentare auch mehr und mehr auf gesellschaftliche und kulturelle Ereignisse und Entwicklungen ausgedehnt. Ein Teil der Schwächen ist nicht neu, wenn auch Kritiker sagen, sie seien lediglich von dem heutigen Team verschuldet. Im Gegensatz zur *New York Times* ist die Trennung zwischen Information und Stellungnahme eher verschwommen. Da man zugleich informieren und erklären will, ist die Parteilichkeit eine Versuchung, der die Zeitung nur allzu oft nicht widerstanden hat: jahrzehntelang Deutschland und den USA gegenüber und auch, aber mit mehr Selbsttäuschung und Täuschung der Leserschaft in entgegengesetzter Richtung, in Sachen Sowjetunion und noch mehr der Volksrepublik China. Selbstkritik und Eingestehen von Verzerrungen oder Versäumnissen hat *Le Monde* immer ferngelegen. Heute gelten die Vorwürfe auch einer ziemlich systematischen Hinterhältigkeit, die die Zeitung das Vertrauen vieler Leser gekostet hat, die sie trotzdem als bestmöglichste Quelle fundierten Wissens weiterhin lesen. Solche Leser werden es sein, die 2003 einem dicken, angriffslustigen Buch zum großen Verkaufserfolg verhalfen: *La face cachée du MONDE. Du contre-pouvoir aux abus de pouvoir* («Das verborgene Gesicht von LE MONDE. Von der Gegengewalt zum Machtmißbrauch»). Die Autoren brachten sehr gut recherchierte Beschuldigungen vor, aber die Kapitel enthielten auch polemische, inhaltsschwache Seiten, die die Wirkung abschwächten. Die Direktion legte der Redaktion eiserne Disziplin auf und bestrafte die Mitarbeiter, die klare Beantwortung und nüchterne Aufklärung der Vorwürfe forderten. Die Zeitung verklagte die beiden Autoren des Buches und kündigte an, beim Prozeß würden alle oft schweren Vorwürfe widerlegt werden. Im Juni 2004 wurde aber ein Kompromiß veröffentlicht. Die Autoren entschuldigten sich für einige Fehler oder sprachliche Übertreibungen, was bedeutete, daß die anderen vorgebrachten Fakten wahr waren. Es würde also nicht zum Prozeß kommen. Die Zeitung gehört weiterhin nicht-kapitalistischen Mächtigen und die *Société des rédacteurs* besitzt immer noch einen mit Vetorecht versehenen Teil des Kapitals. Aber die interne Macht des Direktors der Redaktion wird nicht im Sinne eines «team spirit» ausgeübt, und der Herausgeber benimmt sich selbst einigermaßen kapitalistisch, indem er andere Zeitungen aufkauft, z. B. die anspruchsvolle, mit mehr als 600 000 Exemplaren besonders erfolgreiche Fernseh- und Kulturwochenzeitung *Télérama,* deren beträchtliche Geldreserven *Le Monde* nun zur Verfügung stehen.

Das Schicksal von *Le Figaro* ist ein ganz anderes. Die alte Pariser Zeitung durfte nach der Befreiung wieder erscheinen. Das Datum, das man 1944 bestimmte, um die unter deutscher Besatzung erschienenen Blätter endgültig zu verbieten, war so ausgewählt, daß *Le Temps* verschwinden mußte – in sein Gebäude zog nun *Le Monde* und behielt manche Redakteure –, während der *Figaro*, der ein paar Tage früher verwschwunden war, sich in den neuen Blätterwald einfügen durfte. Da der Direktor und die Redaktion nichts mit der reichen verwitweten Besitzerin zu tun haben wollten, schuf man eine Struktur, in der eine *Société fermière* sich zwischen Besitzerin und Herausgeber einschob. Als später der Presse-Tycoon Robert Hersant die Zeitung kaufte, gelang es ihm, seine Leute in die *Société fermière* zu bringen, die nunmehr die Redaktion nicht mehr schützte. Bis 2004 hat es dann doch eine weitgehende Unabhängigkeit gegeben, mit einer Orientierung, die der der FAZ nicht unähnlich war. Im März 2004 haben die meisten Erben von Robert Hersant – der acht Kinder gehabt hatte – ihre Anteile an Serge Dassault verkauft, der bereits seit 2002 30 % und nun 80 % des Kapitals besaß. Der Erbe des Flugzeugindustriellen Marcel Dassault konnte sich jetzt seinen Traum erfüllen, ein Presse-Tycoon zu sein, mit *Le Figaro, Le Progrès* und *Le Dauphiné* (in Lyon und Grenoble – zusammen in Monopolsituation in der Region Rhône-Alpes). Dazu auch weitere Tageszeitungen und auch die Gruppe *L'Express* (mit u. a. der angesehenen Wirtschaftszeitung *L'Expansion*). Daß das Versprechen, die Unabhängigkeit der Redaktionen zu respektieren, vollständig eingehalten wird, ist unwahrscheinlich. Unter den anderen größeren Pressegruppen haben zwei durch ständige Erweiterungen überrascht. Axel Ganz, dessen *Prisma-Presse* ein französischer Ableger von Gruner & Jahr ist, hat sich als schöpferisches Genie von Wochen- und Monatszeitungen erwiesen. Seine neunzehn Titel erscheinen zusammengerechnet in 270 Millionen Exemplaren, darunter die größten Frauenmagazine. Jedesmal wird ihm ein Scheitern vorausgesagt. So 2004 bei der Schöpfung einer billigen Fersehzeitung, die die Programme für zwei Wochen gibt. *Télé 2 semaines*, geplant für 500 000 Exemplare, hat in wenigen Wochen die Anderthalb-Millionen-Grenze überschritten. Auf einem ganz anderen Gebiet ist der katholische Verlag Bayard ständig erfolgreich. Er gehört einem Orden, der den Generaldirektor walten läßt. Neben der Tageszeitung *La Croix* veröffentlicht Bayard seit langem eine die Millionengrenze überschreitende Senioren-Monatszeitung *Notre temps* und immer mehr hervorragend aufgemachte, pädagogisch beispielhafte Kinder- und Jugendillustrierte. Viele Zeitungen wurden im Ausland aufgekauft oder neu gegründet. In Frankreich hat er seinen Konkurrenten *Milan* im Februar 2004 aufgekauft.

Die Bayard-Gruppe verlegt auch Bücher. Aber auf diesem Gebiet kann sie mit den neuen Riesen nicht konkurrieren. Dassault stellt nicht nur Militärflugzeuge her, aber das Vermögen der Familie stammt doch hauptsächlich von Regierungsaufträgen. Die Aufträge für militärische Raketen haben das Unternehmen Matra bereichert, das dem Industriellen Lagardère gehört. Unter seiner Regie und der seines Sohnes ist ein Verlagsimperium entstanden, das beinahe auch das Reich von Jean-Marie Messier, nach dessen Ruin, aufgekauft hätte. Nachdem die Brüsseler Kommission ihr Veto eingelegt hatte, wurde ein ganzer Block von Verlagen von den De Wendel-Erben (ehemals Größen der Stahlindustrie), d.h. vom Baron Seillière, kämpferischer Präsident des Arbeitgeberverbands, aufgekauft. Die noch unabhängigen größeren Verlage, die in Brüssel gegen die Monopolsituation von Lagardère geklagt hatten, teilweise mit Erfolg, haben das Nachsehen.

Die großen Verlagsgruppen besitzen nun auch die meisten Schulbuchverlage. Nicht um Inhalte zu beeinflussen, sondern weil das Schulbuch viel Profit machen kann. Die Konkurrenz ist groß. Die Aufmachung und die Bebilderung werden immer schöner, aber die Bücher werden dünner. Da sie vom Staat kostenfrei zur Verfügung gestellt werden und die Haushalte ständig schrumpfen, muß beim Inhalt gespart werden. Auch leiden die Verleger unter der ständigen Veränderung der Lehrinhalte, die auf nationaler Ebene vom Ministerium ausgearbeitet werden. Für den Geschichtsunterricht gilt dies besonders, weil der Wille, die Abiturienten bis in die Gegenwart zu führen, stets vorhanden ist. So ist nun der Zweite Weltkrieg von der Oberprima auf die Unterprima verlegt worden, damit in der letzten Klasse mehr Zeit für die Welt seit 1945 zur Verfügung stehe. Das Ausarbeiten eines gemeinsamen deutsch-französischen Geschichtsbuches ist schon deshalb ein gewagtes Unternehmen, weil ja der Platz und die Inhalte des Geschichtsunterrichts in Frankreich anders sind als in den sechzehn Bundesländern.

Das Originellste im französischen Schulsystem betrifft eine Altersstufe, in der die Kinder noch keine Bücher lesen. Während die Schulpflicht 1936 nach oben auf vierzehn Jahre festgelegt wurde und 1959 auf sechzehn, so wurden bereits 1837 *salles d'asile* für Zwei- bis Sechsjährige vorgesehen, aus denen 1887 die *écoles maternelles* wurden, die heute von fast allen Dreijährigen besucht werden, bis sie mit sechs in die Grundschule kommen. Die Zweijährigen sind auch zugelassen, vorausgesetzt es sind Plätze vorhanden und sie sind den Windeln entwachsen. Die Kinder sind von 8 Uhr 30 bis 16 Uhr 30 in der Schule. Nach dem Mittagessen schlafen sie in richtigen Betten. Sie werden «bemuttert» durch die Lehrerin und durch Frauen, die sich außerhalb des Klassenraums um ihr Wohlergehen kümmern. Das Wort «Schule» darf nicht täuschen. Es wird nicht direkt gelernt. Die Methode ist eben nicht die des autoritär auferlegten, inhaltsreichen Unterrichts der Grundschule. Es geht um spielerisches Erwecken und auch um gesellschaftliche Integration. Die Pädagogik erinnert an Maria Montessori, in mancher Beziehung auch an die Waldorf-Schulen. Die Kleinen ziehen jeden Morgen mit Freude zur Schule, gehen oft ungern wieder nach Hause – was im späteren Alter dann immer seltener der Fall sein wird.

Daß die *école primaire,* die Grundschule, für alle Kinder dieselbe sein sollte, war immer unbestritten, bis in die sechziger Jahre des 20. Jahrhunderts mit Trennung zwischen Jungen und Mädchen. In den Dörfern und Kleinstädten stand im allgemeinen ein größeres dreiteiliges Gebäude. In der Mitte *la mairie,* das Rathaus, links und rechts davon die *école de garçons* und die *école de filles.* Aber wie soll die Sekundärstufe gestaltet werden? Das Gymnasium war jahrzehntelang nur für die Kinder aus gutbürgerlichen Familien da. Nicht, weil es für die anderen verboten gewesen wäre. Die Trennung war in den Geistern und vor allem auf die Berufsaussichten bezogen. Langsam stellten sich Fragen wie «Soll es ein Aufnahmeexamen zur Sexta geben?», «Soll der Unterricht nicht ein anderer sein für die, die später das *baccalauréat,* das Abitur bestehen werden, und für die, die als Abschlußdiplom nur das *brevet élémentaire* anstreben?» Das Latein in der Sexta war ein Zeichen der sozialen Differenzierung. Dann aber entschied eine konservative Regierung und eine rechte parlamentarische Mehrheit, was in der Bundesrepublik als «rot» gegolten hat und noch gilt: 1975 schuf das *loi Haby* (so der Name des Erziehungsministers) das *collège unique*: dieselben vier ersten Jahre der Sekundärstufe für alle. *Lycée* – Gymnasium –, das waren nur die drei letzten Jahre vor dem Abitur, *Seconde, Première* und *Terminale.* Auch wurde eine Schulkarte eingeführt, die die Bezirke umriß, innerhalb derer die Schulpflicht zu erfüllen war. Viele wohlsituierte Eltern haben sich dagegen gewehrt, indem sie Sohn oder Tochter zur Privatschule schickte oder sich einen fiktiven Wohnsitz in der Nähe einer bekannten Schule, dann eines berühmten Gymnasiums verschafften. Auch die Schulleiter fanden Wege, um doch Eliten-Klassen zu bilden. In den achtziger Jahren war es oft Deutsch als Erstsprache in der Sexta. Dann hieß es aber, von seiten der sozialistischen Regierung, daß auch das *baccalauréat* für alle da sein sollte und daß das Ziel sei, 80 % jedes Jahrgangs bis zum Examen zu führen, das zugleich Schulabschluß und Eingangsschein zur Universität war und bleibt. Um dieses Ziel zu erreichen, ist der Aufstieg von Klasse zu Klasse sehr erleichtert worden, und es wurden immer mehr «Abitursorten» eingeführt, von denen manche relativ stark berufsorientiert sind.

Daß damit die Chancengleichheit keineswegs erreicht ist, wurde in den letzten Jahren immer klarer. Gewissermaßen «ausgesiebt» wurden die Jugendlichen immer noch recht früh, unter verhängnisvoller Fortführung einer französischen Besonderheit: Die Handfertigkeit gilt als wertlos verglichen mit der rein intellektuellen Leistung. Die Schüler, die nach der Quarta auf die Schiene des *enseignement technique* gestellt werden, sind damit nicht wegen ihrer Fähigkeiten auf diesen Weg gebracht, sondern von der anderen Laufbahn ausgeschlossen worden, weil sie als gescheitert gelten. Das Schlimmste ist dabei, daß sie sich dann leicht selbst als gescheitert betrachten. Dazu kommen natürlich – wie in Deutschland, aber wahrscheinlich noch mehr als dort – die tiefen Unterschiede der Entwicklungsmöglichkeiten des Schülers durch die unterschiedliche Zusammensetzung der Klasse. Wenn zwei Drittel der Mitschüler eine andere Muttersprache haben als Französisch, wenn die Eltern nur eine begrenzte Schreibkultur haben, so sind die Chancen, eine blendende Schul- und Gymnasiallaufbahn zu haben, sehr gering. Auch hier wird dann der Wille zum Erfolg oft durch frühzeitige, mürrische Resignation ersetzt.

Daß es auch anders gehen könnte, wird jüngst durch ein Experiment bewiesen, das der Direktor des Pariser Instituts für politische Studien, des berühmten *Sciences po,* durchführt. Bisher wurde die sehr schwierige und selektive Aufnahmeprüfung fast nur von Abiturienten bestanden, die über die Kenntnisse und die Sprachgewohnheiten der begünstigten, vor allem Pariser Elternhäuser verfügten. Die Studentenvereinigungen (auch die sehr linken, die sehr «fortschrittlichen»!) bekämpften die Entscheidung, einige Abiturienten von schlechtsituierten Vorortsgymnasien nicht durch die übliche Prüfung, sondern durch ein individuelles Aufnahmeverfahren zum Studium zuzulassen. Dies verstoße gegen das Gleichheitsprinzip, sagten die Studenten. Als nun die ersten Außenseiter eintrafen, stellte sich heraus, daß sie sich gut integrierten, wobei sie noch härter zu arbeiten hatten als die «normalen» Studenten und auch, daß das Klima der «schwierigen» Gymnasien, aus denen sie kamen, sich sehr verändert hatte. Die Lehrer hatten den Kandidaten auf *Sciences Po* viel zusätzliche Zeit gewidmet. Nun stellten sie und viele Schüler fest, daß sie nicht von vorneherein keinen Zugang zu der Eliten-Schule hatten, daß also die Resignation keineswegs so gerechtfertigt war, wie man glaubte. Auch der sehr elitennahe *Figaro* stellte fest, daß die Öffnung des Instituts in manchen der betroffenen Schulen den Prozentsatz der bestandenen Abiture erhöht hatte, unabhängig von dem Wunsch, danach der «Elite» angehören zu wollen.

Die völlige Veränderung des Gymnasial- und Hochschulwesens, die oft verächtlich Vermassung genannt wird, läßt sich leicht belegen. Nach dem Krieg schienen die Universitäten die Grenzen ihrer Kapazitäten bald erreicht zu haben, waren doch 1960 mehr als 300 000 Studenten immatrikuliert. 2002 waren es weit über zwei Millionen. Viele neue Universitäten sind gegründet worden. *Ex nihilo* in vielen Städten. Durch Aufteilung der allzu großen Universität in dreizehn sehr unterschiedliche Universitäten in Paris nach den 68er Jahren. Besser gesagt waren 2002 1,7 Millionen Studenten (53 %) in den «normalen» Universitäten eingeschrieben, denen die Zulassungsselektion untersagt ist. 360 000 waren in der selektiven technischen Ausbildung, 146 000 waren Medizin-Studenten, 142 000 in verschiedenen para-medizinischen oder anderen Hochschulen und 310 000 in den *grandes écoles* oder den noch innerhalb der Gymnasien inkorporieten *classes préparatoires,* in denen man sich eifrig, unter ständigem Druck, auf den Wettbewerb verschiedener *grandes écoles* vorbereitet. Circa 10 % der Kandidaten werden zugelassen. In einer staatlichen *grande école* erhält man gratis eine hervorragende Ausbildung (in manchen bekommt man bereits als «Schüler» ein Gehalt dazu), die den Haushalt der Nation pro Kopf mehr belastet als ein Student der Rechts- oder Sozialwissenschaften. Dies wäre nicht wirklich ungerecht, wenn die *grandes écoles* nicht gesellschaftlich noch selektiver wären als die Universitäten. In einem Bericht der *Conférence des grandes écoles* wird 2004 festgestellt, daß 11 % ihrer Studenten aus Arbeiter- und Angestelltenfamilien kommen, und 62 % haben leitende Angestellte oder Mitglieder der freien Berufe – Hochschullehrer dazu gerechnet – im Elternhaus.

Die Klage in und über die Universitäten – Lehre wie Forschung – sind ungefähr dieselben wie in Deutschland. Zwei Unterschiede mögen hervorgehoben werden. Deutschland hat glücklicherweise keine monströse Forschungsinstitution wie den CNRS (*Conseil national de la recherche scientifique),* dessen Strukturen insbesondere in den «harten» Wissenschaften dem jungen Forscher kaum eine Chance bieten, was das Angebot amerikanischer Universitäten oft unwiderstehlich macht. Da die Abertausende von Forschern des CNRS verbeamtet sind, bleiben sie bis zum Pensionsalter, ob sie nun etwas Neues erforscht haben oder nicht, und blockieren somit Stellen, die jungen Forschern zustehen sollten. Andererseits hat Frankreich nie die Professorenherrlichkeit im deutschen Sinn gekannt. Die Verhandlungen zur «Ausstattung» eines Lehrstuhls sind in Frankreich unbekannt. Im selben Jahr wird einem deutschen und einem französischen Politologen derselbe Vorwurf gemacht. Der deutsche hat in seine Bibliographie kein französisches Werk aufgenommen, der Franzose kein deutsches. Er sagt zerknirscht: «Aber ich kann doch kein deutsch.», während der Deutsche verkündet: «Keiner meiner Assistenten kann französisch!» In Frankreich ist man (mit Ausnahme der Medizin) Assistent an einer Institution, und man habilitiert sich an einer Institution. Einen *directeur de thèse* hat man, und der nicht nur aus professoralen Gründen überlastete Doktorvater kümmert sich oft ebensowenig um den Doktoranden wie in Deutschland. Im Prinzip soll das Studium in Frankreich wie in den anderen europäischen Ländern nach dem Muster 3 + 2 (Master) + 3 (Doktor) gestaltet sein. Aber die Hochschullehrerlaufbahn bleibt eine andere, sei es nur, weil es zwei sehr verschiedene Laufbahnen gibt. In den Geisteswissenschaften ist das alte System der enormen, in zehn oder noch mehr Jahren vorbereiteten habilitierenden Dissertation abgeschafft worden. Man macht seinen Doktor mit einem größeren Werk, für das drei Jahre nie ausreichen, und dann muß man sich mit einer kleineren zweiten Schrift habilitieren – und bekommt dann, wie in Deutschland, keinen Ruf, weil es im Fach viel mehr Habilitierte als Stellen gibt. Für die juristischen Fakultäten, für die Wirtschaftswissenschaften und für die Politologie schließt man zuerst seine Dissertation ab und kandidiert dann bei einem Wettbewerb (die Hochschul-*agrégation*, nicht zu verwechseln mit dem Rekrutierungswettbewerb der Studienräte, die denselben Namen trägt), der in jedem Fach (Privatrecht, öffentliches Recht usw.) jedes zweite Jahr stattfindet. Ist man unter den ca. 10 % Erfolgreichen, so ist man mit 34 oder 35 Jahren ordentlicher Professor. Wer also aufgenommen wurde, wählt nach Rang seinen Lehrstuhl auf einer Liste der auf nationaler Ebene zur Verfügung stehenden Stellen. Während in Geschichte oder Soziologie die Universitäten gerne einen lokalen Kandidaten vorziehen, so hat die juristische Fakultät von Grenoble oder Nancy kein Auswahlrecht und nimmt, je nach Prestige, den Viert- oder Zehntbesten der neuen *agrégés*.

Den Doktor machen kann man nur an einer staatlichen Hochschule. Eine Ausnahme bildet die Universität Straßburg. Da im Elsaß das Konkordat von 1801 noch gültig ist, dürfen die evangelischen und katholischen Fakultäten die Doktorwürde verleihen, was den *Instituts catholiques* in Paris, Lyon, Toulouse, Poitiers untersagt ist. Hier begegnen wir dem Prinzip der *laïcité,* das im ganzen Schulsystem eine wichtige Rolle gespielt hat und noch spielt.

Seit den letzten Jahrzehnten des 19. Jahrhunderts ist die Schule gewissermaßen mehr als die Schule. Sie verkörpert die Republik. Sie ist aufgebaut auf drei Prinzipien. *L'enseignement est gratuit, laïque et obligatoire.* Die Schule ist kostenlos seit 1881. (Das gilt natürlich auch für die Drei- bis Sechsjährigen der *École maternelle*). Es gibt eine Schulpflicht, was den Staat seinerseits verpflichtet, direkt oder durch die Kommune, in jeder Gemeinde eine öffentliche Schule zu unterhalten. Was heißt aber *laïque*? Die heutige Verfassung Frankreichs sagt in ihrem Art. 2: «Frankreich ist eine unteilbare, *laïque*, demokratische und soziale Republik». Die Übersetzungen sagen ständig «laizistisch», aber *laïciste* hat auf französisch einen kämpferischen Sinn, den die Verfassungsväter nicht intendierten. «Wertneutral» ist auch verfehlt, denn direkt im Anschluß werden die Werte der Gleichheit vor dem Gesetz und der Achtung jedes Glaubens verkündet. Im 19. Jahrhundert ging es darum, die Macht der Kirche zu bekämpfen. Der katholischen, denn die protestantische Minderheit hatte sowieso eine Vergangenheit der Verfolgung und fühlte sich durch die Befreiung vom kirchlichen Einfluß selbst befreit. 1850 hatte das *loi Falloux* die Freiheit des Sekundarunterrichts so festgelegt, daß private und öffentliche Schulen gleichberechtigt waren. 1882 verkündete ein Gesetz zugleich die Schulpflicht und die Laizisierung (Säkularisierung) der Grundschule, u.a. durch die Abschaffung des Religionsunterrichts und die Änderung der Handbücher. 1986 kam die Laizisierung des Lehrkörpers, die kirchlichen Orden durften nicht mehr an öffentlichen Schulen unterrichten. Finanziell galt bis in die Mitte des 20. Jahrhunderts das Prinzip: «Öffentliche Mittel für die öffentlichen Schulen, private Mittel für die Privatschulen», zu denen die konfessionellen Schulen zu zählen waren. Der Kampf zwischen den beiden Schulen, den «gottlosen» und den «abergläubischen» ist so weit gegangen, daß auch die Geschichtsbücher in der Darstellung weit auseinanderklafften.

Gottlos vielleicht, aber deswegen doch nicht unmoralisch. Sei es nur, um dies zu beweisen, aber auch, weil die «republikanische Moral» in den *Écoles normales d'instituteurs* – die pädagogischen Ausbildungsstätten, die in jedem Département mit der Strenge von Priesterseminaren geführt wurden – vertieft und verbreitet wurde. Sei es nur, um dem Gesetz von 1882 treu zu bleiben, das zugleich die Laizisierung und eine *instruction morale et civique* – eine Ausbildung in Moral und Bürgersinn – vorgesehen hatte. Marcel Pagnol hat in seinen erfolgreichen Erinnerungen den ständigen Kampf seines Vaters dargestellt für die Ehrlichkeit, die disziplinierte Freiheit, die Pflicht zum Wissen – und gegen die Pfaffen, den Alkohol und die Mikroben. *L'instituteur* verkörperte nicht nur den aufklärerischen Unterricht für alle, sondern auch die Tugend schlechthin. Heute heißen die Grundschullehrer dummerweise *professeurs des'écoles.* Wenn auch ihr Prestige nicht mehr das alte ist, so bleibt doch ihr Ruf etwas ganz Besonderes. Der beste Beweis ist das einzige Fernsehprogramm von *France 2*, das regelmäßig eine höhere Einschaltquote hat als jedes Gegenprogramm von TF1: «*L'Instit*» läuft seit 1989. Ohne Sex, ohne Gewalt. Der Lehrer (oder vielmehr der Hilfslehrer, der in jeder Schule kaum mehr als einen Monat bleibt, weil er nur einen Kranken oder Beurlaubten ersetzt) Victor Novak ist verständnisvoll, schlichtet Konflikte innerhalb und außerhalb der Schule und entspricht völlig der goetheschen Forderung «edel sei der Mensch, hilfreich und gut». Ende 2004 geht die Reihe zu Ende, weil der Schauspieler Gérard Klein der Rolle überdrüssig geworden ist. Als er einen vielbegehrten Orden erhielt, betonte die Presse, daß eigentlich nicht er, sondern «Victor Novak» geehrt worden sei. Trotz aller Kritik, die heute auf den Lehrkörper hinunterprasselt, unterrichten noch viele *instituteurs* mit dem Einsatz, der autoritären, aber aufgeschlossenen Pädagogik ihrer Vorgänger. Die Inhalte des Unterrichts sind weitreichend, was manchen nicht daran hindert, seinen Schülern auch Schach und Handball beizubringen. «Schnee- oder Naturklassen», die zwei Wochen dauern, gehören zum normalen Lehreralltag. Seit langem unterrichten eher Lehrerinnen als Lehrer, wobei die Feminisierung des Berufs ständig zunimmt. Aber das Bild des «*instit's*» gehört zur nationalen Kultur.

Der Antiklerikalismus hat dabei nach und nach abgenommen, sei es nur, weil die Kirche und die katholische Schule sich sehr verändert haben. Der Schulkampf ist nach dem Zweiten Weltkrieg noch einmal aufgeflammt, weil Vichy die katholischen Privatschulen begünstigt hatte. Zu Beginn der fünfziger Jahre stimmte die konservative Mehrheit für Subventionen. Es entstand ein langes Hin und Her, mit weniger Leidenschaft als um die Jahrhundertwende. Der aggressive *laïcisme* (das Wort ist auf französisch verbunden mit dem Begriff der feindseligen anti-religiösen Intoleranz) hat ständig abgenommen, während die katholische Kirche die einst bekämpfte *laïcité* immer mehr als eine staatliche tolerante Neutralität betrachtet hat. 1959 schien ein vom Premierminister Michel Debré ausgearbeitetes Gesetz den Schulstreit zu beenden. Die Privatschulen, in der großen Mehrheit konfessionell katholisch, wurden beteiligt am *service public d'enseignement*, am «öffentlichen Unterrichtsdienst». Sie hatten die freie Wahl zwischen zwei Statuten. Sie konnten einen Assozierungsvertrag mit dem Staat abschließen, der ein Teil des Haushalts der Schule finanziert, darunter das Gehalt und die Rente der Lehrer, wobei allerdings die Programme und Methoden denen der öffentlichen Schulen zu ähneln hatten, was von den staatlichen Schulräten überprüft werden sollte. Wer dies nicht wollte, konnte durch einen «einfachen Vertrag» lediglich die Lehrergehälter bezahlt bekommen, ohne jedoch sich dem öffentlichen Unterrichtswesen anpassen zu müssen.

Das politische Lager der *laïcité* fühlte sich verletzt und betrogen. 1960 wurden elf Millionen Unterschriften gesammelt für eine Petition zur Abschaffung der *loi Debré*. 1977 fürchtete die konservative Mehrheit eine Niederlage für 1978 und verabschiedete in Eile ein Gesetz, daß den Schulleitern der Privatschulen besondere Rechte bei der Rekrutierung des Lehrkörpers und zur Gestaltung des Unterrichts gewährte. Die 1981 zur Macht gekommene Linke wollte eine entgegengesetzte Entwicklung. Der Gesetzentwurf war dann viel gemäßigter, als es vor den Wahlen die verbündeten sozialistischen und kommunistischen Parteien angekündigt hatten. Lange Verhandlung zwischen dem sehr nüchternen und offenen Erziehungsminister Alain Savary und den kirchlichen Verantwortlichen für die Schulen schritten fort, als die kirchliche Hierarchie und die katholischen Elternverbände zu einer Kundgebung aufriefen, die am 24. Juni 1984 mehr als eine Million Menschen versammelte. Einige Tage später verkündete François Mitterrand, der Gesetzentwurf werde endgültig zurückgezogen. Seitdem funktioniert das Debré-System zur allgemeinen Zufriedenheit. Auf kirchlicher Seite sprach und handelte man immer mehr nach den Prinizipien, die der Erzbischof von Paris, Kardinal Jean-Marie Lustiger, in seiner Rede auf der Kundgebung vom 24. Juni (zum Unmut vieler sozial wohlsituierter Eltern) verkündet hatte: «Ihr seid nicht das ganze Frankreich, aber ganz Frankreich kann sich in Euch erkennen, wenn Ihr die respektvolle Sprache der Toleranz und des Pluralismus verwendet ... Ich wende mich an die Lehrer. Die des öffentlichen Unterrichts wie die des Privatunterrichts ... Ich denke an die unter Ihnen, die die Mission erfüllen, die Erzieher der Mittellosesten zu sein. Oft sind diese Jugendlichen in ihrer Familie die erste Generation, die in unserer Sprache unterrichtet wird. Wie dankbar sollte doch unser Land diesen Lehrern sein! ... Eltern, Lehrer, Ihr fordert Freiheit und Mittel für die katholische Schule. Werdet doch selbst bessere Christen ... Ihr habt weder bessere Erfolgschancen (für Eure Kinder), noch eine kulturelle Macht zu suchen ...»

Die Anspielung auf die Immigrantenkinder ist heute neu zu lesen, denn die *laïcité* in der Schule ist nicht mehr die Frage der katholischen Schulen, die allen offen stehen und auch viele islamische Schüler haben, sondern ein Problem des Islams, das 2004 leider auf die Debatte um das Kopftuch reduziert worden ist.

Der Streit betrifft nicht, wie in Deutschland, das Kopftuch der Lehrerinnen. Die Laizität verpflichtet sowieso jeden Lehrer, jede Lehrerin, neutral zu sein, d.h. sich weder durch Kleidung oder andere Zeichen zu einer Religion oder zu einer Partei zu bekennen. Es sollte auch nicht nur um Schulmädchen gehen. Gewiß läuft der Streit um das islamische Kopftuch seit 1989, als drei Schülerinnen aus einer Sekundärschule der kleinen Stadt Creil ausgeschlossen wurden, weil sie trotz aller Ermahnungen das Kopftuch im Unterricht nicht abnehmen wollten. Die Aufregung war groß und die nationale Diskussion angeregt. Mehr als zweitausend Artikel erschienen von Oktober bis Dezember. Die Themen waren nicht nur das Kopftuch, sondern die Immigration, die Laizität und die Identität der zweiten und dritten Generation der aus Nordafrika Dazugekommenen. Als sich der Streit 2003 neu entfachte und die Schulleiter nicht mehr wußten, was sie mit der Entscheidung des obersten Verwaltungsgerichts anfangen sollten, die ihnen einen breiten Spielraum überlassen hatte, griff der Präsident der Republik ein. Einerseits, indem er ein Gesetz zur Sache verlangte, andererseits, indem er eine «Kommission zur Durchführung des Laizitätsprinzips in der Republik» einberief. Unter dem Vorsitz des von allen geachteten ehemaligen Ministers Bernard Stasi arbeitete die aus hervorragenden Persönlichkeiten zusammengesetzte Kommission effizient und schnell, so daß sie bereits am 11. Dezember 2003, fünf Monate nach ihrer ersten Sitzung, dem Staatsoberhaupt ihren langen, grundlegenden Bericht überreichen konnte. Der Text war so mutig wie ausgewogen. Gleich zu Anfang wurde gesagt, daß «Frankreich die Laizität zu einem der Gründungswerte der Republik erhoben hat». «Die Laizität», heißt es weiter, «Eckstein des republikanischen Pakts, beruht auf drei untrennbaren Werten: der Freiheit des Gewissens, der rechtlichen Gleichheit aller geistigen und religiösen Optionen, der Neutralität der politischen Macht.» Der Bericht zieht ausländische Beispiele heran, u.a. das Ludin-Urteil des Bundesverfassungsgerichts vom 24. September 2003 und das des Bundesarbeitsgerichts zu dem LKW-Fahrer mit dem Sikh-Turban. Er stellt fest, daß Frankreich nicht alleine steht mit der gleichzeitigen Problematik der mißlungenen Integration und dem Wandel der religiösen Landschaft. Er beschreibt die bestehende Pluralität und beklagt nebenbei, daß es neben den religiösen Sendungen, denen der öffentlich-rechtliche *France 2* für alle Konfessionen Sendezeit zu geben verpflichtet ist, die rationalistische (atheistische) Philosophie nicht berücksichtigt wird. Vor allem beschreibt der Bericht die verschiedensten Verletzungen der Grundprinzipien, ebenso den provokativen, zur Einschüchterung der nicht-kopftuchtragenden islamischen Schülerinnen verwendeten Schleier, wie die Weigerung der Eltern, ihre Töchter am Turnunterricht oder am Biologieunterricht teilnehmen zu lassen, oder das gefährliche Nein in Krankenhäusern, im allgemeinen vom Mann, Vater oder Bruder ausgesprochen, eine Frau von einem männlichen Arzt behandeln zu lassen. Dazu kommt andererseits auch die Diskriminierung der moslemischen Immigrantenkinder im Berufsleben, sei es nur bei der unter Vorwänden verweigerten Anstellung. Die Kommission erklärt ausgezeichnet, wie das Zeichen einer Zugehörigkeit eben deswegen zum Symbol wird, weil man wegen dieser Zugehörigkeit diskriminiert wurde.

Der Bericht macht schließlich ganz konkrete Vorschläge für eine neue Gesetzgebung. Für die Schulen, die Krankenhäuser, die Gefängnisse, den Arbeitsmarkt und auch zur Bekämpfung jeglicher Diskriminierungen der Frau, wie sie sich u. a. in der Zwangsehe manifestiert. Das Ziel der Kommission war, die Laizität als eine positive Errungenschaft darzustellen, die bewahrt werden muß. Zur Enttäuschung, ja zur Empörung der meisten ihrer Mitglieder kam es nur zum Kopftuchgesetz vom 14. März 2004, dessen Anwendung ab Schuljahr 2004/2005 in einem Rundschreiben des Erziehungsministers am 18. Mai 2004 be- und vorgeschrieben wurde. Anstatt des Schutzes der positiven Laizität schien nun ein diskriminierendes Verbot per Gesetz eingeführt worden zu sein.

In allen öffentlichen Grund- und Sekundärschulen (also gilt das Gesetz weder für die Privatschulen noch für die öffentlichen Hochschulen) «ist das Tragen von Zeichen und Kleidungen verboten, durch welche die Schüler eine religiöse Zugehörigkeit ostentativ kundtun». Das Wort *ostensiblement* war ein, von der sozialistischen Opposition gebilligter, Kompromiß zwischen *visiblement* (sichtbar) und *ostentatoirement* (etwa «zur Schau getragen»). Die jüdische Kippa und das «von offensichtlich übertriebener Größe» christliche Kreuz waren auch untersagt, was die Gleichbehandlung zu garantieren scheint. Was ist nun ostentativ? Witzige Lehrer simulierten

Ausführungsbestimmungen, die die Größe der Zeichen von der Körpergröße der Schüler abhängig machten. In Wirklichkeit ging es um das islamische Kopftuch. Der Schulleiter hat mit den betroffenen Schülerinnen ein Gespräch zu führen, bevor sie der Schule verwiesen werden können. Aber dann wohin? In die katholische Schule, antworten manche. In eine islamische Schule, deren Besuch die Integration völlig verhindern würde? Am wenigsten verschaffen Gesetz und Rundschreiben eine klare Antwort, welche Mittel Frankreich braucht, um den sich verbreitenden Islamismus – als Auswuchs des integrierbaren Islams – effizient zu bekämpfen. Manche Wege – wie der Friede im Nahen Osten – kann Frankreich natürlich nicht allein beschreiten. Aber die ghettoisierende Diskriminierung französischer Jungendlicher zu beenden – das wäre ein Weg für Gesetzgebung und Regierungspolitik. Das Schlimmste ist vielleicht, daß, von anderen europäischen Ländern her gesehen, die französische *laïcité* als von Intoleranz belastet dasteht, wo sie doch als ein besonders schönes Stück französischen Geistes gelten sollte, heute getragen nicht nur von der zivilen Gesellschaft, sondern von den Kirchen, insbesondere der katholischen.

Am 8. Dezember 2003 hatte der 1987 gegründete Rat der christlichen Kirchen in Frankreich gegen ein geplantes Gesetz Stellung bezogen, das den islamischen Schleier und andere religiöse Zeichen in der Schule verbieten sollte. Daß das Gesetz trotzdem verfaßt und verkündet wurde, zeigte zugleich, wie begrenzt der Einfluß der Kirchen war. Die gemeinsame Stellungnahme und die Kommentare der verschiedenen Kirchensprecher waren jedoch sehr deutlich gewesen. Der von den Präsidenten der Konferenz der Bischöfe Frankreichs, der protestantischen Föderation Frankreichs und der Versammlung der orthodoxen Bischöfe Frankreichs gemeinsam verfasste Text besagte, daß die Kirchen für eine Laizität der Diskussion, nicht des Argwohns (*suspicion*) seien, daß sie einen Kodex der

Laizität gutheißen würden, daß aber der eigentliche Gegenstand der jetzigen Debatte die Integration in die französische Gesellschaft sein sollte. Der Islamismus verführe vor allem die jungen, aus der Immigration entsprossenen Franzosen, für die die Mechanismen der Intergration – «die Arbeit, der schulische Erfolg, die Werte der Republik» – nicht mehr richtig funktionierten.

Wer hätte vor hundert Jahren gedacht, daß das heiß Umkämpfte nicht nur bejaht, sondern auch gegen jede Revision verteidigt werden würde! Es ist in die Geschichte eingegangen als Gesetz zur Trennung von Staat und Kirche. Daß es damals eher um die Finanzen ging, wäre heute Nebensache, wenn nicht die Organisation des Islam ein Problem wäre. Seit 1905 gehören die kirchlichen Gebäude der öffentlichen Hand – mit der Verpflichtung, sie zu unterhalten, was u. a. unzähligen romanischen Kirchen zugute gekommen ist. Für Neubauten darf es keine öffentlichen Gelder geben. Was aber nun, wenn man die Finanzierung der im Namen des Pluralismus notwendigen Moscheen nicht Saudi Arabien überlassen will? Die Frage ist etwas heuchlerisch, denn bei den Bauten neuer Kirchen oder Kathedralen in und um Paris sind Schleichwege gefunden worden, um nicht die gesamte Finanzierung der Kirche zu überlassen.

Bereits zu Beginn der fünfziger Jahre war die Haltung der französischen Bischöfe klar. Auf Einladung des Kölner Kardinals sprach sein Pariser Amtskollege im vollen Dom. «Man hat uns 1905 das Gesetz auferlegt» – allgemeines Mitleid auf den deutschen Gesichtern. «Was konnte uns Besseres geschehen?» – Allgemeine Verblüffung, wenn nicht Empörung! Es war gut, in die Gesellschaft eingebettet zu sein ohne Verquikkung mit dem Staat. Einem Staat, mit dem die Kirchen als geachtete Partner verhandeln können. Allerdings auf Kosten des Reichtums. Was ist da der Unterschied zwischen einem deutschen und einem französischen Bischof? Der deutsche spricht von Armut (in Limburg oder Berlin mehr als in Köln), der französische ist arm. Frankreich kennt keine Kirchensteuer. Ein kleines deutsches Bistum hat einen größeren Apparat als die Erzdiözese Paris. Gewiß finanziert die deutsche Kirchensteuer auch die schöpferischen Aktivitäten der Caritas und der Diakonie. Aber ein Teil ihrer Fianzierung kommt noch zusätzlich von der öffentlichen Hand. Und die französische Kirche braucht sich nicht vor den Steuersenkungen zu fürchten. Sie wird nur kritisieren, daß diese die Wohlhabenden mehr als die Armen betreffen. Das soll nicht heißen, daß die Armut der Kirche die Pfarrer nicht oft in echte Not bringt. Man ist auf den *denier de l'Eglise*, die freiwillige Spende der Gläubigen, angewiesen. Wie begrenzt diese ist, zeigt eine Tabelle der bretonischen Diözese von Saint Brieuc. Für 2003 haben lediglich 11 800 Katholiken gespendet – im Durchschnitt 68 Euro pro Haushalt, wo doch der Bischof vorgeschlagen hatte, bei einem jährlichen Einkommen von 15 000 Euro wäre eine Spende von 200 Euro wohl angemessen, 300 für 20 000 (1,5% des Einkommens).

Die Finanzen sind natürlich wichtig, aber erstens kann schwerlich behauptet werden, daß die Evangelien gegen die Armut sprechen, zweitens ist die wechselnde Geschichte der katholischen Kirche in Frankreich nur wenig mit der Geldfrage verbunden. 1905 war der Höhepunkt eines Kirchenkampfs, aber innerhalb der römischen Kirche hatte der französische Katholizismus andere Schwierigkeiten. 1911 wurde der «Modernismus» verurteilt. Ein Priester wie Alfred Loisy sagte in seinen Schriften über die Evangelien Dinge, die heute als selbstverständlich gelten. 1910 war auch die Bewegung von Marc Sangnier, *Le Sillon* («Die Furche») verurteilt worden. Als er 1950 starb, erhielt er in der Pariser Kathedrale nationale, d. h. vom Staat getragene Obsequien. Das Abenteuer einer internen Erneuerung begann aber zur Zeit des Zweiten Weltkriegs. Ein bald berühmtes Buch von zwei Priestern «Frankreich, ein Missionsland?» ging von der Tatsache aus, daß zwar nicht die Getauften, aber die Gläubigen eine Minderheit geworden waren. Die Erfahrung von jungen, zur Zwangsarbeit in Deutschland verpflichteten Priestern verstärkte das Bewußtsein, daß der Kirche seit der Industrialisierung die Welt der Arbeit weitgehend fremd geblieben war. Andere Priester, vor allem Jesuiten, nahmen an der Résistance teil. «Frankreich, hüte dich, deine Seele zu verlieren!» hieß eine Schrift aus dem Untergrund. Der Titel meinte nicht spezifisch die christliche Seele, sondern die Werte, die die Republik beseelt hatten und die durch Vichy und die Kollaboration mit Nazi-Deutschland verraten worden waren.

Nach Kriegsende entfalteten sich eine ganze Reihe von katholischen Bewegungen und Einrichtungen, die bald von Rom gerügt und sogar bestraft werden sollten. 1954 kam aus Rom, entgegen der Bitte französischer Kirchenfürsten, das Verbot der Arbeiterpriester. Gewiß hatten sich einige mehr vom Marxismus beeinflussen lassen, als daß sie kommunistische Gewerkschaftler zum Glauben geführt hätten. Aber, wie es der große katholische Schriftsteller François Mauriac – der selbst ein wohlhabender Bourgeois war – 1953 vergeblich warnend im *Figaro* geschrieben hatte, nachdem alle Hafenarbeiter von Bordeaux am Begräbnis eines tödlich verunglückten Kameraden teilgenommen hatten, der Priester gewesen war: «Er hat die Armut der Arbeiter geteilt, nicht weil er ihnen Ideen predigen wollte, die sie zu empfangen nicht bereit waren, sondern um zunächst von ihnen zu lernen, vor allem ihr Geheimnis, wie man das Leiden mit anderen gemeinsam trägt.» Ein Teil der Arbeiterpriester verließ den Priesterstand, andere unterwarfen sich dem Verbot. Alle hatten als besonders bitter empfunden, ihr Versprechen brechen zu müssen, ihr Leben lang als Arbeiter unter Arbeitern zu verbringen und also nicht nur auf kurze Zeit als Missionare Solidarität zu üben. Im folgenden Jahr kam, mehr auf Druck einiger französischen Bischöfe als durch einen Befehl aus Rom, die Selbstauflösung der *A.C.J.F, Association catholique de la jeunesse française*, die selbst und in ihren Arbeiter-, Landwirtschafts- und Studentengruppen Hervorragendes geleistet hatten, beraten und unterstützt von ihren Jesuiten-Seelsorgern. Waren sie nicht zu «weltlich» engagiert? Entfernten sie sich nicht, in ihrem Zeugnis für ihr Christentum, von der organisierten Kirche?

Auch die Theologen hatten schlechte Zeiten. 1950 erhielt der Jesuit Henri de Lubac ein Lehrverbot, das die ganze theologische Schule von Fourvière (Lyon) betraf. Der Dominikaner Yves Congar wurde ebenfalls verketzert. Beide wurden dann maßgebliche Teilnehmer am Konzil Vatikanum II, das auf vielen Gebieten eine Revolution innerhalb der Kirche bedeutet hat, ganz im Sinn der vorher verpönten französischen Entwicklung, und sei es nur durch die Einführung der Freiheit des Gewissens. Johannes Paul II. hat 1994 den 90jährigen Congar zum Kardinal gemacht, dies aber zu einer Zeit, als er selbst bereits die Gewichte um einiges verschoben hatte. 1980, bei seinem ersten Besuch in Frankreich als Papst, hatte er verkündet, daß die französische Losung «Freiheit, Gleichheit, Brüderlichkeit» auf christliche Werte hinweise. Die Gebeine von Pius IX., jenem Papst, der in seinem *Syllabus* 1864 gerade diese Werte verworfen hatte, werden sich im Grabe umgedreht haben. 2002 hat aber Johannes Paul II. diesen Papst heilig gesprochen – zusammen mit Johannes XXIII., der das Konzil eingerufen hatte, was doch recht widersprüchlich war. Die französischen Bischöfe, Priester und Laien hatten die sozialen Enzykliken von Johannes Paul II. freudig aufgenommen, die im Sinn des grundlegenden Konzildokuments *Gaudium et Spes* geschrieben waren, und litten dann unter all den vom Papst oder von Kardinal Ratzinger verfaßten Texten zur Familien- und Geschlechtsethik und auch zur harten Abgrenzung gegenüber anderen Christen der Ökumene.

Es ist sehr schwer, die Bilanz der jüngsten Entwicklung der katholischen Kirche in Frankreich zu ziehen. Sie scheint in mancher Beziehung dem Untergang nahe. Jedes Jahr nimmt der Prozentsatz der getauften Neugeborenen ab. Während er in einigen Regionen noch bei über 65 % liegt, sinkt der Durchschnitt jedes Jahr um 1 % – 2003 waren es 46%. Es gibt nur noch 13 510 Priester, von denen nur 3 637 jünger als 55 sind. Die kleine interne, einmal jährlich erscheinende Zeitschrift der Jesuiten schließt mit einer langen Liste der (fast alle in hohem Alter) verstorbenen Ordensbrüder – und am Anfang stehen die Namen der zwei, drei, höchstens vier Neuaufgenommenen. Die zahlreichen weiblichen Kongregationen sterben aus. Es finden sich immer weniger auch unter den älteren Priestern, die bereit sind, in der Krankenhausseelsorge zu wirken oder Religionsunterricht zu geben in den immer spärlicher besuchten *aumôneries*, die außerhalb der Gymnasien untergebracht sind.

Aber wann hat es mehr engagierte Gläubige gegeben, mehr religiöse Zeitschriften und Bücher, die die verschiedensten Themen (Theologie, Exegese, Kirchengeschichte, Frömmigkeit, Gesellschaftsproblematik, Bioethik) behandeln und gut verkauft werden? Wann hat es in so vielen Diözesen so viele gemeinschaftliche Versammlungen gegeben, die erarbeiten, was die Christen der heutigen Welt zu sagen haben, wie sie diese Welt mitgestalten können? Außer dem *Institut catholique* in Paris hat das *Centre Sèvres,* die theologische und philosophische Fakultät der Jesuiten, großen Zulauf. Man kann dort auch viel Neues über Malerei lernen und über die lutherische Theologie, ohne die man die Johannes-, die Matthäus-Passion, die H-Moll-Messe nicht voll verstehen kann. Die vom Kardinal Lustiger gegründete *Ecole cathédrale* bildet in einem anderen Sinn aus. Die jungen Priester, die aus ihr hervorgehen, sind sich mehr ihrer männlichen und priesterlichen Überlegenheit bewußt, den weiblichen und männlichen Laien gegenüber. Der große Einfluß des Kardinals auf die Auswahl der Bischöfe hat dasselbe Resultat wie in Deutschland: die Kirche tendiert dazu, sich wiederum mit einiger Überheblichkeit von «der Welt» zu distanzieren. Mehr als in Deutschland – weil dort diese Strömung mehr dem Protestantismus angehört – klopfen die charismatischen Bewegungen nicht mehr an der Tür, sie sind weitgehend Teil der Kirche geworden.

Zur gleichen Zeit hat der Bund der evangelischen Kirchen große Schwierigkeiten, festzustellen, was eine neue christliche Bewegung ist, die aufgenommen werden sollte, und eine Sekte, die die Freiheit des Menschen bedroht und die ausgeschlossen bleiben muß. 2004 ist in diesem Sinn ein Jahr der Öffnung gewesen. Hingegen sind zwei andere Fragen so gut wie verschwunden. Die harte Opposition zwischen Reformierten und Lutheranern, die vor allem das Elsaß spaltete, ist nicht mehr zentral. Die kleine aber gute Wochenzeitung *Réforme* kann für alle schreiben und auf allen Gebieten des öffentlichen und privaten Lebens weittragende Fragen stellen. Das Verhältnis zu den Katholiken ist weniger belastet denn je – außer wenn Rom Texte veröffentlicht, die provozieren, handeln sie von Interna der Kirche, wie die Rolle der Frau oder wie die Verneinung der evangelischen Kirchen in Kardinal Ratzingers hartem Dokument *Dominus Jesus*. Die Laizität ist nie in Frage gestellt worden, wenn die Evangelischen Kirchen doch einige Änderungen des Gesetzes von 1905 ins Auge fassen, um die Möglichkeiten der öffentlichen Finanzierung zu erweitern. Wie seit dem 19. Jahrhundert ist die kleine protestantische Minderheit zugleich vom Sinn der Opposition gegen die politische Macht getragen in den Gegenden, wo im 17. Jahrhundert die Verfolgung und der Aufstand gegen sie besonders hart und blutig gewesen sind – und sitzt in Paris und anderen Großstädten an Hebeln der Macht in Wirtschaft, Bankwesen und Politik. Die *H.S.P. (Haute Société Protestante)* ist nicht nur ein Mythos.

Im Unterschied zu beiden deutschen Kirchen wird von kirchlicher Seite kaum behauptet werden, es gebe so etwas wie ein christliches Monopol der Moral. Wäre sie bekannter, so würde die Formulierung des Dominikaners Jean-Pierre Lintanf nur auf wenig Widerstand stoßen: «Der Glaube an Gott ist nicht nötig, um eine Moral zu begründen. Die Moral gehört nicht den Kirchen. Behaupten, wie Dostojewski es tat, daß ‹wenn es Gott nicht gibt, alles erlaubt ist›, bedeutet, daß man sich eine klägliche Idee macht vom Menschen, von Gott und von der Moral.» Die Zusammenarbeit mit Erben der atheistischen Aufklärung ist problemlos, auch als Redner auf christlichen Begegnungen, als Journalisten bei christlichen Zeitungen, als ebenbürtige Gesprächspartner überhaupt. Es geht nicht nur um Toleranz. Die zentrale Betrachtung ist eher die eines einflußreichen katholischen Bischofs, der 1999 in seinem provozierenden Buch *Vers la France païenne?* («Auf dem Weg zum heidnischen Frankreich?») geschrieben hat: «Es wäre ein verhängnisvoller Irrtum, einen Kreuzzug der Gläubigen gegen die Ungläubigen bilden zu wollen oder sogar eine Heilige Allianz der Religionen gegen die Agnostiker und Atheisten. Das Merkmal der Unterscheidung ist hier nicht der verkündete Glauben. Es ist die Haltung gegenüber jedem verletzten Menschen, die hier maßgebend ist.»

Der Einsatz für die Armen, die Auf-dem-Weg-Gelassenen kommt in den kirchlichen Texten stärker zum Ausdruck als – auf katholischer Seite – die Frage nach dem Recht der Geschiedenen und Wiederverheirateten, zum Abendmahl zu gehen, oder ob jede Form der Schwangerschaftsunterbrechung kriminell sei. 1974 standen bei der großen, oft ergreifenden parlamentarischen Debatte über die *loi Veil,* das liberalisierende Gesetz, katholisch engagierte Abgeordnete auf der Seite der Ministerin. Hélène Missoffe und ihr Gatte, ein gaullistischer Minister, hatten acht gewollte, geplante Kinder. Sie fragte, in ihrer bejahenden Rede, mit welchem Recht sie Frauen be- und verurteilen sollte, die nicht wie sie das Glück gehabt hatten, im Wohlstand und in geordneten Verhältnissen zu leben. Und alle Abgeordneten, die Ärzte waren, stimmten für das Gesetz, weil sie erreichen wollten, daß keine Frau mehr durch heimliche Abtreibung sterbe (während die besser Situierten gefahrlos in holländischen Kliniken ihre Schwangerschaft abbrechen konnten). Vor dreißig Jahren war allerdings die Haltung Roms gegenüber den nationalen Kirchen nicht so unbarmherzig wie die, die den deutschen Bischöfen und dem Werk *Dona vitae* gegenüber gezeigt werden sollte.

Beide Kirchen brandmarken und bekämpfen den Antisemitismus. Mehr als in Deutschland weisen sie auf seine christlichen Quellen hin. Die klaren Stellungnahmen von Johannes Paul II. werden dankbar wahrgenommen. In den jüngsten Jahren ist aber eine enorme Schwierigkeit nicht mehr übersehbar. Inwiefern ist nicht ein anderer Antijudaismus entstanden, der sich vor allem unter den jungen französischen Moslems entwickelt hat, die Araber und nicht Türken sind und sich daher solidarischer verbunden fühlen mit den leidenden Einwohnern von Gaza und den «Gebieten». Wenn Christen ihre Nächstenliebe auf die hungernden und hoffnungslosen Palästinenser ausdehnen, werden sie da zu Antisemiten? Wie in Deutschland der Rat der Juden – der in Wirklichkeit nur einen Teil der Deutschen jüdischer Geburt vertritt –, so erliegen in Frankreich die zentralen jüdischen Organisationen ständig der Versuchung, diese Frage zu bejahen. Als sei der Zionismus die einzige Verkörperung des Judentums. Als seien alle Juden Frankreichs durch die jüdischen Organisationen vertreten. Die Kritik an Scharons Politik und sogar die Empörung über sie sind ebensowenig von vorneherein Antisemitismus wie die Kritik an Bush Antiamerikanismus.

Zugleich, weitgehend, weil man sich bedroht fühlt, entwickelt sich ein *communautarisme juif*, ein selbstisolierendes Zugehörigkeitsgefühl, das aus jüdischen Franzosen Juden in Frankreich macht. Verschärft wurde diese Entwicklung bereits durch den Zustrom der Juden aus Nordafrika, die weniger den Prozeß der republikanischen Assimilierung durchgemacht hatten. Viele – darunter auch Ungläubige – wollen diese Zugehörigkeit empfinden und auch zeigen durch eine strenge Anwendung der religiösen Praktiken und Verpflichtungen. Da die Behörden aller Ebenen sich nicht der Beschuldigung des Antisemitismus aussetzen wollen, sind sie bereit, sofort vehementer einzuspringen, wenn ein antisemitisches Vergehen bekannt wird, als wenn der Rassismus arabische Moslems betrifft. Ja, es hat 2003 und 2004 viele antijüdische Ausschreitungen in Frankreich gegeben, und es ist eine Verpflichtung für alle, solches zu brandmarken und zu bekämpfen. Aber manchmal braust die Erregung hoch, bevor man genau weiß, was vorgefallen ist. Der Brand eines jüdischen Sozialwerks im Sommer 2004 hatte mit Antisemitismus nichts zu tun. Und die Gewalt, die einer jungen Frau in einem Vorortzug angetan worden war, hatte sie frei erfunden. Daß die Angreifer junge Schwarze und Araber gewesen seien, wurde von den Medien und der Regierung gewissermaßen als Normalität aufgenommen. Die rassistischen Vorurteile, die rassistische Diskriminierung treffen gewiß nicht nur jüdische Menschen!

Aber wenn der israelische Premierminister Frankreich anklagt, gleichsam als Nation antisemitisch zu sein, so liegt das Problem nicht auf der Ebene der Gesellschaft, sondern der internationalen Politik.

Fünftes Kapitel
Frankreich in Europa und in der Welt

Französische und deutsche Katholiken, darunter die Bischöfe, gehören derselben übernationalen Kirche an. Ihr Denken und ihr Handeln ist teilweise von außen bestimmt, teilweise durch nationale Sonderheiten bedingt. Sie werden vom Ausland beeinflußt, und sie üben Einfluß außerhalb ihres Landes aus, wobei sie doch in erster Linie auf die Auswirkungen ihres Engagements innerhalb der französischen oder deutschen Gesellschaft bedacht sind. Andere Beispiele, insbesondere das der Kommunistischen Partei zur Zeit der diktatorischen Internationale, würden ebenso zeigen, daß es nicht leicht ist, das «Innere» und das «Äußere» zu trennen. Wenn heute ständig über die Globalisierung gestritten wird, die auf französisch eher *mondialisation* (etwa «Verweltweitung») heißt, so deshalb, weil auch hier die Trennung zwischen Innen- und Außenbestimmung notwendigerweise unklar bleibt.

Jeder Nationalstaat hat Probleme mit der Unterscheidung zwischen dem Übernationalen (was von einer fremden Macht, von der UNO oder der Europäischen Union auferlegt wird), dem Transnationalen (was durch die Durchlässigkeit der wirtschaftlichen oder gesellschaftlichen Grenzen entsteht), dem Zwischennationalen (dem Bereich der zwischenstaatlichen Verpflichtungen und Wechselwirkungen), dem selbstbestimmten Nationalen. Aber Deutschland und Frankreich waren hier nach dem Krieg in einer besonderen Lage. Das Ziel der Politik der ersten Regierung Adenauer war notwendigerweise, für die machtlose Bundesrepublik das Recht auf eine eigene Außenpolitik zu erlangen, denn durch das 1949 mit dem Grundgesetz in Kraft getretene Besatzungsstatut blieb die auswärtige

Gewalt der Bundesrepublik verneint und von den Besatzungsmächten beibehalten. Erst 1951 durfte ein Außenministerium eingerichtet werden, die Verträge vom 23. Oktober 1954 gestatteten der Bundesrepublik, nach außen politisch zu handeln – nur nicht in dem für sie bedeutendsten Anliegen: Berlin und einer Wiedervereinigung. Erst der 2+4-Vertrag hat die Frage nach der Außenpolitik 1991 endgültig gelöst – zu einem Zeitpunkt, an dem viele Hoheitsrechte bereits auf die Europäische Gemeinschaft übergegangen waren.

Frankreich hatte ab Oktober 1944 wieder eine allgemein anerkannte Regierung, wenn sie auch bis zur Verabschiedung einer neuen Verfassung provisorisch bleiben sollte. Es stellte sich aber bald heraus, insbesondere in Indochina und in Algerien, daß es nicht einfach war, das Innen und das Außen zu trennen. Saigon lag in einer Kolonie, Algier in einem französischen Département. Die Politik dort oder die mit diesen Gebieten befaßte war keine *politique étrangère*. Deswegen war es später korrekter, in einem Buchtitel die nach außen gerichtete Politik der IV. Republik als *politique extérieure* zu benennen. Nach der Entkolonisierung gehörten die Beziehungen zu Algerien oder zur Elfenbeinküste zur *politique étrangère* – was aber wiederum auch nicht ganz zutraf, denn die Beziehungen der nun theoretisch unabhängigen Länder zu Frankreich behielten manche Besonderheiten.

Bis zum Ende des Algerien-Kriegs war die französische Lage in ihrer Besonderheit einmalig. Frankreich war nämlich intern doppelt gespalten durch die beiden großen Konflikte, die zugleich die Welt trennten: die Entkolonisierung und der «Kalte Krieg». Großbritannien hatte keine nennenswerte KP. Italien, mit einer starken kommunistischen Partei, hatte das Glück gehabt, daß ihm seine Kolonien weggenommen worden waren. Etwas vereinfacht konnte man sagen, daß es in Frankreich nur eine Mehrheit für die Liberalisierung des Kolonialsystems gab, wenn die Kommunisten mit dabei waren – und daß eine Mehrheit zum Schutz gegen die Sowjetunion die

Beteiligung derer benötigte, die keine liberale Veränderung jenseits des Mittelmeers sehen wollten. Die IV. Republik ist vor allem wegen dieser ausweglosen Lage zugrundegegangen. Aber auch dadurch, daß sie so viele Kränkungen hatte hinnehmen müssen. In Indochina 1954, am Suezkanal 1956, als die siegreichen französischen und britischen Fallschirmjäger nicht bis Kairo vordringen durften, weil die USA und die Sowjetunion beide die Ausweitung des Konflikts befürchteten.

Das Positive der Deutschland- und Europapolitik wurde übersehen, weil Kränkungen mit Prestigeverlusten einhergehen. Zur Zeit der Präsidentschaft von General de Gaulle, zwischen 1958 und 1969, kam oft die Frage aus dem Ausland: «Er will Prestige. Um was zu erreichen?» Die Antwort war: «Das Prestige selbst ist das erste Ziel.» Manchmal mag es zu mehr Macht verhelfen, aber ein Verlust an Prestige bedeutet mindestens so viel wie ein Machtverlust, sei es nur, weil Frankreich anders ist als die anderen. In seinen Memoiren schreibt General de Gaulle, nach einem Besuch bei Präsident Truman – den er als sehr unbedeutend empfunden hatte –, die Bevölkerung sei ihm doch sehr gewogen gewesen, «wegen der außerordentlichen Liebe für Frankreich, die die Seelen in ihren Tiefen hegen». Für Liebe gebraucht er das seltene Wort *dilection,* das fast nur für die Liebe Gottes zu den Menschen verwendet wird. Alle Staaten trachten nur nach mehr Macht. Frankreich allein wird geliebt. Es hat auch den berechtigten Willen, Ehrgeiz (*ambition*) zu empfinden und zu verwirklichen, ein Bestreben nach mehr Größe. Mitleid kommt zum Ausdruck in dem Satz, den de Gaulle über seinen ersten Besuch 1945 in dem besetzten Deutschland schreibt: «Wiederaufbau und Lebensniveau: das werden für lange Jahre die Besorgnisse und die Ambitionen der deutschen Nation sein.» Das Prestige soll auch das des Mannes sein, der die Nation führt und gewissermaßen verkörpert. Bereits 1944/46, noch mehr nach 1958, war eben das Prestige von General de Gaulle im Ausland wie im Inland enorm. Als hervorragender Redner konnte er Begeisterung hervorrufen. Und als Präsident Kennedy äußerte: «Alles was der General sagt, ist wichtig», so meinte er nicht, daß er mit ihm übereinstimmte, sondern daß man den großen Mann beachten müsse. Bei der Reise durch die Bundesrepublik im September 1962 war der Empfang überall so begeistert, daß der im allgemeinen frankreichfeindliche *Spiegel* schreiben konnte, er sei als Präsident Frankreichs eingetroffen und als Kaiser von Europa zurückgefahren. Aber am 10. September ließ Kanzler Adenauer dem schon erkrankten Robert Schuman einen handgeschriebenen Brief zukommen, dessen Wortlaut war:

«Lieber Herr Schumann (sic)! Während des Besuchs des General de Gaulle in der vergangenen Woche habe ich oft Ihrer gedacht als des Mannes, der durch den Vorschlag der Montanunion den Grundstein legte zu der Freundschaft, die nunmehr unsere beiden Länder so eng miteinander verbindet. Unserer gemeinsamen Arbeit gedenke ich immer in Dankbarkeit. Es drängt mich gerade bei diesem Anlaß meiner Dankbarkeit Ihnen gegenüber Ausdruck zu geben.»

Robert Schuman – der ein Jahr später gestorben ist – war ein schlechter Redner, ein bescheidener Mensch, der kein Prestige suchte. Darf man sich nicht fragen, ob er nicht mehr getan hat für Frankreich und für die Gestaltung des Friedens in Europa als mancher andere, selbst sogar General de Gaulle, obwohl dieser besonders Großes geleistet hat, um den Rang Frankreichs wieder einigermaßen herzustellen?

Der Rang: So heißt einer der Bände seiner Kriegserinnerungen. Viele der dort beschriebenen Errungenschaften wären ohne seine persönliche Willenskraft, ohne sein Geschick nicht erreicht worden. Andere Wunden wären unbedeutend geblieben, wenn die Empfindlichkeit geringer gewesen wäre. Dank der Widerstandsbewegung, dank der Vorbereitung einer neuen Verwaltung durch eine geheime Gruppe unter der Leitung von Michel Debré, dann ohne die Unnachgiebigkeit de Gaulles gegenüber Roosevelt und Eisenhower hätte Frankreich nach der Landung in der Normandie unter amerikanischer Verwaltung gestanden. Das Besatzungsgeld war bereits gedruckt. War es dann aber notwendig, nach der Befreiung von Paris so zu reden, als hätte sich die Hauptstadt nur durch eigene Kraft befreit, so als habe es damals keine britischen, kanadischen, amerikanischen Truppen gegeben? War die Kränkung, nicht über den Tag der Landung informiert gewesen zu sein, so unüberwindbar, daß der Präsident der Republik 1964 nicht in die Normandie fuhr, um den 20. Jahrestag zu feiern?

Aber es blieb auch die Erinnerung an die Rettung von Straßburg. Anfang Januar 1945 ist die deutsche Offensive in den Ardennen so erfolgreich, daß General Eisenhower den Befehl gibt, die Frontlinie zu «begradigen», d.h. einen Rückzug vorzunehmen, der der deutschen Armee Straßburg überlassen hätte. Es ist nicht schwer, sich vorzustellen, was die Rückkehr nicht nur der Armee, sondern der SS und der Gestapo in eine Stadt bedeutet hätte, die ihre Befreiung mit Begeisterung begrüßt hatte. De Gaulle als politischer Chef Frankreichs gab General de Lattre de Tassigny den Befehl, seinen militärischen Vorgesetzten den Gehorsam zu verweigern. Eisenhower drohte daraufhin, der französischen Armee kein Benzin und keine Waffen mehr zukommen zu lassen. De Gaulle zögerte nicht mit der Gegendrohung, er werde dann die Kommunikationslinien der amerikanischen Armee unterbrechen. Eisenhower gab nach, und der Sieg wurde errungen ohne eine deutsche Wiederbesetzung der Hauptstadt des Elsaß. Was später Eisenhower in seinen Memoiren schrieb, wird de Gaulle in seiner Überzeugung bestätigt haben, daß man nicht den Amerikanern allein die Verteidigung Europas anvertrauen darf: «Auf den ersten Blick schien die Argumentation von de Gaulle auf politische Betrachtungen begründet, also auf das Gefühl und nicht auf die Logik und den gesunden Menschenverstand.»

Im Frühling 1945 hat de Gaulle seinen größten diplomatischen Erfolg erzielt. Dank geschickter, harter, bis an die Grenze der Erpressung gehender Manöver hat er in San Francisco erreicht, daß Frankreich einen der fünf ständigen Sitze im Sicherheitsrat der im Entstehen begriffenen UNO erhielt. Das damit verbundene Vetorecht machte aus Frankreich, das doch zum Sieg weniger beigetragen hatte als die anderen, zu einem der Großen der Welt. Aber die Einrichtung der französischen Besatzungszone und Frankreichs Stellung als eine der vier über die deutsche Souveränität herrschenden Mächte hatte nicht de Gaulle erreicht, sondern Winston Churchill. Es ist nicht leicht zu verstehen, wie sich der Mythos von Jalta in Deutschland und noch mehr in Frankreich bis heute hat erhalten können. Nein, weder die Welt, noch Europa, noch Deutschland wurden in Jalta im Februar 1945 geteilt. Ganz im Gegenteil wurde die Einheit beschworen, insbesondere die Einheit des europäischen Kontinents, mit freien Wahlen überall. Daß Stalin dann seine Versprechen nicht hielt, ist eine andere Frage. Noch in den Potsdamer Beschlüssen vom August 1945 betonen die Drei (Truman, Attlee, Stalin), daß das besiegte Deutschland als Einheit zu behandeln sei (allerdings unter Verlust der Gebiete jenseits von Oder und Neisse). De Gaulle war genausowenig nach Potsdam eingeladen worden wie zuvor nach Jalta. Dies erklärt sein Gekränktsein und den Zorn – und das ständige Verkennen der Tatsache, daß Churchill, der den Abzug der Amerikaner fürchtete und die Rote Armee nicht allein auf dem Kontinent lassen wollte, gegen Stalin und in Gegenwart eines ziemlich gleichgültigen Roosevelt, den Beschluß durchsetzte, Frankreich als vierten, gleichberechtigten Herrscher über Deutschland hinzuzuziehen.

Damit war der Rang in der ersten Linie erreicht. Bis zum 2+4-Vertrag wird Frankreich, trotz aller gemeinsamen Bestrebungen und partnerschaftlichen Beziehungen, gewissermaßen ein Vorgesetzter der Bundesrepublik bleiben, insbesondere in Berlin. Seit 1991 bleibt, als Fortführung der Weltlage von 1945, der Rang Frankreichs im Sicherheitsrat. Der Wunsch Deutschlands, auch einen ständigen Sitz mit Veto-Recht zu erhalten, ist dabei nur Frankreich gegenüber berechtigt. Wenn die heutige Welt wirklich in Betracht gezogen werden soll, darf nicht nur ein weiteres reiches westliches Land hinzukommen, denn dann müßte zumindest großen Staaten wie Brasilien oder Indien als Vertreter vieler hunderter Millionen Armer ein ähnlicher Rang gewährt werden.

Das Prestige mag ein Ziel sein. Die Schwäche Frankreichs ist in der Selbstverherrlichung zu finden, die oft merkwürdige Züge annimmt. So etwa, als General de Gaulle in seiner Neujahrsansprache am 31. Dezember 1967 schlicht sagte: «Unser Vorgehen ist auf untereinander verbundene Ziele gerichtet, die, weil sie französisch sind, im Interesse aller Menschen liegen.» Oder wenn der Oppositionsführerr François Mitterrand im Juni 1975 in einer Parlamentsrede sprach von «dieser undefinierbaren Gabe, die dem französischen Volk erlaubt, die tiefen Bedürfnisse des menschlichen Geistes zu erfassen und auszudrücken». (Altdeutsche Übersetzung: «Am französischen Wesen soll die Welt genesen.») Oder wenn, im März 1996, ein Professor am *Collège de France*, der vornehmsten akademischen Institution Frankreichs, in einem Artikel über die Frankophonie schreibt, die Erziehung in der französischen Sprache sei allen anderen überlegen. Eine harte belgische Antwort auf alle dummen französischen «Belgier-Witze» (die den deutschen Ostfriesen-Witzen ähneln) heißt: «Was ist das beste Mittel, viel Geld zu gewinnen? Man kaufe Franzosen für das, was sie wert sind, und verkaufe sie dann für das, was sie sich dünken.» Nicht immer scheint diese Formulierung völlig unberechtigt.

Aber der Stolz, wenn er nicht zum Hochmut wird, hat auch einen großen Vorteil: Er mag die Bitterkeit und die Selbstzerfleischung ersetzen. Der Staatsmann hat das Recht, aufbauende Mythen zu schaffen. Am 14. Juni 1944 hielt de Gaulle in Bayeux seine erste Rede auf französischem Boden. Er sprach, als hätte die gesamte Bevölkerung am Widerstand teilgenommen. Dies trug dazu bei, manche zukünftigen Verwürfnisse auszuschalten. Unter de Gaulle hat der Algerien-

Krieg ebenso lange gedauert (1958/62) wie unter der IV. Republik (1954–1958). Aber diese war in einer Welle des Unmuts, des Selbstzweifels, der Selbstzerfleischung und der Verbitterung untergegangen. Das Ende des Kriegs bedeutete eine Niederlage Frankreichs – und trotzdem ist es de Gaulle gelungen, den 1958er Nationalismus der Agressivität und des Minderwertigkeitsgefühl durch einen Nationalismus des Stolzes zu ersetzen.

«In allem, was eine Nation ausmacht und vor allem in dem, was die unsere ausmacht, gibt es nichts Wichtigeres als die Verteidigung»: Also sprach der General am 3. November 1959 in einer bedeutenden Rede vor den Offizieren der militärischen Hochschulen. Im Februar 1962 sagte er zu einem Besucher, der ihm seine sehr skeptische Haltung zu Europa vorhielt: «Europa wird über seine Verteidigung geschaffen werden.» Die Frage nach der militärischen Macht oder Ohnmacht Frankreichs stellt sich seit der unerwarteten militärischen Katastrophe von 1940. Französische Einheiten haben am Krieg der Allierten teilgenommen – in Italien beim Vormarsch auf Rom, in Südfrankreich nach der Landung vom 15. August 1944, dann teils im Westen Frankreichs, teils im Elsaß, mit der Panzerdivision des General Leclerc oder in der I. Armee von General de Lattre de Tassigny. Mit zwei militärischen Besonderheiten: dem «*amalgame*» zwischen den organisierten Soldaten und den Freiwilligen des bewaffneten Widerstands, der FFI (*Forces françaises de l'intérieur*) und der FTP (*Francs-Tireurs et Partisans*), und der Bewaffnung durch die amerikanische Armee. Der Wiederaufbau einer normalen Wehrkraft war recht schnell vollzogen, nachdem die ersten Einberufungen bereits 1945 stattgefunden hatten, nur daß nach und nach die Berufsarmee immer weniger auf dem europäischen Kontinent und immer mehr in Indochina stand.

Diese Tatsache war 1952 bis 1954 einer der wichtigsten Gründe, sich der Entstehung einer Europäischen Verteidigungsgemeinschaft zu widersetzen. Die französische Haltung war voller Widersprüche, auch bei den Befürwortern der EVG. Man wollte eigentlich eine deutsche Armee, die, laut einer gelungenen deutschen Karikatur, kleiner sein sollte als die französische und zugleich größer als die sowjetische. Weil man unabhängige deutsche Einheiten fürchtete, wollte man eine Verschmelzung mit französischen Streitkräften sogar der Militärschulen, was u.a. zum Ende des berühmten Saint Cyr geführt hätte. «Um sie nicht als Verbündete zu haben, machen wir sie zu Brüdern», schrieb bösartig Raymond Aron. In Wirklichkeit war es eine absurde Idee, eine gemeinsame europäische Armee zu schaffen, ohne irgendeine gemeinsame politische Autorität zu haben, der sie unterstellt wäre. Die beiden Lager waren vielfältig gespalten, aber am 30. August 1954 fiel das Nein der Nationalversammlung klar aus.

Es traf sich, daß damals die Regierungen entscheidungsfreudiger waren, als sie es Ende 2003 nach Scheitern der Verhandlungen über den Text einer europäischen Verfassung sein sollten. In wenigen Wochen erfanden Pierre Mendès France, Konrad Adenauer und Anthony Eden Ersatzlösungen. Da viele Franzosen beklagten, daß Großbritannien nicht an der militärischen Organisation mitwirkte, entdeckten die Minister die Gleichung $(6+1) = (5+2)$. Wenn man den fünf Mitgliedern des Brüsseler Verteidigungssystems von 1948 Italien und die Bundesrepublik Deutschland hinzufügte, so hatte man die sechs Mitglieder der Montanunion plus Großbritannien. In Brüssel hatte man sich damals theoretisch gegen eine neue deutsche Gefahr verbündet, aber die wenigen diesbezüglichen Stellen konnten ja gestrichen werden. So entstand die Westeuropäische Union. Der Vertrag wurde zugleich mit dem unterzeichnet, der den Beitritt der Bundesrepublik zur NATO beschloß. Um diesen Beitritt zu verhindern, hatte Frankreich die EVG erfunden. Nun wurde eben dieser Beitritt zur Ersatzlösung für die in Paris gescheiterte EVG.

Es blieb dabei ein wesentlicher Unterschied zwischen den

beiden Verteidigungsverträgen unbeachtet. Nur innerhalb der WEU besteht eine ausnahmslose Verpflichtung, dem Partner mit allen verfügbaren militärischen Mitteln zu Hilfe zu kommen. So sagte es bereits der Art. 4 des Vertrags vom 17. März 1948. Aber da die amerikanische Verfassung keine automatisch in Kraft tretenden militärischen Verpflichtungen zuließ, kam es im Nordatlantikpakt vom 4. April 1949 nur zu dem etwas vagen Art. 5: «Die Parteien vereinbaren, daß ein bewaffneter Angriff gegen eine oder mehrere von ihnen in Europa oder Nordamerika als ein Angriff gegen sie alle angesehen werden wird; sie vereinbaren daher, daß im Falle eines solchen bewaffneten Angriffs jede von ihnen ... der Partei oder den Parteien, die angegriffen werden, Beistand leisten, indem jede von ihnen unverzüglich ... die Maßnahmen, einschließlich der Anwendung von Waffengewalt, trifft, *die sie für erforderlich erachtet ...*» Nach dem New Yorker Attentat vom 11. September 2001 stand in den deutschen Medien und sagten deutsche Politiker, man sei wegen Art. 5 verpflichtet, den USA militärisch beizustehen, wenn sie es verlangten. Sie hatten anscheinend den Text nicht richtig gelesen. 1966 hatte de Gaulle die militärische Struktur der NATO verlassen, hatte die Gültigkeit des Vertrags aber nicht angetastet, weil er wußte, daß Art. 5 jedem Mitglied einen breiten Entscheidungsraum überließ. Die französischen Regierungen haben hingegen zwischen 1948 und 1990 ständig versäumt, von den tatsächlichen Verpflichtungen des WEU-Vertrags zu sprechen.

Frankreich konnte ja nicht nur ein Bündnismitglied unter anderen sein. Gehörte nicht auch zu seiner Sicherheit und zu seinem Prestige der Besitz der Atomwaffe? Die Diskussion darüber wurde jahrelang innerhalb der Regierungen und der Armee geführt. Unter Pierre Mendès France wurde 1954 beschlossen, alle Vorbereitungen zu treffen, um eine Entscheidung möglich zu machen. Diese Entscheidung fiel endgültig am 11. April 1958, kurz vor dem Zusammenbruch der IV. Republik. Großbritannien verfügte seit Januar 1952 über die

A-Bombe. Die erste britische experimentelle H-Bombe explodierte im März 1957. Der Regierungschef Felix Gaillard legte das erste französische Experiment auf Anfang 1960 fest. Félix Gaillard war es gewesen, der von 1951 bis 1953 als zuständiger Minister für Atomenergie die Forschung und die Planung beschleunigt hatte. Am 13. Februar 1960 gab es in der Tat die erste Explosion bei Reggane in der Sahara-Wüste, und der Präsident der Republik sandte eine Botschaft an den Verteidigungsminister Pierre Guillaumat, der einer der «Verschwörer» bei diesem Projekt gewesen war: «Hurra für Frankreich! Seit heute morgen ist es stärker und stolzer. Aus tiefsten Herzen Dank an Sie und an all die, die ihm diesen herrlichen Erfolg beschert haben. Gez. De Gaulle.»

Stolzer und stärker: Es ist in der Tat seitdem immer zugleich um Prestige und um Verteidigungskapazität gegangen. Die Waffen, die zur Verfügung standen oder noch stehen, gehörten oder gehören drei Kategorien an. Am Anfang standen nur *Mirage*-Flugzeuge zur Verfügung, um Atombomben bis über ihr Ziel zu bringen. Die Mittelstreckenraketen wurden dann in der Haute-Provence installiert. Vom Plateau d'Albion aus konnten sowjetische Städte erreicht werden. Dies wurde in den siebziger und achtziger Jahren in Deutschland beständig ignoriert. Man hatte Angst, daß die Sowjetunion möglicherweise zur Vergeltung Raketen auf die Bundesrepublik abschießen könnte, aber die Haute-Provence wäre das vordringliche militärische Ziel gewesen, um die französischen Raketen zu zerstören. Die Einrichtungen auf dem Plateau d'Albion sind in den neunziger Jahren abgebaut worden – sehr zum Leid der Bevölkerung, die keine Angst empfunden hatte, sondern sich über neue Landstraßen gefreut und von der Kaufkraft der Ingenieure und Offiziere profitiert hatte. Die dritte Waffe, das sind die Unterseeboote, zunächst mit normalem Treibstoff, dann von atomaren Batterien als SNLE (*sous-marin nucléaire lanceur d'engins*) angetrieben. Sie können monatelang unbemerkt in allen Meeren der Welt kreuzen und für den bedrohenden Gegner eine echte Gegendrohung darstellen. Die Kommandostelle für den Einsatz der Atomwaffen ist in Taverny, in der Nähe von Paris. Der Schlüssel, der den tödlichen Befehl wirkungsvoll machen würde, ist in der Hand des Staatsoberhaupts. Die Entscheidung kann kaum durch Verhandlungen fallen, so daß die Waffen höchstens einer europäischen Verteidigung zur Verfügung stehen könnten, aber nicht einem gemeinsamen Stab unterstellt sein können. Es ist eine nationale Entscheidung, im Gegensatz zu der Handhabung in Großbritannien. Einer der Hauptgründe für das Nein, mit dem de Gaulle am 14. Januar 1963 die britische Kandidatur zur Europäischen Gemeinschaft ablehnte, war die Tatsache, daß immer ein zweiter, amerikanischer Schlüssel notwendig war, um den Einsatz britischer Atomwaffen auszulösen.

Die strategische Theorie war die der Abschreckung des Großen durch den Kleinen. Eben weil Frankreich klein war, würde die Sowjetunion davor zurückschrecken, ihre großen Städte zerstören zu lassen und dafür nur das kleine Frankreich ausgeschaltet zu haben. Die unbeantwortete Frage war: Würde wirklich ein französischer Präsident die Nerven haben, das physische Schicksal der Nation im Atom-Poker in dieser Weise aufs Spiel zu setzen? In Wirklichkeit wußte auch de Gaulle, daß ein gütiger Gott Deutschland zwischen Frankreich und die Sowjetunion gelegt hatte, so daß der amerikanische Schutz der Bundesrepublik notwendigerweise auch für Frankreich wirksam war. So konnte er am 7. März 1966 an den amerikanischen Präsidenten schreiben, Frankreich verlasse die militärische Struktur der NATO, der Organisation des Nordatlantischen Vertrags, und die Verbündeten auffordern, ihre Truppen und militärischen Einrichtungen aus Frankreich abzuziehen. Vorher hatte es eine glückliche Periode der französisch-amerikanischen Beziehungen gegeben, die einen Höhepunkt im Oktober 1962 gefunden hatte, als de Gaulle während der Kuba-Krise John Kennedy ohne Wenn und Aber unterstützte. Dann kam der General zu seiner 1958 erhobenen Forderung zurück, innerhalb der NATO eine Art Dreier-Direktorium (USA, Großbritannien, Frankreich) einzurichten. Nun ging er mit großer Brutalität vor. Den Verbündeten wurde eine kurze Zeitspanne gelassen, um ihren Abzug abzuschließen. Einrichtungen und Gebäude wurden gewissermaßen beschlagnahmt. Das Gebäude des NATO-Generalsekretariats ist heute Sitz der Universität Paris-Dauphine. Erst unter Valéry Giscard d'Estaing wurde eine (geringe) Entschädigung gezahlt. Hinter den Kulissen wurde verhandelt, so daß die Generäle Lemnitzer und Ailleret ein Abkommen unterzeichnen konnten, das französische Hindernisse für die amerikanische Planung ausräumte. Die amerikanische Planung: De Gaulle hatte gewiß nicht unrecht in seiner Behauptung, die NATO sei völlig in den Händen nicht einer Allianz, sondern der USA. Bereits zu Beginn der fünfziger Jahre waren manche wichtigen internen Dokumente mit *A.E.O. (American eyes only)* abgestempelt.

Im Juni 1974 sollten dann manche Gaullisten dem Präsidenten Valéry Giscard d'Estaing vorwerfen, vor den USA kapituliert zu haben, obgleich er doch seinerseits vorweisen konnte, in Ottawa einen diplomatischen Sieg errungen zu haben. Das Bündnis verkündete nämlich in einem wichtigen Kommuniqué zweierlei. Einerseits, daß die ständige Gegenwart bedeutender kanadischer und amerikanischer Streitkräfte in Europa eine unersetzliche Rolle für die Verteidigung Europas spiele. Andererseits, daß die beiden europäischen Länder, die über nukleare Waffen verfügten (Großbritannien und Frankreich), dadurch eine eigene Abschreckungsrolle spielten und somit zur globalen Abschreckung der Allianz beitrugen.

Daß es bedeutende amerikanische Streitkräfte geben mußte, konnte bestritten werden. An sich hätten einige Soldaten in Berlin genügt. Gesetzt, es gäbe keine amerikanischen Soldaten in Berlin und die Rote Armee würde einer «spontanen» Aktion von Kommunisten in Westberlin zur Hilfe eilen: Kein amerikanischer Präsident würde einen Atomkrieg riskieren, um die sowjetischen Soldaten zurückzudrängen. Also wäre eine atomare Drohung unglaubwürdig. Die Präsenz auch geringer amerikanischer Streikräfte veränderte die Lage völlig. Nimmt man an, ein amerikanischer Soldat wird Opfer östlicher Schützen. Der amerikanische General wird wenigstens einen Panzer schicken müssen, dann die Rote Armee zwei – und niemand weiß, wie weit die Eskalation geht. Also ist ein solches Szenario unwahrscheinlich. Die Ungewißheit über die Massivität des bewaffneten Einsatzes war das Wesenselement der Abschreckung.

Dies aber nur, solange die gegenseitige atomare Abschrekkung auf Raketen gründete, die das Gebiet des Gegners (USA und Sowjetunion) erreichen konnten und ihn direkt bedrohten (oder «gegenbedrohten»). Was nun, wenn Mittelstreckenraketen das Verteidigungsgebiet des Gegners erreichen können, ohne dessen Land im Atom-Poker direkt zu bedrohen? Wird dann der amerikanische Präsident die Existenz der USA aufs Spiel setzen, um u. a. die Bundesrepublik Deutschland zu retten? Wäre seine Gegendrohung noch glaubwürdig? Genau im Gegensatz zu dem, was die deutsche Friedensbewegung behauptete, bedeutete die Abwesenheit amerikanischer Pershing 2-Raketen als Antwort auf die sowjetischen SS 20 eine Abkoppelung Amerikas von der Verteidigung Westeuropas. Die «Nachrüstung» war notwendig, um die Koppelung wiederherzustellen, d. h. um eine amerikanische Gegendrohung wieder glaubwürdig zu machen. Weil er das erkannt hatte, hat Präsident François Mitterrand in seiner Rede vor dem Bundestag am 20. Januar 1983 Helmut Kohl unterstützt und seine Kameraden der sozialistischen Internationale verärgert – mit Ausnahme von Helmut Schmidt, mit dem Mitterrand im Jahr davor die Notwendigkeit des «Doppelbeschlusses» der NATO verkündet hatte. Schon vorher hatte er provokativ gesagt, die Pazifisten seien im Westen und die Raketen im Osten.

Das hinderte aber den französischen Präsidenten nicht

daran, am 28. September des gleichen Jahres vor den Vereinten Nationen in New York eine schönklingende Formel zu verwenden, die leider doppelt falsch war: «Frankreich besitzt die Waffe seiner eigenen Verteidigung. Nicht mehr, nicht weniger.» Frankreich brauchte die amerikanische Abschreckung, und Frankreich hatte Verbündete, mußte also die Verteidigung anderer mittragen. 1987 schien wieder alles klar zu sein, als im Oktober die Mitgliedstaaten der WEU, darunter Frankreich, einerseits verkündeten, daß die klassischen und nuklearen Streitkräfte der USA in Europa eine entscheidende Rolle für die Verteidigung dieses Europa spielten, daß andererseits alle Mitglieder der WEU ihre Entschlossenheit zum Ausdruck brächten, jeden Partner *an dessen Grenzen* zu verteidigen. An sich war das nur eine Wiederholung des Vertrags von 1954, aber Frankreich hatte bisher nur gesagt, es würde die eigenen Grenze verteidigen, und hatte es abgelehnt, sich in die Planung der Verteidigung an der Elbe involvieren zu lassen – was die Briten von Anfang an getan hatten. Noch im Februar 1989 erklärt Verteidigungsminister Jean-Pierre Chévènement die besondere französische Auffassung der Ungewißheit. Für die anderen NATO-Staaten bedeutete sie, daß die Abschreckung auf der Ungewißheit der Waffen-Eskalation beruhte. Der Zusatz war, daß eine Ungewißheit über die französische Solidarität bestand. Die Erklärung des Ministers war etwas größenwahnsinnig: Die sowjetischen Generäle wären unsicher, ob Frankreich eingreifen würde oder nicht. Gerade dies würde sie dann abschrecken und zu einer «weisen Selbstbeschränkung» verleiten.

In Wirklichkeit bestand seit langem eine gute Zusammenarbeit mit der Bundeswehr, besonders zwischen den deutschen und französischen Einheiten im Südwesten der Bundesrepublik. Seit 1955 waren die französischen Truppen ja nicht mehr als Besatzungsmacht da, sondern als erwünschte Verbündete. Als dann François Mitterrand doch die französischen Einheiten aus Deutschland abzog, geschah das nicht aus strategischen Gründen. Fast alle Regimenter an der Grenze wurden aufgelöst – aus Gründen der Kostenersparnis. Eine ähnliche Auflösung in französischen Garnisonsstädten hätte mehr politische, wirtschaftlich begründete Proteste gezeitigt.

Inwiefern hat das Verschwinden der Sowjetunion die Lage verändert? Selbstverständlich ist der Bedarf an Abschrekkungsmitteln und -wegen geringer geworden, wenn auch Polen und andere dies etwas anders sehen. Aber die europäischen und deutsch-französischen Bestrebungen haben sich nicht radikal verwandelt. Als am 14. Juli 1994 François Mitterrand deutsche Soldaten am traditionellen Défilé auf den Champs Elysées zum nationalen Feiertag teilnehmen ließ, so wahrscheinlich deshalb, um eine doppelte Symbolik anzudeuten. Die Deutschen wären erst dann echte Europäer, wenn sie einsehen würden, daß die politische Mitverantwortung auch manchmal militärische Mitverantwortung beinhalten mag. Dies ist dann durch den deutschen Einsatz im ehemaligem Jugoslawien Wirklichkeit geworden. Andererseits würde Frankreich nur eine große Rolle spielen können, wenn es dies innerhalb der europäischen Gemeinschaft anstreben würde. Ob dies nun voll eingesehen worden ist, darf bezweifelt werden. Es geht nicht nur um mögliche militärische Interventionen in ehemaligen französischen Kolonien. Es geht auch um die Verwendung der französischen Atomwaffen. Warum Jacques Chirac, als beinahe erste Entscheidung nach seinem Amtsantritt im Juni 1995 verkündet hat, es würden neue Atomwaffenversuche im Pazifik durchgeführt werden, bleibt ungewiß. Jedenfalls war der internationale Aufschrei so groß, daß die Versuche bald eingestellt und die gesamten Einrichtungen in Polynesien zerstört wurden. Es bleiben die mit nuklearen Raketen bestückten Unterseeboote, die als Abschreckung gegen Bedrohungen im Mittelmeerraum oder im Nahen Osten verwendet werden mögen. 1997 und 1999 sind die ersten SNLE-NG (*nouvelle génération*) vom Stapel gelaufen. Im Herbst 2004 kommt *Le Vigilant* («Der Wachsame»), 2008 *Le terrible*

(«Der Furchtbare»). Im selben Jahr sollen die neuen Raketen M51 einsatzbereit sein, die mit großer Genauigkeit ihr Ziel in mit Nuklearwaffen drohenden Staaten erreichen könnten und somit eine noch ernstere Abschreckung darstellen werden.

Die Unterseeboote und ihre Raketen, die in keinem Fall bestimmt sind, in konventionellen Schlachten eingesetzt zu werden, haben in der Diplomatie des Irak-Kriegs keine Rolle gespielt. Auch nicht bei der Bildung und bei den Einsätzen der im Oktober 1989 gegründeten deutsch-französischen Brigade, noch bei der Gestaltung des im Mai 1992 auf dem deutsch-französischem Gipfel in La Rochelle initiierten Eurokorps.

Am 22. September 1988 reichten sich François Mitterrand und Helmut Kohl in Verdun feierlich die Hand. Am 6. Juni 2004 umarmten sich Jacques Chirac und Gerhard Schröder nicht weniger spektakulär vor dem *Memorial de Caen*. Solche Gesten haben gewiß einen hohen symbolischen Wert. Sie sollten aber nicht die Grundlagen und die Entwicklungen der deutsch-französischen Nachkriegsbeziehungen verschleiern. Das «Unten» kam gewissermaßen vor dem «Oben», die Begegnungen zwischen Menschen und Privatorganisationen, ehe eine französische Regierung einen neuen Kurs einschlug. Im Rückblick wird oft die Rede von Winston Churchill zitiert, die er am 19. September 1946 in Zürich gehalten hat. Er sagte in der Tat: «Der erste Schritt in der Neuschöpfung einer Europäischen Familie muß eine Partnerschaft zwischen Frankreich und Deutschland sein. Nur auf diesem Weg kann Frankreich wieder die moralische und kulturelle Führung in Europa erreichen ... Das Kämpfen hat aufgehört, aber nicht die Gefahren. Wenn wir die Vereinten Staaten von Europa bilden sollen, müssen wir jetzt beginnen.» Die neuen Gefahren, die kamen von der Sowjetunion. Europa mußte zum Schutz gegen sie gestaltet werden. Das war dieselbe Überlegung wie in Jalta, als Churchill Frankreich begünstigte. Das deutsche Potential mußte dazukommen. Vergessen seine Rede vor dem Unterhaus, als er am 15. Dezember 1944 die «totale, vollständige Vertreibung der Deutschen aus den von Polen dazugewonnenen Gebieten» empfahl. Aber zugleich machte er in Zürich klar, daß Großbritannien nicht zu dem künftigen organisierten Europa gehörte. «Frankreich und Deutschland sollen die Führung zusammen übernehmen. Großbritannien mit dem Commonwealth, das mächtige Amerika und auch Sowjetrußland – denn dann würde wirklich alles gut sein – müssen die Freunde und die Sponsoren des neuen Europas sein.»

Im Herbst 1946 hatte es die französische Politik gewiß nicht auf eine deutsch-französische Ebenbürtigkeit abgesehen, noch nicht einmal auf die Schöpfung eines deutschen Staates, höchstens auf ein loses Zusammenwirken deutscher souveräner Länder. Erst im Frühsommer 1948 wurde dem amerikanischen Druck nachgegeben. Die Bundesrepublik Deutschland durfte 1949 entstehen. Zu dieser Zeit hatten auf einer anderen Ebene schon viele deutsch-französische Initiativen positive Resultate gezeitigt. Am 3. Oktober 2003, dem Tag der deutschen Einheit, fand eine besondere Veranstaltung im Waldschulheim Höllhof in Gengenbach-Reichenbach statt. Zum Thema «Der Höllhof als demokratisches Erziehungsheim 1947–1950» sprachen der Abgeordnete des Wahlkreises Wolfgang Schäuble und der Franzose, der, damals 23 Jahre alt, im Dezember 1948 im ersten Höllhof-Kongreß den Vorsitz geführt hatte. Was hieß «Erziehungsheim»? Daß ehemalige HJ-Führer, die keine persönliche Schuld auf sich geladen hatten, der nationalistischen Verbitterung entkommen sollten durch aufklärende Kontakte mit französischen und deutschen Widerstandskämpfern, Gewerkschaftlern, demokratischen Politikern. Ohne Belohnung oder besondere Berufsaussichten. Nur als zukünftige aktive Bürger. Jenseits jeglicher Idee einer Kollektivschuld, aber mit der Überzeugung, daß aus der furchtbaren Vergangenheit eine Mitverantwortung für die Gestaltung der Zukunft entstanden war. So sahen es die Initiatoren der zunächst französischen, dann deutsch-französischen Gruppen und Organisationen, die in den ersten Jahren die Grundlage der zukünftigen deutsch-französischen politischen Partnerschaft schufen.

Auf der Regierungsebene kam die Revolution am 9. Mai 1950. Nicht nur aus edlen Gefühlen. Frankreich hatte damals eine Frage zu beantworten, die zwei sehr unterschiedliche Gebiete betraf: «Wie kann ich weiterhin kontrollieren, wenn ich nicht mehr beherrschen kann?» Der weltweite Trend zur Entkolonisierung würde auch Frankreichs Herrschaft in Afrika bedrohen. Der Kalte Krieg hatte seit 1947 langsam aber sicher die Macht der Besatzung in Westdeutschland immer unhaltbarer gemacht. Die theoretische Antwort war einfach: Man kontrolliert weiterhin, wenn man sich selbst kontrollieren läßt. Für Afrika ist diese Idee nicht Wirklichkeit geworden, weder mit der *Union française* der IV. Republik, noch mit de Gaulles *Communauté* von 1958. Zwei Jahre nach dem Inkrafttreten der Verfassung, die besagte: «ein Mitgliedsstaat der Gemeinschaft kann unabhängig werden. Dadurch ist seine Zugehörigkeit zur Gemeinschaft beendet», wurde das Gegenteil hinzugefügt: «Ein Mitgliedsstaat der Gemeinschaft kann unabhängig werden, ohne dadurch seine Zugehörigkeit zu verlieren.» Die *Communauté* als strukturierte Gestalt bestand somit nicht mehr. Mit der jungen Bundesrepublik funktionierte das Prinzip gut. Frankreichs Sorge war seit langem die Kohle und der Stahl des Ruhr-Gebiets gewesen. Der Vorschlag der Montanunion ermöglichte die Weiterführung der Kontrolle – aber mit der zukunftsreichen Schaffung einer Gemeinschaft von Gleichberechtigten.

Kein anderer Vertrag sollte so weit gehen in den Befugnissen einer übernationalen Hohen Behörde. Hätte jedoch Robert Schuman Ende April oder Anfang Mai 1950 eine demoskopische Untersuchung durchführen lassen, so hätte wahrscheinlich eine erdrückende Mehrheit der Franzosen die Idee verworfen. Aber Robert Schuman war ein Staatsmann.

Also handelte er, um eine neue öffentliche Meinung zu schaffen. Und siehe: die Idee wurde so positiv aufgenommen, daß in der parlamentarischen Debatte zur Ratifizierung des Montanvertrags die Gegner (vor allem die Gaullisten und die Kommunisten) sich zu rechtfertigen hatten. Aber als das Votum in der Nationalversammlung am 13. Dezember 1951 die Montanunion guthieß, war schon die Diskussion über die deutsche Wiederbewaffnung in vollem Gang, denn der Beginn des Korea-Kriegs im Juni 1950 hatte die amerikanische Regierung von der Notwendigkeit deutscher Soldaten in Europa überzeugt. Die Front zwischen dem Ja und dem Nein zur EVG verlief anders, und das Scheitern vom 30. August 1954 hätte das europäische Gemeinschaftswerk beinahe zerstört.

Aber bereits im Frühling 1955 unternahmen die Sechs neue Schritte, allerdings mit großer Vorsicht. Mit der politischen Union war es bereits 1953 schlecht gegangen, die militärische war gescheitert, also sollte das politische Ziel über den Umweg der Wirtschaft erreicht werden. So kam es im März 1957 zu den Verträgen von Rom und zur Europäischen Wirtschaftsgemeinschaft, deren politische Ziele klar in der Präambel forumliert waren. Zuvor sollten aber die letzten deutsch-französischen Zwiste beigelegt werden. Dies geschah in Luxemburg am 27. Oktober 1956. Ein Jahr zuvor hatten die Saarländer die «Europäisierung» des Saarlandes abgelehnt, die Konrad Adenauer und Pierre Mendès France am 24. Oktober 1954 ausgearbeitet hatten. Das Nein bedeutete juristisch das Weiterleben des bestehenden Systems, d. h. der französischen Vorherrschaft in Saarbrücken. Aber die französischen Regierungen erkannten, dank der neuen europäischen Gesinnung, den Willen der Wähler an. In Luxemburg wurde der Eintritt der Saar als Land in die Bundesrepublik Deutschland anerkannt. Als Gegenleistung bewilligte Adenauer dem französischen Ministrepräsidenten Guy Mollet die Kanalisierung der Mosel. Daß Frankreich auf diese Weise die schwer nutzbare Saarkohle los wurde, war damals noch nicht zu erkennen, da man noch an die Kohle als dauerhafte Hauptquelle der Energie glaubte.

Dank Schuman und Adenauer, dank Adenauer und Guy Mollet, dank dem Geist, in dem die römischen Verträge zusammen mit Italien und den Benelux-Staaten ausgehandelt wurden, gestalteten sich die deutsch-französischen Regierungsbeziehungen so positiv, daß man sogar an eine atomare Zusammenarbeit dachte, obwohl sie der Bundesrepublik vertraglich untersagt war. 1958 wurde ein Geheimabkommen zwischen Jacques Chaban-Delmas und Franz-Josef Strauß in Colomb-Béchar (Sahara) unterschrieben, das aber keine Zukunft haben sollte. Dies war zu einer Zeit, als das Verhältnis zwischen Frankreich und den Anglo-Amerikanern wegen der Lage in Nord-Afrika besonders angespannt war. Eine Welle des Antiamerikanismus brach in Frankreich aus. Man konnte die Feststellung machen, daß die IV. Republik begonnen hatte im Zeichen der Formel «Keinen Feind außer Deutschland». Als sie im Mai 1958 zusammenbrach, galt eher, nun, da der Kalte Krieg die Sowjetunion zum Feind gemacht hatte, «Keinen Freund außer Deutschland».

Dann kam General de Gaulle wieder an die Macht, von der er 1946 zurückgetreten war. In Bonn war man voller Befürchtungen. Hatte er nicht alles kritisiert und bekämpft, was seit 1948 für Westdeutschland beschlossen war? Aber er hatte auch gleich zugesichert, daß er die Verträge von Rom nicht in Frage stellen werde. Am Jahresende 1958 hat er dann sogar die französischen Finanzen so drastisch saniert, daß der Gemeinsame Markt ab 1. Januar wirklich hatte funktionieren können, ohne daß Frankreich wegen seines maroden Haushalts und seiner schlechten Außenhandelsbilanz gleich Ausnahmeklauseln in Anspruch zu nehmen brauchte. Vor allem aber lud General de Gaulle, noch Ministerpräsident der IV. Republik, den bundesdeutschen Kanzler in sein Haus im Lothringer Colombey-les-deux-Eglises ein. Am 14. September, zwei Wochen vor dem verfassungsratifizerenden Referendum, unterhielten sich die beiden Staatsmänner ausführlich. Es entstand so etwas wie Liebe auf den ersten Blick. Adenauer verließ Colombey voller Bewunderung für den großen Mann, und für diesen war es sehr befriedigend, von einem Mann von der Statur Konrad Adenauers bewundert zu werden.

Von nun an trafen sich die beiden oft. Der Höhepunkt ihrer Freundschaft wurde durch die triumphale Reise erreicht, die de Gaulle im September 1962 durch die Bundesrepublik unternahm. Auf dem Marktplatz in Bonn und für die in Ludwigsburg versammelten deutschen und französischen Jugendlichen hielt er als großer Rhetoriker wohldurchdachte und in bestem Stil vorgetragene Reden, die einen tiefen Eindruck hinterließen: zur Überwindung der Geschichte und über die weiten Perspektiven für die deutsch-französische Zukunft. Bei der geplanten Begegnung in Paris im Januar sollte es eine feierliche Erklärung geben. Auf Wunsch des Kanzlers wurde schließlich ein Vertrag vorbereitet. Das Bild der Unterschrift durfte als Symbol betrachtet werden. In der Mitte General de Gaulle. Rechts und links von ihm der deutsche Kanzler und der französische Premier Georges Pompidou, die jeweils die Außenminister, Gerhard Schröder und Maurice Couve de Murville, neben sich hatten. Der Nachfolger von Karl dem Großen führte Vorsitz über die beinahe vereinten Staaten der Germanen und der Gallier.

Der Elysée-Vertrag hatte einen Inhalt und eine Bedeutung, die über den Wortlaut hinausging. Der Vertrag brachte zwei Neuerungen, die zunächst unbeachtet blieben, weil die Tragweite des gesamten Textes überschätzt wurde (wie das auch in den folgenden vier Jahrzehnten der Fall sein sollte). Es wurde vereinbart, sich oft zu treffen: Kanzler und Präsident mindestens zweimal im Jahr, Minister und hohe Beamten noch öfter. Diese regelmäßigen Begegnungen haben dann auch tatsächlich stattgefunden, was mindestens zwei Vorteile hatte. Manche Mißverständnisse konnten durch den direkten Kontakt ausgeräumt werden, und die Verwaltungsspitzen beider Länder gewöhnten sich an kollegiale Zusammenarbeit, ohne den umständlichen traditionellen Weg über die immer mehr entmachteten Botschaften und Außenministerien. Ein deutsch-französisches Jugendwerk sollte eingerichtet werden. Das diese Einrichtung schaffende Abkommen wurde am folgenden 5. Juli unterschrieben. Es entstand eine einmalige binationale Institution. An der Spitze ein Kuratorium, dessen Vorsitzende die beiden Jugendminister sind (sie sind also nicht Präsidenten des Jugendwerks, wie sie es allzu oft glauben). Das Kuratorium ist in zweifacher Weise gemischt: zehn Franzosen und zehn Deutsche, wobei jede Gruppe eine Minderheit von Regierungsvertretern und eine Mehrheit von Vertretern privater Organisationen umfaßt. Bei manchen Abstimmungen kollidieren nicht Franzosen und Deutsche, sondern Organisationen und Verwaltungen. Oberste Instanz ist ein/eine Generalsekretär/in und sein/ihre Stellvertreter/in. Fünf Jahre lang ein Franzose mit einem Deutschen an der Seite, dann umgekehrt.

Das DFJW ist die originellste und eigentlich einzige Schöpfung des Elysée-Vertrags geblieben. Der Rest des Textes bestand mehr aus Absichtserklärungen als aus Bestimmungen. Dies galt vor allem für die Verteidigung. Im allgemeinen sagt ein Vertrag, worüber man einig geworden ist. Hier wurde feierlich verkündet, daß man versuchen werde, sich einig zu werden. (Ähnliche Formulierungen wurden später auch bei Europäischen Verträgen für die Frage der Verteidigung verwendet). Am 23. Januar 2003, bei den Feierlichkeiten zum 40. Jahrestag des Vertrags, nahm der damalige Verteidigungsminister Pierre Messmer an einem Gespräch im Audimax der Sorbonne teil. Er bekannte, daß man diese merkwürdige Formulierung mit Absicht gewählt hatte, weil man über alle Probleme der Verteidigung uneins war.

Der Inhalt des Vertrags war weniger wichtig als seine Bedeutung. De Gaulle hatte gerade Nein zum Beitritt Großbritanniens gesagt, und er schien den Bundeskanzler benutzen zu wollen, um gemeinsam mit der Bundesrepublik auf Distanz zu den USA zu gehen, obwohl aus Bonn Frankreich stets angefleht wurde – auch von Adenauer – und noch lange angefleht werden würde: «Zwingt uns nicht, uns zwischen Paris und Washington zu entscheiden, denn dann fällt die Entscheidung für die USA!» Der deutsche Außenminister Gerhard Schröder und die Mehrheit der Abgeordneten wollten den Vertrag gewissermaßen «entschärfen». Der Bundestag konnte den Vertrag nicht ändern, sondern nur die Ratifikation befürworten oder ablehnen. Die Präambel, der er zustimmte, wurde nicht Teil des Vertrags und verpflichtete die Vertragspartner in keiner Weise, aber ihre Formulierung zeigte, wie sehr de Gaulles Grundeinstellungen abgelehnt wurden. Sie forderte u. a. die Verstärkung der transatlantischen Partnerschaft und die Einbeziehung Englands in die Europäische Gemeinschaft. Bitter enttäuscht sagte General de Gaulle bei einer Pressekonferenz, mit einem Hinweis auf das jedem französischen Schüler geläufige Gedicht von Pierre Ronsard, daß Verträge wie die Rose sein könnten, nämlich sehr kurzlebig. Unterdessen war ja auch Konrad Adenauer nach vierzehn Jahren Kanzlerschaft nicht mehr an der Macht und die Gespräche mit seinem zur großen Weltpolitik wortkargen Nachfolger Ludwig Erhard recht unergiebig. Das Merkwürdige an der ganzen Auseinandersetzung war das Widersprüchliche auf beiden Seiten. De Gaulle sagte in der Substanz: «Großbritannien darf nicht herein, weil es eine Form der europäischen Einheit ablehnt, die ich übrigens auch ablehne.» Und Schröder und die Bundestagsmehrheit: «Wir wollen das supranationale Europa zusammen mit Großbritannien, wohlwissend, daß dieses jede Form der Supranationalität verwirft»!

Zwischen Georges Pompidou und Willy Brandt waren die Beziehungen gewiß nicht herzlich. Die moralische Grundlage des Handelns des deutschen Kanzlers (mit dem ansonsten in Frankreich mit Bewegung und Bewunderung betrachteten Kniefall vor dem Ghetto-Denkmal in Warschau) war für den französischem Realisten kaum verständlich. Aber er unterstützte die neue Ostpolitik – jedoch mit großem Mißtrauen gegenüber Egon Bahr und mit dem Wunsch, trotz de Gaulles Nein, Großbritannien zur Gemeinschaft zuzulassen, was auch 1973 geschah, zu der Zeit, als mit Edward Heath in London zum ersten (und bis heute zum letzten) Mal ein wirklich europafreundlicher Premierminister regierte.

Beispielhaft war dann die Zusammenarbeit zwischen Valéry Giscard und Helmut Schmidt. Nicht, daß der französische Präsident von Anfang an ein Experte für Deutschland-Fragen gewesen wäre. In seinem 1988 erschienenen Buch *Le pouvoir et la vie* («Die Macht und das Leben») gestand er im Rückblick ein großes Unwissen noch 1977, d.h. nach drei Jahren im Elysée, ein. So habe er mit Überraschung festgestellt, daß die deutsch-deutsche Grenze nicht von sowjetischen Soldaten bewacht wurde. «Welch seltsame Lage bringt mir Gerhard Stoltenberg (bei einer Deutschlandreise) nahe: Es sind Deutsche, die auf Deutsche schießen!» Aber er war lange genug Finanzminister gewesen, um sich zu überzeugen, daß die Europäische Gemeinschaft nur voran kommen werde, wenn sie sich einem gemeinsamen Währungssystem näherte. Da der Bundeskanzler das gleiche dachte und ihre auf englisch direkt geführten Kontakte wirklich freundschaftlich wurden, konnten sie zusammen Europa voranbringen. Da der sozialdemokratische Kanzler weitgehend den Wirtschaftsliberalismus bejahte und der konservativ-liberale Präsident auf französische Art für die durch den Staat kontrollierte Marktwirtschaft stand, konnten sie gemeinsam planen und handeln. Sie wollten auch das Wissen um den anderen in beiden Ländern verstärken und beschlossen daher die Gründung eines französischen *Centre d'information et de recherche sur l'Allemagne contemporaine (CIRAC)*, das ungefähr dem Deutsch-Französischen Institut in Ludwigsburg entsprechen sollte, das seit 1948 Hervorragendes leistete. Die Entscheidung wurde dann vom neuen Partner bestätigt, was nicht heißen soll, daß die Beziehungen zwischen dem sozialistischen Präsidenten François Mitterrand und Helmut Schmidt auch nur annähernd so intim wurden wie die mit Valéry Giscard d'Estaing.

Erstaunlicherweise entstand kurz darauf eine echte Freundschaft zwischen dem 1981 gewählten Mitterrand und dem 1982 ins Kanzleramt gelangten Helmut Kohl, im Frühling 1983, nach der endgültigen Bekehrung des mit den Kommunisten verbündeten Präsidenten zur Europäischen Gemeinschaft und der Notwendigkeit der deutsch-französischen Verbundenheit als Motor der EG. Das Erstaunliche lag weniger in den gemeinsamen politischen Initiativen als in den persönlichen Beziehungen zweier so verschiedener Persönlichkeiten. Vielleicht haben sie zunächst zusammengefunden, weil sie beide vom Wirtschaftsexperten Helmut Schmidt mit einiger Verachtung betrachtet und behandelt worden waren. Jedenfalls haben der christdemokratische Kanzler und der sozialistische Präsident schöpferisch zusammengearbeitet. Manches ist beschlossen, aber nicht verwirklicht worden. Im November 1987 schufen sie zwei neue Organisationen, einen Rat für Verteidigung und Sicherheit und einen für Wirtschaft und Finanzen. Hier wurde vorgesehen, daß jede der beiden Regierungen der anderen jedes Jahr ihre Haushaltspläne unterbreiten würde, bevor sie sie ihrem Parlament zugehen ließen. Das ist aber nie geschehen. Für die Kultur wurde ein Hoher Rat eingerichtet, der dann auch funktioniert hat. Im Oktober 1990 wurde das Abkommen zur Einrichtung der deutsch-französischen kulturellen Fernsehanstalt ARTE unterzeichnet. All dies wog allerdings wenig im Vergleich zu einer großen Tat – und einem großen Problem.

Die große Tat war die Vereinheitlichung der europäischen Währung, die ohne das Trio Kohl/Mitterrand/Delors nie entstanden wäre. Die endgültige Entscheidung fiel 1989 vor der Öffnung der Berliner Mauer, was die Legende der «Bezahlung» der Wiedervereinigung durch die Preisgabe der Deutschen Mark leicht widerlegt. Das Problem aber war die deutsche Wiedervereinigung. Aus Brüssel wurde sie vom Kommissionsvorsitzenden Jacques Delors so effizient unterstützt, daß Richard von Weizsäcker ihm in seiner Rede vom 3. Oktober 1990 vor den deutschen Politikern im Reichstagssaal ausdrücklich dankte. Zwischen Helmut Kohl und François Mitterrand hat es Spannungen gegeben, die nach einem Besuch des Kanzlers im Landhaus Mitterrands in Latché beigelegt wurden. Der Besuch Mitterrands bei Gorbatschow in Kiew, am 6. Dezember 1989, hatte noch auf die Verhinderung der deutschen Einheit abgezielt. Und der Besuch in der DDR vom 20. bis 22. Dezember, unter Begleitung vieler französischer Minister und verbunden mit der Unterzeichnung von vier Abkommen, sah aus wie eine Provokation. Aber noch heute übersehen die meisten deutschen Historiker und Politiker, daß der französische Präsident weniger gezögert hat als die SPD, die noch auf ihrem Parteitag vom Januar 1990 nur eine Konföderation zweier deutscher Staaten ins Auge faßte, ebenso wie die Grünen – und Mitterrand hätte nie gesagt, nie gedacht wie Günter Grass, daß es bei der Teilung sozusagen als Strafe für Auschwitz bleiben sollte.

Die Existenz der DDR war in Frankreich sehr unterschiedlich betrachtet worden. Die Kommunisten hatten sie lange als den einzigen demokratischen deutschen Staat dargestellt, der am 17. Juni 1953 einen faschistischen Aufstand mit der Hilfe der volksnahen Roten Armee niedergeschlagen und am 13. August eine Mauer errichtet hatte, um sich gegen das Eindringen westlicher Unruhestifter abzuschirmen. Aber auch Nicht-Kommunisten, darunter etliche Germanisten, die die Bundesrepublik als eine Art Hindenburg-Deutschland betrachteten, sahen einen Freund im Feind ihres Feindes. Man ließ sich in Delegationen nach Ostberlin oder Leipzig einladen und betrachtete jede Kritik am SED-Regime als unberechtigt, während jede kritische Äußerung der Befürworter der Bundesrepublik an dieser als ein Eingeständnis dargestellt wurde. Im Osten sollte nur der Anspruch gelten, im Westen die Realität. Die staatliche Anerkennung der DDR beschleunigte deren Abwertung. Die jungen Gewerkschaftler mußten nun feststellen, daß ihren Kameraden aus der DDR der Besuch in Frankreich verwehrt wurde, nicht weil es das böse Allierte Reisebüro verbot, sondern weil das SED-Regime sie nicht reisen ließ. Als im Januar 1988 Erich Honecker nach Paris kam, hielt François Mitterrand beim Festessen im Elysée-Palast eine bemerkenswerte Tischrede. Er lobte die Vergangenheit des Gastes als Widerstandskämpfer, fügte aber hinzu, daß der gemeinsame Kampf für die Freiheit nach dem Krieg nur im Westen fortgesetzt worden sei und daß es ohne Freiheit kein gemeinsames Europa geben könne – was auch eine Kritik an manchen Westdeutschen, darunter Egon Bahr, darstellte.

Wie in der Bundesrepublik selbst unterschätzte man auch in Frankreich die wirtschaftliche Schwächung der Bundesrepublik, die Folge der Wiedervereinigung sein würde. Einige Ängste vor einer künftigen Übermacht Deutschlands kamen zum Ausdruck, während alle demoskopischen Umfragen zeigten, daß die Bevölkerung mit großer Mehrheit die Legitimität der deutschen Einheit anerkannte und sie nicht als eine neue «deutsche Gefahr» einschätzte. Für das Verhältnis zwischen Frankreich und der Bundesrepublik gab es jedoch ein Novum auf einer anderen Ebene.

Bisher schien die wirftschaftliche Überlegenheit Deutschlands eine unbestreitbare Tatsache. Die politische Überlegenheit Frankreichs als Ausgleich ruhte auf vier Pfeilern. Der erste bestand aus der Tatsache, daß Hitler in der deutschen Vergangenheit steht und nicht in der französischen. De Gaulle soll zur Zeit der Großen Koalition gesagt haben: «Ich schätze (den Außenminister) Willy Brandt hoch, aber wenn ich ein Problem habe, spreche ich mit Bundeskanzler Kiesinger, sehe ihm in die Augen und erwähne die Vergangenheit.» Aber der Lauf der Zeit und die französische Abrechnung mit der eigenen Geschichte haben diesen Pfeiler erschüttert. Der zweite war der Besitz der Atomwaffen, der den Deutschen untersagt war – zunächst von außen, dann durch Unterzeichnung des

Nicht-Verbreitungs-Vertrags. Die Wirksamkeit dieses Vorteils ist immer geringer geworden. Blieb die Tatsache, daß Frankreich einer der vier Vorgesetzen des gesamten Deutschland blieb. Als Valéry Giscard d'Estaing als erster französischer Präsident am 29. Oktober 1979 Berlin besuchte, war er sich dessen, trotz aller Freundschaft mit dem Kanzler, völlig bewußt. Nach der Landung des Flugzeugs auf dem im französichen Sektor Berlins gelegenen Flughafen Tegel ging er zunächst auf den französischen General zu, dann auf den Diplomaten, der dessen Stellvertreter war, um sich schließlich etwas herablassend dem Regierenden Bürgermeister der noch besetzten Stadt zuzuwenden. Den «Rechten und Verantwortlichkeiten für Berlin und für Deutschland als Ganzes» setzte nun der 4 + 2-Vertrag ein Ende, zugleich mit dem dritten Pfeiler der französischen politischen Überlegenheit. Nur der vierte ist geblieben, nämlich der ständige Sitz im Sicherheitsrat und alles, was damit verbunden ist. Darüber hinaus spielt auch eine andere Gegebenheit eine wichtige Rolle, nämlich die deutsche Zurückhaltung, die Selbstbeschränkung, die etwa zum Ausdruck kommt, wenn Helmut Schmidt sagte: «Frankreich soll führen», was man getrost deuten darf als: «Man soll Frankreich den Eindruck geben, es führe.»

Die zur Schau getragene Freundschaft zwischen Jacques Chirac und Gerhard Schröder hat das überwunden, vor allem seitdem der Bundeskanzler den USA gegenüber in der Irak-Krise Unabhängigkeit gezeigt hat. Die Beziehungen zwischen Helmut Kohl und dem 1995 Präsident gewordenen ehemaligen Premierminister sind nie durch eine besondere Herzlichkeit gekennzeichnet gewesen, und seit den von Schröder geleiteten europäischen Verhandlungen in Berlin im Januar 1999 hat es eine lange Periode der persönlichen Abneigung zwischen seinem Nachfolger und dem französischen Partner gegeben. Vor und nach der Verbesserung ihrer Beziehungen haben sie jedoch ständig Zeichen der deutsch-französischen Partnerschaft und Verbundenheit setzen wollen. So die erste

Rede eines deutschen Kanzlers in der *Assemblée nationale* am 30. November 1999, die Rede von Jacques Chirac vor dem Bundestag am 27. Juni 2000, die Feierlichkeiten zum 40. Jahrestag des Elysée-Vertrags im oder vielmehr ab Januar 2003: Das ganze Jahr sollte im Zeichen der «deutsch-französischen Freundschaft» stehen.

Es darf die Frage gestellt werden, inwieweit es überhaupt Freundschaften zwischen ganzen Völkern geben kann, wo doch auf beiden Seiten jeder Bürger andere soziale und geistige Zugehörigkeiten hat und erlebt als die nationale. Aber die Bilanz der deutsch-französischen Beziehungen ist doch erstaunlich. Jedesmal wenn es politische oder intellektuelle Spannungen gibt, sollte zunächst einmal gesagt werden, daß die Vielfältigkeit und die Tiefe des deutsch-französischen Verhältnisses bei weitem größer sind als die zwischen Frankreich und irgend einem anderen Land, zwischen Deutschland und irgend einem anderen Land. Das betrifft die Regierungsebene, mit der ständigen Zusammenarbeit hoher Beamten, mit dem freundschaftlichen Zusammenwirken der beiden Botschaften in unzähligen Drittländern. Ebenso die Wirtschaftsbeziehungen und noch mehr das Wirken der aberhunderte von Städte- und Schulpartnerschaften, von denen zwar manche eingeschlafen sind, aber viele andere nicht nur die Veranstalter verbinden, sondern die verschiedensten Bevölkerungsschichten, von den Anwälten bis zu den Metzgermeistern und Feuerwehrleuten. Die wissenschaftliche Zusammenarbeit, insbesondere in den Geisteswissenschaften, ist auch einmalig. Das deutsch-französische Jugendwerk war in den «neuen Ländern» lange vor vielen westdeutschen Organisationen tatkräftig präsent. Seit dem 1. Januar 2004 ist das Generalsekretariat besonders wirksam besetzt. Bei den Feiern zu seinem 40. Geburtstag, im Juli 2004, konnte eine schöne Bilanz verkündet werden. Aber in der zweiten Jahreshälfte häuften sich Kritik und Frontalangriffe auf das DFJW, von den parlamentarischen Berichten genährt, die dem Generalsekretariat vorwarfen, was die Minister als Kuratoriumspräsidenten versäumt hatten. In Wirklichkeit ging es beiderseits darum, die im internationalen Vergleich recht beträchtlichen Mittel endlich zu kürzen und die transnationale Unabhängigkeit in Frage zu stellen. Die größte Schwierigkeit, der das Werk begegnet, ist aber eine andere: Die Beziehungen zum Nachbarland verlaufen mit einer Selbstverständlichkeit, die jede Aufforderung, etwas Besonderes zu tun, überraschend erscheinen läßt. Südlich von Straßburg steht eine neue Rhein-Brücke. Kein Zoll, kein Polizeihäuschen. Kaum ein Zeichen, daß eine Grenze überschritten wird. Sagt man dies einer Jugendgruppe, so kommt gleich die schlichte Antwort: «Na und?»

Vieles läuft auch schlecht. So der ständige Rückgang beim Erlernen der Sprache des Nachbarn, der in Frankreich noch dramatischer ist als in Deutschland. Ständig verkünden die Regierungen ihren Willen, dem entgegenzutreten. Im Namen des Föderalismus in Deutschland, im nie eingestandenen Namen der Bequemlichkeit auf Seiten der französischen Schulverwaltungen, nur Englisch als Erst- und Spanisch als Zweitsprache zu haben. Im Schuljahr 2000/2001 lernten in der Sexta 90 % der Schüler Englisch als Erstsprache, 9 % Deutsch, 0,8 % Spanisch; in der Quarta als Zweitsprache 11,5 % Englisch, 18 % Deutsch und 63,9 % Spanisch! Glücklicherweise kann man Ausnahmen nennen, die leider wenig bekannt werden, aber die allgemeine Entwicklung ist eher entmutigend als anspornend. Diese und andere binationale Schwierigkeiten wiegen jedoch weniger als die großen unbeantworteten Fragen, die die europäischen Probleme betreffen, ob gemeinsame deutsche und französische Antworten angestrebt sind oder nicht.

In der Schuman-Erklärung vom 9. Mai 1950 war der Gedanke einer europäischen Gemeinschaft mit der Deutschland-Politik eng verbunden. Der erste Schritt zu einer ständigen Verbindung zwischen den westeuropäischen Staaten war jedoch im Vorjahr gemacht worden, mit der Schaffung des Europarats am 5. Mai 1949. Die heute weiterhin in Straßburg fungierende Institution ist weitgehend in Vergessenheit geraten. Zu Recht, wenn man ihre Befugnisse betrachtet. Eben weil das beteiligte Großbritannien von Anfang an jede supranationale Ermächtigung ablehnte, hat Jean Monnet das Europa der Sechs auf die Beine gebracht. Zu Unrecht, nicht nur weil der Europarat Mitglieder hat, die der Gemeinschaft nicht angehören, u.a. die Türkei seit 1950, die Russische Föderation seit 1996, sondern weil der Europäische Gerichtshof für Menschenrechte zum Europa des Europarats gehört. Er wacht über die Einhaltung der Bestimmungen der Konvention zum Schutz der Menschenrechte und Grundfreiheiten und deren Zusatzprotokolle. Zu diesen gehört das Protokoll Nr. 6 über die Abschaffung der Todesstrafe vom 28. April 1983. Es konnte von Frankreich ratifiziert werden, weil Präsident Mitterrand und dessen Justizminister Robert Badinter die Guillotine hatten abschaffen lassen, obwohl die Demoskopen eine Mehrheit für deren Beibehaltung nachwiesen. Wenn noch 2004 einige Abgeordnete der Mehrheitsfraktion in der *Assemblée nationale* die Todesstrafe wieder einführen wollen, so verkennen sie die Tatsache, daß Frankreich dies seit zwei Jahrzehnten nicht mehr ohne Vertragsverletzung tun kann. Auch unterwirft sich Frankreich, wenigstens im Prinzip, den Urteilen des Gerichtshofs. Seit 1998 sind dessen Entscheidungen, nach Klage von Einzelpersonen, von den verurteilten Regierungen ohne Verzögerung durchzuführen. Wenn es um die Dauer von Prozessen geht, um den Zustand der Gefängnisse oder um die Verletzung von persönlichen Grundrechten, so bleibt die französische Unterwerfung dem Gerichtshof gegenüber eher begrenzt.

Damit Frankreich den Weg zu einer organisierten Gemeinschaft beschreiten konnte, bedurfte es einer doppelten intellektuellen Revolution. Die positive Aufnahme des Schuman-Plans zeigte, daß die erste schon beinahe vollbracht war. Im

Gegensatz zu dem, was man nach dem Ersten Weltkrieg und dann wieder 1945 gedacht hatte, brauchte die französische Wirtschaft eine gesunde deutsche, um selbst zu gesunden. Noch 1947 hatte man in Paris nur widerwillig der ersten Erklärung der Europäer zum Marshall-Plan zugestimmt, in der es hieß, Westeuropa brauche eine starke westdeutsche Wirtschaft. Seit einem halben Jahrhundert weiß man in Frankreich, daß jede deutsche Wirtschaftsschwäche den französischen Nachbarn schwächt. Der Gründungsvertrag von Rom beruhte dann auf der Idee, daß offene Wirtschaftsgrenzen die eigene Wirtschaftsentwicklung fördern. Bisher sollte der Protektionismus die Entwicklung schützen. In der 1957er Ratifizierungsdebatte verteidigten zwei sehr unterschiedliche Redner, Michel Debré und Pierre Mendès France, dieselbe Forderung: Man müsse das Land erst wirtschaftlich gesund machen, bevor man die Grenzen öffne. Die Befürworter der Ratifizierung sagten, daß eben die Öffnung die Gesundung ermöglichen würde. Vier Jahrzehnte lang sollten sie recht behalten – bis eine neue Diskussion durch die Probleme der Globalisierung in Gang kam und die Frage auftauchte, ob nicht die Industrie, die Dienstleistungssysteme und auch das subventionierte Kulturleben im Inland doch irgendwie geschützt werden sollten.

Freihandel bedeutet dabei nicht, daß der Staat darauf verzichtet, auf die Wirtschaft, darunter die Außenwirtschaft, einzuwirken. Die verschiedenen Verträge, die die Wirtschaftsgemeinschaft immer weiter vertieft haben, haben ja nie die Regierungen ausgeschaltet. Ganz im Gegenteil: Auch in dem am 18. Juni 2004 unterschriebenen Verfassungsentwurf bleibt der Rat die mächtigste Instanz, mit dem Auftrag, trotz neuem Mitentscheidungsrecht des Parlaments, die Gesetzgebung der Union auf Vorschlag der Kommission vorzunehmen. Dadurch ist vielleicht die wichtigste Einrichtung der Union, der Ausschuß der ständigen Vertreter, auf französisch unter dem Kürzel COREPER (*Comité des représentants permanents*) bekannt – doch nur bei Eingeweihten, denn der Ausschuß, dessen nüchtern ausgehandelte Vorschläge der Rat dann zu den seinen macht, arbeitet gerne unbemerkt. Der französische Botschafter, der als ständiger Vertreter seines Landes mitwirkt, ist in einer besonderen Lage. Im Gegensatz zu seinem deutschen Kollegen, der oft nicht weiß, wie er mit den widersprüchlichen Weisungen verschiedener Bonner, dann Berliner Ministerien umgehen soll, funktioniert in Paris eine auch recht unbekannte, aber wichtige Instanz, das SGCI – *secrétariat général du Comité interministériel pour les questions de coopération économique européenne,* «Generalsekretariat des interministeriellen Komitees zu Fragen der europäischen wirtschaftlichen Zusammenarbeit» – 1948 zur Verwendung der Marshall-Plan-Gelder geschaffen. Es ist direkt dem Premierminister zugeordnet und ist für alle Gemeinschaftsfragen zuständig, die die Wirtschaft betreffen, also auch die sozialen. Der Generalsekretär oder die Generalsekretärin sind im allgemeinen Berater für Europäische Angelegenheiten des Präsidenten oder des Premierministers. Das SGCI, das etwa 180 Beschäftigte zählt, verteilt die Aufgaben, die aus Brüssel kommen, unter die verschiedenen Ministerien und koordiniert deren die Union betreffende Arbeit, so daß Frankreich eine einheitliche Position einnehmen kann.

Theoretisch kümmert sich auch das SGCI um die Umsetzung der Europäischen Gesetzgebung in innerfranzösisches Recht. Aber es mangelt ihm an Autorität, um diese Umsetzung den Verwaltungen aufzuerlegen. Die Verordnungen der Union sind unmittelbar für alle Mitgliedstaaten bindend. Die Richtlinien müssen in inneres Recht umgesetzt werden. Lange war in Frankreich strittig, ob diese Einschränkung der Hoheitsrechte akzeptabel sei, obwohl der Gerichtshof die Gemeinschaft bereits 1963 darauf hingewiesen hatte, daß solche Einschränkungen schon erfolgt seien. Die *Cour de Cassation,* der Oberste Gerichtshof, hat 1975 die Unterordnung des französischen Rechts dem Gemeinschaftsrecht gegenüber festgestellt und festgelegt. Das *Conseil d'État* als oberstes Verwaltungsgericht hat sich erst 1989 zu dieser Haltung bekannt. Seitdem sollten die Brüsseler Weisungen ohne ja und aber durch das Parlament umgesetzt werden. So wollte es der Premierminister Michel Rocard in einem Rundschreiben an alle Verwaltungen, durch das er am 22. September 1988 alle Ministerien aufforderte, nicht nur die Weisungen der Gemeinschaft unverzüglich in inneres Recht umzusetzen, sondern auch «die gemeinschaftliche Dimension bei den Überlegungen und Entscheidungen zur Politik unseres Landes systematisch in Betracht zu ziehen». Dieses ist nun nicht geschehen, und in den ersten Jahren des 21. Jahrhunderts gehört Frankreich zu den schwersten Sündern der Gemeinschaft der zu vertiefenden Union. Am 1. Juni 2004 hatte Dänemark zehn Richtlinien noch nicht im inneren Recht verankert, Großbritannien 18, Italien 47. Die größten Sünder waren Deutschland (53), Griechenland (59) und Frankreich (62). Die Kommission und der Luxemburger Gerichtshof haben sich immer mehr um französische Versäumnisse zu kümmern. Manchmal geht es um parlamentarische Überlastung, so daß die Regierung eine ganze Reihe von Weisungen vorlegt, über die global abgestimmt werden soll, manchmal um Verzögerungen, die einem Widerstand gleichkommen – auch wenn die französische Regierung die Weisung mit einem Ja-Wort mitentschieden hatte. Nun ist aber am 10. Juni 2004 eine neue Situation eingetreten, die den Weisungen gewissermaßen einen neuen Status verleiht. Der Verfassungsrat ist in der eigenen Entmachtung viel weiter gegangen als das Bundesverfassungsgericht. Er hat entschieden, daß die europäischen Richtlinien und ihre Umsetzung in das französische Recht nicht vor ihm anzufechten sind, außer wenn sie im Widerspruch zu Grundprinzipien der französischen Verfassung stehen. Über die Rechtmäßigkeit einer Richtlinie hat der Europäische Gerichtshof in Luxemburg oder der Straßburger Gerichtshof für Menschenrechte zu entscheiden.

Die sichtbarste, in ihrer Entscheidungsmacht aber ständig überschätzte Institution der Europäischen, 1992 Union gewordenen Gemeinschaft ist zweifelsohne die Kommission. Sie wurde von den französischen Präsidenten und Regierungen immer so ernst genommen, daß besonders gute Leute als Kommissare nach Brüssel geschickt wurden. Das ist für die Bundesrepublik im allgemeinen nicht der Fall gewesen. Mit Walter Hallstein hat es von 1958 bis 1967 einen guten deutschen Präsidenten gegeben, obwohl er von de Gaulle mit Mißachtung behandelt wurde. Günter Verheugen war anerkannter Unterhändler der Beitritte von 2004. Daß er in der neuen Komission bleiben darf, verdankt er seiner Nachsicht für die Türkei, die auch die des Bundeskanzlers ist. Das ist nicht immer so gewesen. Die deutschen Kommissare wurden nach Brüssel auf ein Abstellgleis geschickt und kehrten danach nicht in hohe Ämter zurück. Raymond Barre hingegen wurde von 1976 bis 1981 Premierminister, nachdem er von 1967 bis 1972 Vizepräsident der Kommission gewesen war. François-Xavier Ortoli war 1961 Generalsekretär des SGCI gewesen, bevor er von 1968 bis 1972 Wirtschaftsminister wurde, dann 1973 Präsident der Kommission. Der wahrscheinlich größte Kommissionspräsident, Jacques Delors, hat von 1985 bis 1995 vieles entschieden, mitbestimmt, eingeleitet. Von 1981 bis 1984 war er Wirtschaftsminister und, hätte er nicht in letzter Minute abgelehnt zu kandidieren, so wäre er 1995 wahrscheinlich zum Präsidenten der Republik gewählt worden. Sein engster Mitarbeiter in Brüssel, der in seinem Namen nicht immer unautoritär Macht ausübte, wurde selbst Kommissar. Mit dem internationalen Handel beauftragt (ein Gebiet, auf dem die Gemeinschaft seit den sechziger Jahren mit einer Stimme spricht), führte Pascal Lamy die Rangordnung an, die die in Brüssel akkreditierten Journalisten unter den Kommissaren durch Abstimmung herstellten. Dabei hatte er manchen Konflikt mit der französischen Regierung auszutragen, weil er, im Gegensatz zu den meisten anderen Kommissaren, sein Statut ernst nahm, das ihm verbot, Weisungen aus der Hauptstadt entgegenzunehmen. Er hätte von den anderen Staaten als Präsident der Kommission akzeptiert werden können, aber Jacques Chirac wollte ihn nicht haben. Er erwies zwar der Kommission eine Ehre, indem er den scheidenden Kommissar Michel Barnier als Außenminister in die umgebildete Regierung Raffarin berief, aber verfuhr, um den neuen, laut Nizza-Vertrag einzigen französischen Kommissar zu ernennen, nach innenpolitischem Maßstab. Der ehrwürdige, 1937 geborene Christdemokrat Jacques Barrot war Sozial- und Arbeitsminister gewesen, bevor er als Fraktionsvorsitzender der UMP wirkte. Seine europäischen Erfahrungen waren begrenzt, während der 1951 geborene Barnier vor Brüssel Europa-Minister gewesen war.

Ganz anders ist die Lage der französischen Beteiligung am Europäischen Parlament. Obwohl alle französischen Regierungen darauf bestanden haben, daß es weiterhin seinen Sitz in Straßburg behalte und regelmäßig aus Brüssel kommen, um in dem großen, neu gestalteten Gebäude zu tagen, wird die Institution von den Parteien vernachlässigt. Bis zu den Wahlen von 2004 haben sich Parteiführer an der Spitze ihrer Liste wählen lassen und haben dann gleich ihren Abschied genommen, so daß ein anderer europäischer Abgeordneter wurde. Die meisten Gewählten sind Unbekannte, die innerhalb ihrer Partei keine große Rolle spielen, also wenig über Europa vermitteln. Dies ist weitgehend auch der Fall in Deutschland, aber die deutschen Abgeordneten spielen in Straßburg eine viel größere Rolle. Sie nehmen ihre Aufgabe ernst, während viele Franzosen durch Abwesenheit glänzen. Die Deutschen gehören auch in ihrer großen Mehrheit einer der beiden wichtigen Fraktionen an, der Konservativen oder der Sozialdemokratischen. Die Franzosen sind über sieben oder mehr Fraktionen verstreut, was ihre Wirkungsmöglichkeiten stark begrenzt. Vielleicht wird sich ab 2004 die Lage verändern. Die Wahlbeteiligung ist so gering gewesen, daß die Parteien und ihre gewählten Kandidaten sich vielleicht gezwungen fühlen werden, die Arbeit des Europäischen Parlaments besser zu erklären und zu vertreten als vorher. Auch sind die gesetzgeberischen Befugnisse der Institution bereits erweitert worden, auch ohne neue Europäische Verfassung. Leider ist der Wahlkampf 2004 so geführt worden wie in Deutschland: Europa ist zu kurz gekommen. Die französischen Sozialisten haben auf ihren Wahlsieg so reagiert wie die CDU/CSU: «Wir haben die Regierung geschlagen und sie um ihre Legitimität gebracht.» Man hätte glauben können, es würde erklärt werden, welche Konzeption der Europäischen Zukunft unter den wenigen Wählern einen Erfolg erzielt hatte. In beiden Ländern haben am 13. Juni 2004 nur 43 % der Wahlberechtigten ihre Stimme abgegeben. Mit den Gewohnheiten der Schweiz und der USA verglichen ist das noch viel. Aber in Frankreich und Deutschland bedeutet diese Zahl, daß die Europäische Union in ihrer Wirklichkeit und Wichtigkeit noch nicht ins Bewußtsein ihrer Bürger eingedrungen ist, obwohl sie doch alle, laut Europa-Verträgen, bereits Bürger dieses Europa geworden sind.

Die Arbeitslosigkeit, die Massenentlassungen, die Ängste um die Vergrößerung der Löcher im «Sozialnetz»: Die negative Wirklichkeit und die Sorgen um die Zukunft sind in beiden Ländern ähnlich und erklären weitgehend, warum das Positive an Europa so wenig gesehen wird. Dazu kommt die Versuchung der Machtträger in Paris und in Berlin, eigene Versäumnisse oder Mißerfolge Europa zuzuschreiben. Der Euro gilt jedoch in Frankreich mehr als eine echte Errungenschaft. Nicht nur die Verantwortungsträger der Wirtschaft sehen, welche Währungskrisen in den letzten Jahren entstanden wären – mit dramatischen Konsequenzen für den gemeinsamen Markt, wenn es nicht die vereinheitlichte Währung gegeben hätte. Der Name der Währung bleibt weiterhin unbeliebt. Valéry Giscard d'Estaing war in den siebziger Jahren ein schöner Trick gelungen. Die gemeinsame Rechnungseinheit trug den Namen einer alten französischen Währung, *l'écu*. Daß

ECU nur das Kürzel von *European currency unit* war, wurde wenig bekannt. Seit dem Beginn des neuen Jahrhunderts ist in Frankreich das Unverständnis für die ständige deutsche Klage gewachsen, für das widersprüchliche Jammern. «Was wird aus unserer guten, harten Deutschen Mark? Der Euro ist zu fürchten, weil die gemeinsame Währung schwächer sein wird als die Unsere, die doch Jahrzehnte lang die Bundesrepublik verkörpert hat!» Wenig später: «Wie furchtbar, daß der Euro ständig stärker wird! Der sinkende Dollar – welche schreckliche Gefahr für unseren Export!» So hieß es in Deutschland sogar, als der Euro noch nicht einmal seinen Anfangswert dem Dollar gegenüber wieder erreicht hatte.

In Frankreich steht nicht der Euro im Mittelpunkt der Auseinandersetzungen um die Europäische Wirtschaft. Alle Regierungen seit vier Jahrzehnten sprechen und handeln, als sei das zentrale nationale Interesse Frankreichs seine Landwirtschaft. Sie ist heute noch in der Tat die produktivste des Europa der Fünfzehn. 2001 stellte Frankreich 22,5 % der Agrarproduktion der Union her, gegen 15,7 % für Deutschland, 15,1 % für Italien, 12,3 % für Spanien, 7,3 % für Großbritannien. 1965 hat General de Gaulle «die Politik des leeren Stuhls» betrieben, d. h. die Europäischen Institutionen boykottiert, um eine gemeinsame, für Frankreich vorteilhafte Landwirtschaftspolitik zu erreichen. Im Januar 1966 hat er den Boykott aufgegeben nach dem sogenannten Kompromiß von Luxemburg, in Wirklichkeit eine Feststellung, daß nur Frankreich die Einstimmigkeit auch dort beibehalten wollte, wo die fünf anderen bereit waren, mit Mehrheitsvotum zu entscheiden. Das Kürzel PAC (*politique agricole commune)* ist stets in der französischen Politik präsent, wenn auch die Zahl der Landwirte drastisch abgenommen hat. Die europäischen Zuschüsse werden so verteilt, daß die Großen bei weitem mehr unterstützt werden als die Kleinen, aber alle bekämpfen die Vorgaben der Kommission, in welche Richtung sie auch gehen, und verlangen, daß die früheren beibehalten werden, die sie doch bei ihrem Entstehen verworfen hatten. Das Hauptziel bleibt, den Weltexport der französischen Agrarproduktion und der Agrarindustrie durch direkte oder indirekte Subventionen zu erleichtern. Die USA fordern die Abschaffung des europäischen Systems, obwohl sie ihre eigenen Landwirte noch weit «freihandelswidriger» unterstützten. Und auf beiden Seiten des Atlantiks übersieht man gerne, daß der billige Export in die Entwicklungsländer die Entfaltung der Produktion dort verhindert. Da die Agrarsubventionen zwar nicht mehr die zwei Drittel, aber immerhin noch 43% der Ausgaben der Gemeinschaft darstellen, versucht vor allem Deutschland, diese Politik zu verändern, auf Kosten der eigenen Landwirte, aber zugunsten des Bundeshaushalts, der dann weniger an Brüssel abgeben müßte. 2004 ist es zu einer deutsch-französischen Abstimmung gekommen (Frankreich bekommt vorläufig nicht weniger, aber Deutschland sieht seinen Beitrag nicht steigen), was bedeutet, daß die polnischen Landwirte weniger erhalten werden als ursprünglich vorgesehen.

Im großen ganzen bleibt Frankreich ein Land des Exports. Nicht in dem Maße wie Deutschland, aber mit derselben verfälschenden Darstellung in Politik und Medien. 2003 hat zwar die Bundesrepublik für 661 Milliarden Euro exportiert und Frankreich für 342. Aber der Anteil der Exporte in andere Länder der Union betrug 55 % dieser Summe für Deutschland und 63 % für Frankreich. Der Handel zwischen Hamburg und Marseille oder München und Madrid ist ebensowenig Welthandel wie der zwischen New York und San Francisco. Es ist amerikanischer oder europäischer Binnenhandel, so daß nur die bleibenden 45 und 37 % als Anteil am Welthandel betrachtet werden sollten. Die Bundesrepublik profitiert vom deutsch-französischen Handel wie von dem mit den anderen Ländern der Union: 2002 verkaufte sie für 70 Milliarden Euro nach Frankreich und kaufte für 51 Milliarden. Jeder war bester Kunde und bester Lieferant des anderen.

Andere französische Überlegungen sind viel grundsätzlicher. Die EU hat sich der freien Marktwirtschaft verpflichtet. Soll das heißen, daß die Regierungen entmachtet sind, daß sie kein Recht mehr haben, die eigene Industrie, die Standorte ihres Landes zu verteidigen und zu schützen? Daß alles privatisiert sein soll, wo doch gerade in Frankreich das Prinzip des *Service public*, des Öffentlichem Dienstes, im Sinne einer Dienstleistung für die Gesamtbevölkerung, für alle, großgeschrieben wird? Schon jetzt beklagt man zu Recht, daß in Deutschland im Namen der Rentabilität die Eisenbahn-Regionalverbindungen aufgegeben werden, daß man sich um den Zustand der Vorortzüge wenig kümmert, da die TGV (ICE) mehr Geld einbringen. Wird eine Privatisierung der Elektrizität nicht die Versorgung der abgelegen Dörfer beeinträchtigen? Die Forderungen der Gewerkschaften sind hier mit Verteidigung von alten Vorteilen der Arbeiter und Angestellten verbunden, aber nicht nur ihretwegen wird ständig gefragt, ob die Europäische Gemeinschaft wirklich im Interesse der Völker arbeitet und sich nicht damit begnügt, Monopolsituationen zu verhindern – und dabei auch nicht unterscheidet zwischen einem öffentlichem Dienst und einem Großunternehmen, das die Konkurrenten aufkauft.

Bedeutet die Liberalisierung, daß nur die Privatindustrie planen, d.h. die Zukunft gestalten darf? Wenn dem nicht so sein soll – und der «Ultraliberalismus» hat nur sehr wenige Anhänger in Frankreich –, so taucht die Frage auf, wieviel gemeinsame Industriepolitik auf europäischer und wieviel auf nationaler Ebene gemacht werden kann und soll. Der Widerspruch scheint unüberwindbar: Man möchte eine gemeinsame europäische Wirtschaftspolitik, aber bei jeder konkreten Entscheidung soll national gehandelt werden. Die deutsch-französischen Auseinandersetzungen im Jahre 2004 in der Chemie oder bei der Rettung von Alstom zeigten wieder einmal, daß es keine einfachen Antworten geben konnte. Das gleiche gilt für die gemeinsame europäische Sozialpolitik, die ständig von

Frankreich – und nicht nur, aber besonders von den Sozialisten – gefordert wird. Übersehen wird, wie viele Gebiete bereits von einer gemeinsamen Politik betroffen sind, wie viele Urteile des Europäischen Gerichtshofs bereits gemeinsames Sozialrecht geschaffen haben. Daß dieser Weg weiterhin beschritten werden soll, ist unbestritten, sei es nur, weil sich die Europäische Union dadurch vom amerikanischen Kapitalismus unterscheiden soll. Aber wer will schon, in Frankreich wie in Deutschland, daß die Zahlung des Arbeitslosengeldes – in Dauer und Höhe – von Brüssel festgelegt werde? Oder die Höhe der Renten, der Mutterschaftshilfe, des Krankengelds? Ziele können gesetzt werden, Wege angedeutet, Minimalmaßnahmen bestimmt werden. Bis zu welchem Grade? Wenn es nichts Gemeinschaftliches gibt, so wird die Konkurrenz unfair, weil dank einer ungenügenden Sozialpolitik die Produktion ja billiger wird. Diese Art, Widersprüche zu lösen, war eine der Hauptaufgaben der Unterhändler, die den Katalog der Bedingungen aufstellen sollten, denen sich die Beitrittskandidaten aus Mittel- und Osteuropa zu unterwerfen hatten.

Tausende von Regeln der Union mußten von den neuen Mitgliedern in ihre innere Rechtsordnung umgesetzt werden. Weitere Forderungen wurden zu Zumutungen, als Deutschland und Frankreich die Beschränkungen beiseite schoben, die sie noch von den Kandidaten forderten. So die 60 % Verschuldung und die 3 % des Haushaltsdefizits, die der Stabilitätspakt (auch Waigel-Pakt genannt) sei 1996 als Höchstgrenzen auferlegte. Der eigentliche Grund, der die Aufnahme der Neuen rechtfertigte, war in Wirklichkeit ein anderer, ethischer und nicht wirtschaftlicher Art. In seinem letzten Artikel, der im September 1963, wenige Wochen nach seinem Tod, erschien, schrieb Robert Schuman: «Wir müssen Europa erschaffen nicht nur im Interesse der freien Völker, sondern auch, um die Völker des Ostens empfangen zu können, die, einmal von der Unterwerfung befreit, die sie bis heute erlitten haben, ihren Beitritt und unsere moralische Unterstützung von uns verlangen würden.» In der «alten» Bundesrepublik war 1990 kaum eingesehen worden, daß man nur durch einen Zufall der Geschichte in Freiheit und Wohlstand leben durfte und daß die Bürger der «neuen Länder» nichts dafür konnten, daß sie in Unfreiheit und ohne Reichtum hatten leben müssen und dadurch in stärkerem Maße und länger Opfer des nationalsozialistischen Kriegs geblieben waren als die «Wessis». Das gleiche sollte seit dem 1. Mai 2004 für acht der zehn Neuen gelten. Zyperns und Maltas Beitritt haben damit nichts zu tun. Man hätte auch, trotz zäher Verhandlungen, die Kandidaten, mit Blick auf ihre harte Vergangenheit, mit Rücksicht behandeln sollen. Die deutsch-polnischen Beziehungen, die sich ständig verbessert hatten, sind 2004 von nicht öffentlicher Seite erneut vergiftet worden. Das von Erika Steinbach und Peter Glotz ins Leben gerufene Zentrum gegen Vertreibungen, das das polnische Leiden gewissermaßen mit einem «die haben auch gelitten» abtat, sowie die «preußische» Forderung nach Entschädigung und Rückerstattung haben viel Porzellan zerschlagen. Auf französischer Seite war es der Präsident selbst, der Polen eine tiefe Kränkung zufügte, als er im Februar 2003 die Beitrittskandidaten, die sich in der Irak-Krise auf die Seite der USA und Großbritanniens gestellt hatten, als «schlecht erzogen» und «etwas kindlich» bezeichnet hat. Das seit 1991 bestehende «Weimarer Dreieck» zwischen Berlin, Warschau und Paris ist in der letzten Zeit zumindest nicht gestärkt worden.

Weder in Frankreich noch in Deutschland ist wirklich ein Gefühl der Solidarität mit den Neuen entstanden. Vielleicht, weil die vorige Erweiterung eine andere Grundlage gehabt hatte. 1981 und 1986 waren Griechenland, dann Spanien und Portugal nach langen Verhandlungen dazugekommen, weil jeder der drei Staaten 1974/75 einer Diktatur entronnen war. 1995 waren für die Aufnahme von Österreich, Schweden und Finnland wirtschaftliche Gründe ausschlaggebend gewesen.

Der Sinn für die Gemeinschaft und für das Tragen politischer Mitverantwortung war in Helsinki vorhanden, viel weniger in Wien und Stockholm. Die Schwäche des Europa der 25 liegt am Mangel verstärkter Institutionen. Erst hieß es «Vertiefung kommt vor Erweiterung», dann «Vertiefung und Erweiterung sollen zusammen vollbracht werden». 2004 kam die Erweiterung ohne jegliche vorige oder gleichzeitige Vertiefung. Als Trost durfte man sich sagen, daß die Union doch mehr wußte, was sie sein sollte, als die NATO, die 1999 Polen, Ungarn und die Tschechische Republik aufgenommen hatte und 2004 Estland, Lettland, Litauen, die Slowakei, Slowenien, Rumänien und Bulgarien hinzufügte, ohne je zu sagen, was eigentlich seit dem Ende des Kalten Kriegs der Sinn der Organisation sei. Es sah 1999 und sieht 2004 etwa so aus, als sei die Mitgliedschaft in der NATO ein Vertrösten auf die zukünftige Mitgliedschaft in der Europäischen Union. Der neue Europa-Vertrag enthält, auf dem Gebiet der Institutionen, einige Fortschritte. Ob er je in Kraft treten wird, ist ungewiß, denn er muß von den fünfundzwanzig Mitgliedstaaten ratifiziert werden. Es gilt die Regel der Einstimmigkeit. In Frankreich hat der Präsident entschieden, den Weg der Volksabstimmung zu gehen. Die Entscheidung ist völlig verfassungskonform. Es ist jedoch ungewiß, ob der Wähler nicht innenpolitische Motive in den Vordergrund stellen wird.

Drei zu neun bedeutete eine Vergrößerung von einem Drittel; drei zu zwölf, das war ein Viertel. Zehn zu fünfzehn, das bedeutet einen Zuwachs von zwei Drittel. Er wird nicht leicht zu verdauen sein. In der Resolution des Gipfels von Kopenhagen, im Juni 1993, hieß es, daß die Erweiterung den Schwung der Integration nicht unterbrechen sollte. Dies ist kaum berücksichtigt worden. Und trotzdem ist immer mehr von neuen, zukünftigen Erweiterungen die Rede. Bulgarien und Rumänien sind schon eingeplant. Was aber mit dem Erbe Jugoslawiens, das doch zweifelsohne in Europa lag? Slowenien ist bereits Mitglied, weil es Ressourcen hat und vor allem, weil es ethnisch beinahe völlig einheitlich ist, während anderswo die Konflikte keineswegs beigelegt noch der Haß vermindert sind. Die Geschichte des Kosovo soll 1389 begonnen haben, als der serbische Staat von den Ottomanen zerstört wurde. Milosevic hat ab 1989 eine Art antialbanische Apartheid in der autonomen Provinz eingeführt. Die NATO hat vom 24. März bis zum 10. Juni 1999 gegen ihn Krieg geführt. Seitdem wird der Kosovo von den Vereinten Nationen verwaltet. Die verbündeten Streitkräfte, darunter Franzosen und Deutsche, haben 2004 die Racheaktionen nicht verhindern können, die nun dort aus den Serben die Mißhandelten, Gemordeten, Vertriebenen machen. Welches Kroatien, welches Serbien, welches Albanien, welches Mazedonien, welcher Kosovo sollen morgen Mitglieder der EU werden? Mit wieviel mörderischem Haß zwischen Serben und Kroaten, Orthodoxen, Katholiken, Moslems? Nirgendwo mehr sollte das deutsch-französische Modell der Vergangenheitsbewältigung zum Beispiel genommen werden.

Man spricht aber weniger über das ehemalige Jugoslawien als über die Türkei. Ist sie in Europa? Soll Europa eine gemeinsame Grenze mit dem Irak haben und sich mit dem traurigen Schicksal der Kurden befassen, die bisher in drei Ländern (Iran, Irak, Türkei) gleichzeitig oder nacheinander verfolgt wurden? Gehört dann nicht auch Rußland dazu, das der Union eine gemeinsame Grenze mit den USA bei Wladiwostok geben würde? Die Argumente für und gegen die jedenfalls weit in der Ferne liegende Aufnahme der Türkei spalten die Geister. In Frankreich ist das Thema weniger brennend als in dem von einer viel größeren türkischen Minderheit bewohnten Deutschland. Sollte es aber nicht gleichzeitig Fragen geben zur Ukraine, zu Georgien, zu Belarus (Weißrußland)? Welche Kriterien sollen angewandt werden? Im Falle Rußlands haben Paris und Berlin beschlossen, die Situation der Menschenrechte nicht in Betracht zu ziehen – weder für Tschetschenien, noch für die Lage der bürgerlichen Freiheiten innerhalb des weiten

Landes –, um Putin als zwar außerhalb der Union stehenden, aber privilegierten, anerkannten, sogar hofierten Partner zu betrachten und zu behandeln. Sehr zum Verdruß der anderen Mitglieder der Europäischen Union, die nicht zu Unrecht finden, daß das deutsch-französische Paar nicht im Sinne einer gemeinsamen europäischen Außenpolitik handelt. Was die Türkei betrifft, wird in Frankreich wie in Deutschland viel geheuchelt. Man möchte den Beitritt so lange wie möglich verschieben und doch diesen Beitritt versprechen. Die entschiedenen Gegner der vollen Mitgliedschaft, wie Wolfgang Schäuble in Deutschland und François Bayrou in Frankreich, weisen auf unbestreitbare türkische Realitäten hin, wie die geographische Zugehörigkeit zu einem anderen Kontinent, das Gewicht der Gemeinschaft des bei weitem bevölkertsten Staats, da doch die neue Erweiterung noch gar nicht «verdaut» sei, sowie die tragische Lage der Frauen – immerhin mehr als die Hälfte dieser Bevölkerung – in der Türkei.

In Frankreich bleibt das eigentliche Problem nicht die Frage nach zukünftigen Erweiterungen, sondern das der Rolle Frankreichs innerhalb und außerhalb Europas. *La France, parce qu'elle le peut, parce que tout l'y invite, parce qu'elle est la France, doit mener au milieu du monde une politique qui soit mondiale.* «Frankreich, weil es das kann, weil alles es dazu auffordert, weil es Frankreich ist, soll inmitten der Welt eine Politik führen, die weltweit sei.» Es ist nicht sicher, ob die stolze Formulierung, die General de Gaulle in seiner Neujahrsansprache am 31. Dezember 1963 verwendet hat, heute noch so ausgesprochen würde. Der Grundanspruch bleibt, sei es nur auf dem Gebiet der Sprache und der Kultur. Störend wirken da die ständigen Haushaltseinschränkungen, die, wie in Deutschland, das Außenministerium erleiden muß. In der Irak-Krise haben Jacques Chirac und sein Außenminister Dominique de Villepin gezeigt, daß Frankreich noch eine besondere Rolle zu spielen hat – und daß es noch, wie es die *Süddeutsche Zeitung* schrieb, über hervorragende Diplomaten wie den damaligen UNO-Botschafter Jean-David Levitte verfügt, der eine einstimmig verabschiedete Resolution des Sicherheitsrats ausgehandelt hatte. Andere französische Diplomaten sind leider nicht so effizient und dabei (oder gerade deswegen) von ihrer eigenen Überlegenheit und somit der ihres Landes überzeugt. An anderer Stelle, etwa Israel gegenüber, vereinigt Frankreich seine Stimme mit der der anderen Europäer, um nur ein Beispiel zu nennen. Man will überall dabei sein und ist auch, jedenfalls formell, an fast allem beteiligt – ohne daß dabei wirklich geklärt wird, wie man der Stimme Europas mehr Einfluß verschaffen könnte, ohne dabei auf die eigene zugunsten der Union, zu verzichten. Diese Unklarheit ist eines der Merkmale des heutigen Frankreich, die Frankreich doch anders machen als die anderen.

Nachwort

Dem deutschen Leser werden wahrscheinlich viele Ähnlichkeiten aufgefallen sein, oft dort, wo er an eine deutsche Besonderheit glaubte. Die Arbeitslosigkeit, die Last der Krankenkassen und der Folgen des Alterns der Bevölkerung – wo soll das Geld herkommen? Anstatt nun dem Wahlvolk die schwierige Lage klar darzustellen, nennt man «Reformen», was eigentlich «Einschränkungen» heißen sollte. Zugleich verschafft die Arroganz jener «da oben» ein gutes Argument, um «unten» die Notwendigkeit dieser Einschränkungen nicht einzusehen. Dabei bleiben beide Länder unter den hoch privilegierten. Unsere Kinder und Enkel können sich gar nicht vorstellen, was die Jugendlichen vor einem halben Jahrhundert nicht zur Verfügung hatten. Ganz anders ist das, was ihnen heute als ein Minimum erscheint, ohne das sie sich arm fühlen würden. Obwohl die Löhne und Gehälter in Deutschland höher sind als in Frankreich, fürchtet man in beiden Ländern auf die gleiche Weise die massive Verlegung von Arbeitsplätzen in Länder anderer Kontinente oder in solche, die zwar neue Mitglieder der Europäischen Union sind, sich aber, wenigstens vorläufig, mit viel geringeren Löhnen begnügen müssen. Bessergestellte behaupten, es würde nicht genügend gearbeitet – und nehmen sich selbst aus. Dasselbe wird auch den Schulen und Hochschulen vorgehalten, deren Träger (Lehrer, Schüler, Professoren, Studenten) gleichsam als zu wenig produktiv dargestellt werden. In Frankreich wie in Deutschland gibt es noch Pressefreiheit und ein (beinahe) unabhängiges öffentlich-rechtliches Fernsehen. Aber die Bedrohungen sind vielfältig. Beide Gesellschaften leben mit dem Novum einer starken moslemischen Komponente.

Die Liste der Ähnlichkeiten (die natürlich Schattierungen beinhalten) ließe sich beliebig verlängern. Aber es gibt auch greifbare Unterschiede. Trotz Korsika, trotz Baskenland, trotz der Sonderstellung des Elsaß ist Frankreich seit langem eine Einheit. Wer könnte gerade in letzter Zeit behaupten, daß die deutsche Wiedervereinigung von 1990 eine echte Einheit hergestellt hat? Das Nicht-Erreichte ist nun zum hohen Politikum geworden, das über das hinausgreift, was seit 1990 als wirtschaftliche Schwächung der Bundesrepublik betrachtet werden muß. Die Vergangenheit – 1945 bis 1990 – hat eine Nachwirkung, die das im Grunde geringe Nachspiel des Verlusts des Kolonialreiches für Frankreich bei weitem übertrifft. Über die Periode 1933 bis 1945 streitet man sich unter Franzosen. Für Deutschland bleibt nicht nur die innere Vergangenheitsbewältigung unvollendet. Der Blick von außen bleibt gewissermaßen verdunkelt von der Vergangenheit. Das gilt in Prag und nun wieder in Warschau. Es hat nie aufgehört, in Israel, in Großbritannien, in den Niederlanden zu gelten. Seit 1945 darf Frankreich einer der Veto-Staaten im Weltsicherheitsrat sein. Einer (aber nur einer) der Gründe, weswegen Deutschland das versagt wird, bleibt wie zuvor die Last der Vergangenheit.

Inwieweit haben die Ähnlichkeiten Gemeinsamkeiten geschaffen? Inwieweit haben die Unterschiede diese Gemeinsamkeiten nicht verhindert? Die Antwort fällt nicht leicht. Der Verfall der Sprache im Nachbarland hat das Erkennen der Ähnlichkeiten noch erschwert. Manche Klischees bleiben bestehen und manches Unwissen über die Möglichkeiten eines gemeinsamen Vorgehens, das aus den Ähnlichkeiten doch entstehen sollte. Es ist einiges geschehen, aber wie weit ist man noch entfernt von einer gemeinsamen Politik, einem gemeinsamen Handeln für die «Reformen», die Sozialpolitik, die Wirtschaftspolitik! Allerdings kann anscheinend nichts an dem Irrglauben rütteln, der andere gehe von ganz anderen Grundprinzipien aus. In Frankreich der Staat, in Deutschland die «freie» Wirtschaft. Betrachtet man die tatsächlichen Orientierungen und Entscheidungen, so sieht man, daß keiner dem Bild entspricht, das das andere Land von ihm hat – oder (und) das er von sich selbst geben will. Vater Staat wird auch in Deutschland ständig angerufen, und in Frankreich unterwirft er sich nicht weniger privaten Mächten als in Deutschland.

Die Gemeinsamkeit besteht jedoch, wenn in Rom, London oder Prag von dem «deutsch-französischen Paar», von der «Achse Berlin-Paris» gesprochen wird. Beide Regierungen haben alles getan, um als ein Paar betrachtet zu werden. Wenn diese beiden weiterhin versucht hätten, zusammen der Motor der europäischen Einigung zu sein, so wäre das von den anderen geduldet und sogar begrüßt worden. Aber da beide eine Art gemeinsame Arroganz zur Schau getragen haben mit dem Versuch, den anderen Entscheidungen aufzuerlegen, darunter die Akzeptanz gemeinsamer Verletzungen europäischer Pflichten, so hat das Paar an Gewicht und Einfluß verloren.

Es ist nicht zu spät, um die anderen gemeinsam auf die oft nur mühselig entstandenen Gemeinsamkeiten als Modell für Europa hinzuweisen. Dazu gehört die gemeinsame Betrachtung der Vergangenheit. Die Demoskopie zeigte, daß 80 % der Befragten in beiden Ländern es gut und schön gefunden hatten, daß der deutsche Kanzler an den Festlichkeiten zum 60. Jahrestag der Landung in der Normandie teilgenommen hat. Zu weiteren Fortschritten bräuchte man erweiterte Kenntnisse über und erweitertes Einfühlen in die Realität des Nachbarlands. Dieses Buch, ebenso wie das vorhergegangene, versucht dazu einen Beitrag zu leisten.